重庆国家级非物质文化遗产学术研究丛书

荣昌陶器

重庆市荣昌区文化和旅游发展委员会 编

重庆出版集团 重庆出版社

图书在版编目（CIP）数据

荣昌陶器 / 重庆市荣昌区文化和旅游发展委员会编. — 重庆：重庆出版社，2023.10
ISBN 978-7-229-17919-9

Ⅰ. ①荣… Ⅱ. ①重… Ⅲ. ①陶器（考古）—介绍—荣昌县 Ⅳ. ① K876.3

中国国家版本馆 CIP 数据核字（2023）第 160408 号

荣昌陶器
RONGCHANG TAOQI
重庆市荣昌区文化和旅游发展委员会　编

丛书策划：李　子　李　雯
责任编辑：李　梅　刘星宇
责任校对：何建云
装帧设计：侯　建

重庆出版集团
重庆出版社　出版

重庆市南岸区南滨路 162 号 1 幢　邮政编码：400061　http://www.cqph.com
重庆天旭印务有限责任公司印刷
重庆出版集团图书发行有限公司发行
E-MAIL:fxchu@cqph.com　邮购电话：023-61520646
全国新华书店经销

开本：710mm×1000mm　1/16　印张：20.75　字数：360 千　插页：16 页
2023 年 10 月第 1 版　2023 年 10 月第 1 次印刷
ISBN 978-7-229-17919-9
定价：88.00 元

如有印装质量问题，请向本集团图书发行有限公司调换：023-61520678

版权所有　侵权必究

"重庆国家级非物质文化遗产学术研究丛书"编委会

主　任：冉华章

副主任：朱　茂

编　委：严小红　牟元义　刘德奉　刘春泉　谭小兵

　　　　陈海燕　张书源　罗　敏　苟　欢

《荣昌陶器》编委会

主　任：刘菊华　陶晓锋

副主任：邬德德　刘　强

主　编：余　强　黎明鑫

编　委：蒋兴宇　李　秋　杨万豪　张　倩　何海南

　　　　黄振宇　廖正礼　杨腾飞　唐　敏　李晓杰

　　　　陈昱瞳　刘惠华　莫显富　陈德菊　李大权

　　　　蒋坤兰

荣昌陶器影像集

▲ 龙凤酒具　作者：罗天锡

荣昌陶器影像集

▲ 松鼠豹釉茶壶　作者：罗天锡（荣昌陶博物馆藏品）

荣昌陶器影像集

▲ 山河如意瓶　作者：梁先才、李绍荣、林诚忠（中国美术馆收藏作品）

荣昌陶器影像集

▲ 砂金釉立柱瓶、朱砂釉花瓶　作者：梁洪萍

荣昌陶器影像集

▲ 茶具　作者：梁启煜设计、张俊德制作

荣昌陶器影像集

▲ 刻花工艺陶　作者：钟鸣、范鸣（中国美术馆收藏作品）

荣昌陶器影像集

▲ 花釉梅瓶　作者：刘吉芬（中国美术馆收藏作品）

荣昌陶器影像集

▲ 朱砂釉茶叶罐　作者：肖祥洪

荣昌陶器 影像集

▲ 刻花花瓶　作者：张海文

荣昌陶器影像集

▲ 柴烧茶具 作者：管永双（中国美术馆收藏作品）

荣昌陶器影像集

▲ 黑釉窑变泡菜坛（荣昌陶博物馆藏品）

荣昌陶器影像集

▲ 外素内釉笔洗（荣昌陶博物馆藏品）

▲ 贴花孔雀罐（荣昌陶博物馆藏品）

荣昌陶器影像集

▲ 红釉方形粑花装饰罐　作者：罗明遥

▲ 2017年12月30日，安陶小镇开街仪式

▲ 2019年11月30日，重庆"一带一路"国际陶瓷论坛活动

▲ 2019年12月1日，"陶都杯"陶艺技能大赛

荣昌陶器影像集

荣昌陶器影像集

▲ 2021年9月27日，中国四大名陶（4+N）荣昌展开幕仪式

▲ 2023年6月21日，"千年荣昌·历史文化周"荣昌陶艺技能大赛

非遗需要学术阐述
——"重庆国家级非物质文化遗产学术研究丛书"总序

  非物质文化遗产是人类社会共同创造的文化遗产,中国的非物质文化遗产是中华文化的重要组成部分,重庆的非物质文化遗产是重庆文化的突出代表。这些文化遗产,数千年来一直生生不息,在民众中自然地生长着、传播着,同时又滋养着广大人民群众。它是劳动人民的精神产品,也是劳动人民的重要精神寄托。我们爱着这些文化,我们护着这些文化,我们弘扬着这些文化,因为它们是我们祖先一代一代口口相传的文化遗产,它们是我们的精神家园。

  中华文化历史悠久,文脉相牵,一直流传至今,除了丰富的典籍,丰富的历史,丰富的遗迹,丰富的思想,那么,直观的、可见的,甚至深深植入我们生活的,当是丰富的非物质文化遗产(以下简称"非遗")。那些传统口头文学以及作为其载体的语言,何曾离开过我们?!那些传统美术、技艺、书法、音乐、舞蹈、戏剧、曲艺,何曾离开过我们?!那些传统礼仪、节庆等民俗,何曾离开过我们?!那些传统的体育、游艺、杂技,何曾离开过我们?!还有一些一时难以归类的其他非遗,一直都活在我们周围,成为我们生活的组成部分,成为我们精神的重要支撑。

  重庆文化作为中华文化的一部分,已经具有3000多年的悠久历史,它孕育出来的巴渝文化、三峡文化、移民文化、革命文化、抗战文化、统战文化,是重庆文化的代表性符号。但是,无论这些文化如何具有时代特点,历史变迁如何久长,其巴渝文化的根脉和底色没有变,重庆这片大山大水的地理文化特性没有变,重庆人民自我创造的特有人文形态没有变。

这些丰富的文化遗产，就是重庆人的"性格"，就是重庆人的"形象"，就是重庆文化的独有。如果我们用非遗的观念来认知，它就包含着丰富的民间文学、传统音乐、传统舞蹈、传统戏剧、曲艺、传统体育、游艺与杂技、传统美术、传统技艺、传统医药、民俗。而这些非物质文化遗产的突出代表，就是走马镇民间故事、酉阳古歌、广阳镇民间故事、石柱土家族啰儿调、川江号子、南溪号子、木洞山歌、永城吹打、接龙吹打、金桥吹打、梁平癞子锣鼓、小河锣鼓、秀山民歌、酉阳民歌、苗族民歌、梁平抬儿调、龙骨坡抬工号子、铜梁龙舞、高台狮舞、酉阳摆手舞、玩牛、川剧、梁山灯戏、酉阳土家面具阳戏、四川扬琴、四川竹琴、四川清音、四川评书、车灯、金钱板、重庆蹬技、梁平木版年画、蜀绣、梁平竹帘、巫溪嫁花、大足石雕、奉节木雕、铜梁龙灯彩扎、荣昌折扇制扇技艺、荣昌陶器制作技艺、荣昌夏布织造技艺、重庆漆器髹饰技艺、永川豆豉酿制技艺、涪陵榨菜制作技艺、土家族吊脚楼营造技艺、桐君阁传统丸剂制作技艺、刘氏刺熨疗法、赵氏雷火灸、燕青门正骨疗法、秀山花灯、宝顶架香庙会、丰都庙会、秀山苗族羊马节等53个国家级非遗代表性项目。

  自从联合国教科文组织发起保护非遗以来，中国政府是早期响应的国家之一，于2004年加入《保护非物质文化遗产公约》，随即于2011年出台了《中华人民共和国非物质文化遗产法》。重庆是非遗保护的积极参与者，重庆市人大常委会于2012年通过了《重庆市非物质文化遗产条例》，是全国出台非遗条例最早的省级国家机关。随即，还出台了《重庆市非物质文化遗产专家评审办法》《重庆市非物质文化遗产代表性传承人管理办法》等法规文件。随着国家对非遗保护工作体制机制的完善，文化部设立了非物质文化遗产司，国家成立了中国非物质文化遗产保护中心。重庆也在文化部门设立了非物质文化遗产处，专门成立了重庆市非物质文化遗产保护中心。各个区县政府也专门在文化部门增加了非遗工作职能，成立了专门的工作机构。保护机构的完善，推动了非遗保护机制的规范。建立了国家级、省级、区县级非遗名录体系，开展了科学的非遗资源普查。重庆被列入国家级保护名录的就有53项、列入市级保护名录的有707项、列入区县级保护名录的有3428项，普查出的非遗资源有4000余项。当然，非遗保护的核心是人，没有人的传承就没有非遗项目的传承，我们随即又开展了一系列的非遗保护传承人认定工作，重庆就有60人被列入国家级传承人，市级传承人有711人，区县级传承人有4737人。非遗保护是一项系统工作，在保护好非遗项目、非遗代表性传承人的过程中，还开展了大量的传承、传播工作，重庆的"永川豆豉食品有限公司"被文化部认定为"国家级非物质文化遗产生产性保护示范基地"，北京服装学院驻重庆荣昌传统工艺工作站成为重庆市首个国家级传统工艺工作站，石柱土家族自治县重庆壹秋堂中益乡巾帼扶贫工坊被认定为"全国巾帼脱贫示范基地"，非遗在助力精准扶贫方面，成果显著。"针灸（刘氏刺熨疗法）"的代表性传承人获得了由中国艺术研究院、中国非物质文化遗产保护中心颁发的"非物质文化遗产传承人薪传奖"，渝东南的黔江区、武隆区、石柱县、秀山县、酉阳县、彭水县被文化部列为"武陵山区（渝东南）土家族苗族文化生态保护实验区"。还有87个单位被命名为"重庆市非遗生产性保护示范基地"。全市每年开展百余场的非遗进校园活动，并且由市文化部门命名为"非遗传承教育基地"的学校及社会非遗传承保护机构就有109个。在学校和社会广播非遗的种子。非遗展示活动、非遗主题演出活动，是非遗传播的重要形式，到现在已经举办了六届重庆非遗博览会。我们还调动高校力量，连续6年共举办30余期传承人研修研习培训班，让非遗传承人的综合性文化修养得到更好提升。同时也吸收众多年轻人参与，让那些喜爱非遗的人得到学习非遗的机会。保存好非遗项目及传承人的资料，是一个重要的保护方式。我们开展了"国家级传承人记录工程"，对国家级非遗代表性传承人，进行系统专题片录制，每个人的成片时间长度近5个小时、图片500余张。对非遗项目的资料性录制也在试点之中。非遗是重要的传统文化资源，如何让它创造性地被转化出来，与现代生活、现代审美相结合，是我们目前需要思考的一个重要问题。全社会参与非遗衍生产品开发的积极性非常高，众多的企业与丰富的产品，给人民的物质文化生活、精神文化生活带来了丰富的供给。文化是流动的，越流动越有生命力，全国性的非遗交流活动十分丰富，国际性的交流也十分活跃，重庆的非遗经常性走向全国，数十次走到世界各地。引导的力量是强大的，在全国开展脱贫攻坚行动中，充分利用当地非遗资源，充分调动当地人民群众主观能动性，给予专业性培训，注入给企业活力，30多个非遗扶贫点为非遗产品的丰富、为贫困户增收发挥了作用，成为扶贫工作的一大文化贡献。

在综合开展非遗保护工作的同时，我们重视非遗的大众传播，录制了130多集非遗专题片，对重要的非遗项目进行了系统介绍。当然，图书编撰出版是一个重要内容，也是我们的工作重点。先后出版了《重庆市非物质文化遗产名录》(图典一)，图文并茂地介绍了一些国家级非遗保护项目。出版了"重庆非物质文化遗产丛书"13卷，通俗地、系统地、全面地介绍了重庆市级以上576个非遗保护项目的基本情况。同时，出版了《重庆国家级非遗传承人采访实录》《文说非遗》，用新闻、文学的方式记录和传播重庆非遗。各项目保护单位的文化部门和项目主体，也出版了大量的非遗图书，有的系资料性记录整理，有的系初步性研究，有的系综合性反映。特别是我院的《川江号子》、巴南区的《接龙吹打乐》、綦江区的《永城吹打乐》、石柱县的《石柱土家啰儿调》、秀山县的《秀山花灯》等，下了一定的研究功夫，具有一定的学术性。这些图书的出版，对于保存和传播重庆非遗发挥了积极作用。

非遗工作中所开展的展示、展演活动，进校园活动，传承教育基地的宣传培训活动，专业性的传承人培训活动，等等，包括图册、通俗读物的出版、专题片的播出，都只是一个简单的展示或介绍，让人们能够直观地感知非遗、认识非遗。但是，这些非遗项目背后的真正成因是什么，它为什么具有这样的文化内涵，产生的背景、历史的长度、表达的文化奥秘、与周边文化环境的关系如何？却鲜有人知晓。编撰出版这套"重庆国家级非物质文化遗产学术研究丛书"，就是解决这个问题，就是传播这样一些文化内容。

本套丛书是重庆非遗保护的重要工作，2018年底，重庆市文化和旅游发展委员会专门印发了《重庆国家级非遗学术研究丛书编撰出版方案》，并召开了专题工作会议。要求各区县、各项目保护单位高度重视，切实加强领导，积极提供条件，抓紧开展研究。重庆市非物质文化遗产保护中心加强工作督促，召开工作推进会，及时通报工作进展情况。工作实施两年多来，研究效果比较好，第一批研究成果计7部专著，于2020年底进行了专家评审，随后送交出版社。

本套丛书收录的国家级非遗项目，当时只有44个项目，此时又批准了9项，我们也计划作为学术研究的对象，计有53项。每个项目一卷专著，计有53卷，每卷约20万字，共约1060万字。每卷内容主要从项目的历史渊源、流布范围、主要内容、学术价值、学术内涵等方面进行阐述。同时，附录代表性作品，兼以配上适当的图片，以便读者对内容有更加直观的认知。我们还提出了编撰出版的四条原则，即坚持学术性，从学术角度对保护项目进行深入阐述；坚持全面性，将所研究项目涉及内容全面收入；坚持权威性，科学、全面、准确描述所研究项目；坚持统一性，统一规划、统一规模、统一体例、统一进度、统一出版。关于这套丛书的体例，我们也进行了基本统一，即要研究项目的自然地理环境；要研究项目的历史渊源；要研究项目的主要内容，如技艺流程、音乐分类、曲牌、唱词、调式、调性、唱腔，民俗活动的主要流程及活动安排等；要研究项目的主要特点、学术、技术；要研究项目的代表性传承人；要研究代表性作品或代表性产品；要呈现项目所取得的主要成绩，以及参赛、获奖、表演、展示等相关情况；还可适当收录专家学者研究与评论的相关文章。

本套丛书的编撰出版是一个浩大工程，需要文化部门的坚强领导，需要专家学者的广泛参与，需要广大非遗工作者、传承人的共同努力。令人欣慰的是，这项工作取得了良好的进展，第一卷就要出版了。期待大家继续努力，不负重庆人民三千多年来创造的非物质文化遗产，用学术的智慧把它呈现出来。

这里还得感谢重庆出版社的同志，是他们同我们一起策划了这套具有文化价值、历史价值、学术价值的"重庆国家级非物质文化遗产学术研究丛书"，是他们的精心编辑才有这样光鲜的文本。再次感谢你们！

这套"重庆国家级非物质文化遗产学术研究丛书",虽然我们尽了力,但难免存在这样那样的问题,希望读者批评指正,以期我们在今后研究中改进。

重庆市文化和旅游研究院
重庆市非物质文化遗产保护中心
2021 年 6 月 12 日

序言

  在人类早期文化发展史中，陶器的发明和出现，是作为人类社会的重大发明，并推动文化巨大进步的重要标志。根据近年来的考古发现，桂林甑皮岩遗址出土的首期陶距今有12000年，从残片推断烧成温度极低，胎质疏松，遇水易解离，疑似没有完全陶化，历经了上万年岁月的侵蚀奇迹般留存至今，被认为是陶器的雏型，这一发现，对研究陶器的起源具有重大意义。从生活经验来看，人类稍有品质的生活是从运用火开始的，人类对火有一种特殊的感情，中国词语里的"火种""薪火相传"等词汇，就有表达生命延续的意味。《周礼·考工记》云："埏埴以为器。"是指用泥土制作陶器，并将其烧结，最终形成容器，可以用来储水和烹饪食物。考古中发现的大量陶器，各式各样的形状适用于各种不同的环境、不同的目的。也许是因为制陶工艺相对简单，材料易得，因而能获得最大的适应性和普及性也是必然的。最初，陶器只是人们用泥土捏制成型后，用火烧制而成，作为生活用品，后来随着制陶业的发展，制陶技术从泥条盘筑进步到轮盘拉坯，结构简单的横穴窑与竖穴窑取代了落后的平地起烧，人们对窑的温度、气氛的控制取得了一定经验，遂逐渐改变其陶窑的结构。到新石器时代中期发展阶段的彩陶文化，是陶器的鼎盛时期，不仅器型增多，而且文饰精美，掀开了陶器文化史上灿烂辉煌的篇章。如果要总结陶器发展的话，从新石器时代伊始直到今天，有一条主要的线索，就是物顺自然、以用为本的造物思想，体现出文与质、技与艺、功能与形式的双重属性，最终为丰富民众物质需求与文化生活提供了源源不断的陶瓷器物。这个过程融汇了中华民族的造物智慧、汇聚了民间技艺以及人文历史、社会生态，也包含了人们对自然、对社会、对生活的创造精神。

从来自于荣昌的考古材料看，手工陶瓷产业支撑了荣昌上千年，由众多工匠承载的勤劳与智慧、时光与空间的技艺体系，则形成了一个强大的基础性支撑系统，使荣昌终以集大成者的英姿登上了四大名陶的历史舞台，成为世人瞩目的陶都。在漫长的陶瓷发展史上，一代代陶工默默无闻地为陶瓷艺术的发展作出了杰出贡献。他们是非物质文化遗产传承的主体，用手艺渗透世人的生活，更是一把丈量文化价值的标尺。这一独特的人文艺术，以日常叙事的方式，讲述着一个个手艺人耕耘的历史，彰显着人与手观看世界的态度。荣昌陶器在心、手、眼的汇集间创生，在匠师们不朽的情怀中绽放，在世人生活里绵延传承。无疑，手艺的背后，蕴含着民俗、生活、历史、地域、宗教、审美等社会文化的多元属性。人类进入现代社会，一个重要的人本要求就是对过去记忆的珍重，对自己的文化、历史记忆的重视。记忆是重要的精神财富，所以联合国保护的文化遗产里有记忆文化遗产，实际上，一切文化遗产的意义都是记忆，或者说都是为了记忆。传承人从业的人生经历、掌握的技艺、积累的经验、执业的精神等，皆因整体地、活态地活在我们的文化里，所以影响着我们的生活方式，影响着我们的思维方式，是我们生命里非常重要的内容。为此，我们写作组分批到荣昌对代表性传承人进行了采访，留下了珍贵的、有历史价值的记录。

无论是保护和传承荣昌陶的手工艺文化和造物智慧，还是面向社会经济开启的广阔空间和文化创意引领未来，都需要切实可行的路径和方案。我们必须思考和探索的是，传统手工制陶所承载的习俗、情感、价值观念和生活方式，在"后工业化"时代，多大程度上可以被激活并实现当代价值的演进和新生；荣昌陶作为造物文化的历史脉络、手艺传承与生产的历史形态及现代运行机制，手艺所蕴含的人与自然、人与人、人与社会的深层内涵等等，既是手工艺本身的问题，也关涉人类学、社会学、生态学等诸多领域，并成为荣昌陶持续发展的文化支撑。这一系列问题，不仅需要学理上的梳理，更需要实践的贯通。

近年来，随着"振兴传统工艺计划"国家战略的实施，中国特色文化软实力的构建，各界对非物质文化遗产的保护和抢救，使手工艺地位的重要性日渐凸显。

作为四大名陶的荣昌陶，与其他三大名陶相较，既有其共性的一面，也有其个性的一面，而个性正是荣昌陶得以彰显的地域文化特色，因此，我们的书写更侧重于荣昌陶特色技艺的阐释。要言说荣昌陶的特色，我认为就是由当地开采的红、白泥两种材料所构建的质地、色泽、形制、装饰、施釉、烧成等一整套知识体系所呈现的特有面貌。

有关荣昌陶的文章多散见于各类报刊、论文和专著，它们对何谓荣昌陶从不同的角度和层面加以解读，为本书的撰写提供了可资参考的文献资料。本书所选择的视角也可以说是在以往荣昌陶研究基础上的一种聚焦和思考，但由于历史上缺少关于陶瓷技艺传授的文字记载，更没有规律性的理论总结，这不能不说是一个遗憾。这次对荣昌陶深入系统的辑录和整理，不仅包含人物、技艺、品类，也包含相关联的社会历史、思想文化、文献档案等，而更多的是选择从传承人的角度来看荣昌陶，因为传承人是制陶的亲历者，如果缺乏传承人的积极参与，有关荣昌陶的细节描述就很难整理出一个较为系统的文献资料，这是本书所要努力促成的一个重要方面。全书共分为八个章节来展开对荣昌陶的论述，通过田野调查、文献综述等不同写作方式，汇聚鲜活的话题文本，运用分项聚类的研究方法，针对荣昌陶的源流、历史演变、工艺的特质属性进行研究性的理论梳理，从文化审美与生活功用上思考关联的视角，充分挖掘手艺的非物质文化属性和技艺的传承方式，尝试重建独具当代手工艺特质的艺术生态，目的在于对荣昌陶的历史及当代的发展做一个较为系统、全面的描述和阐释。需要说明的是，一些关乎荣昌陶关键术语的称谓在以往文献里有各自的言说，不甚统一。比如陶瓷与陶器，下兴窑与夏兴窑的分述，再深入一点，紫砂与紫泥，朱砂釉与珠砂釉、珠砂釉的各自表述，民间还有猪辰砂的说法；西绿釉与硒绿釉，还有稀绿釉的三种写法；化妆土的妆，也有庄和装的写法等等。本书根据史料的原意，均采用统一的说法。

  为了方便记述，涉及的部分文献资料只是加以整理，并注明出处；有些资料重新审视后，在文字的编辑上作了重新梳理和考证，以便书写的内容更具文献的历史价值和学术参考价值。由于书中涉及的内容庞杂，写作中难免有不周之处，甚至错误的地方，恳请方家指正。

  我想热爱荣昌陶艺者，当识此间为留有温度的记录与释然。荣昌陶在历经无数的雨雪风云之后，依然鲜活地在走进人们的生活和心灵。

  是为序。

余强

2021 年 9 月 6 日

目 录
CONTENTS

非遗需要学术阐述 /001

序言 /001

第一章 荣昌陶综述

第一节 重庆西大门 /003

第二节 就地取材 /004

第三节 民生之需 /007

第四节 名陶的品牌张力 /009

第二章 源远流长

第一节 "神农耕而作陶" /017

第二节 汉陶遗韵 /021

第三节 "昌州窑"之名 /025

第四节 移民文化的产物 /032

第五节 荣昌陶器厂 /044

第六节 荣昌县工艺陶厂 /054

第三章 千年窑火，绵延不息

第一节 不同的传承方式 /061

第二节 陶工的匠人精神 /065

第三节 乡村手艺教育——棠香中学 /068

第四节 校企合作协同创新的典范 /072

第五节 手工作坊的回归 /079

第四章 制陶术的生成

第一节 技术与技艺 /083

第二节 陶泥在手 /085

第三节 手的延伸——工具 /088

第四节 凝土以成器 /090

第五节 装饰之艺 /102

第六节 入窑烧成 /121

第五章 作为"器物"的造型特征

第一节 形乃谓之器 /127

第二节 器以用为功 /129

第三节 匠心冶陶 /152

第四节 技艺之美 /169

第五节 烧成之美 /170

第六节　适用之美　/172

第七节　款识之美　/174

第六章　荣昌窑的变迁

第一节　窑炉的类型　/179

第二节　粗陶与细陶并行不悖　/187

第三节　柴窑的回响　/196

第七章　天道酬勤

第一节　从物质到非物质　/207

第二节　代表性传承人身份的认知　/208

第三节　传承人传略　/212

第四节　传承人口述史研究价值　/248

第八章　附录

附件1　传说故事　/253

附录2　安富人文历史记述　/263

附录3　荣昌陶研究文献综述　/278

附录4　荣昌陶大事记　/286

附录5　制陶技术资料　/295

第一章
荣昌陶综述

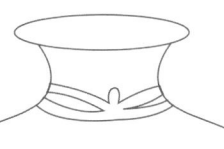

第一节　重庆西大门

荣昌区与四川省东部接壤，位于重庆市区的西部。它东邻大足区、永川区，西接四川省隆昌县，南邻四川省泸县，北与四川省内江市、安岳县接壤。县域东西最大距离39.1公里，南北最大距离44.2公里。荣昌总面积1079平方公里，耕地40224公顷，土地肥沃，地势起伏平缓，平均海拔380米，介于东经105°17′至105°44′，北纬29°15′至29°41′之间。现辖区内有20个镇，人口约82万人。全县土壤质地良好，属典型性亚热带季风气候。其主要特征是：气候温和，雨量充沛（年平均降水量1099毫米），四季分明，夏季闷热多雨，气候潮湿，无霜期280～300天。水利资源充足，县内径流量3.25亿立方米，有濑溪河、清流河等148条溪河，多属沱江水系。荣昌区内有三座知名山系。南有古佛山，主峰三层岩，海拔711.3米，山高林密，云雾缭绕。中部有螺罐山，主峰燕子岩，海拔666.5米，山翠峰高，风景独特。北有铜鼓山，主峰海拔500多米，唐宋以来就是区内名山，史志早有记载。

荣昌历史悠久，古代就有巴人定居，春秋战国时期隶属巴国，秦属巴郡。汉初为犍为郡的江阳、资中和巴郡的垫江三县属地。东汉、三国、两晋、南北朝时期分属江阳、汉安两县，隋和唐初为泸川、内江两县属地。唐肃宗乾元元年（758年）置昌元县，为今县地建县的开始。元世祖至元二十年（1283年）废昌元县，元至正二十二年（1362年）明玉珍建立夏国，在原县境新置昌宁县。明朝洪武六年（1373年）取繁荣昌盛之意，更名为"荣昌"县，属重庆府。明末清初的"湖广填四川",因大量移民涌入,为荣昌地区带来了各原籍地方的文化习俗,不同地域的文化相互参融,推动了这一时期荣昌文化的繁荣丰富。清代、民国时期仍置为荣昌县,素有"重庆西大门"之称,共有9个镇街与四川的11个镇街相邻。清代荣昌教谕谢金元曾用"地接巴渝据上游,棠香自古属昌州"的诗句,道出了荣昌地理位置的重要。

1949年12月7日荣昌解放,先后隶属璧山专区、江津专区、永川地区。1983年4月,隶属重庆市。2015年5月,国务院批复同意撤销重庆市下辖的荣昌县,设立荣昌区。荣昌不仅拥有优越的地理环境,也具有优越的经济发展区位。区域处于成渝经济走廊,交通十分便捷,成渝铁路、成渝公路、成渝高速公路横穿境内,是连接重庆与四川的陆路要冲,"三纵五横"的区级公路及四通八达的乡村公路已经形成网络并互相配套,而荣昌就在成渝经济圈的中心地带。特殊的地理位置,成就了巴渝文化与蜀文化的交汇融合,使荣昌在悠长的历史脉络中,沉淀出独特的地域文化——折扇、陶器、夏布等国家级非物质文化遗产,无不映射出"以文化而荣,因文化而昌"的厚重与丰饶。近年来,荣昌区充分利用非遗文化资源,抓住川渝两地文化同源、人文相通的特点,充分发挥地处成渝地区双城经济圈腹地优势,构建非遗产业发展生态圈,不仅让非遗文化得到传承和发展,更把文化资源变成了文化财富,从而进一步加快了荣昌陶产业的发展步伐。

第二节　就地取材

在荣昌区有一个小镇,因制陶业发达而闻名于世,它就是安富镇[①]。据史载,安富镇始建于康熙四十一年(1702年),距今300多年,最先属清东

---

① 安富镇,于2008年改为安富街道。

驿道，是重要的驿站，也是出川的重要隘口。随着"湖广填四川"大量移民流入并依次修建庙宇和房屋，以街为市，清末民初安富镇遂逐渐形成五里长街之盛势。查古代地名史料，安富镇在清代曾叫"瓷窑里"，是因为安富镇境内的陶土储量非常丰富。这里山峦起伏，松林遍布，地下埋藏着丰富的优质陶土和烟煤资源，在鸦屿、高池铺及双河等地区均有优质的陶土资源，而且水资源丰富，为发展陶瓷生产提供了现成的可资利用的优越条件。从认识地方性知识的角度看，黏土这种来自于地球的天然之物，是水风火共同作用的产物。"它是由富含长石等铝硅酸盐矿的岩石，经过漫长地质年代的风化作用或热液蚀变作用而形成的。"[①] 这种天然材料与风土气候促进了特殊的乡土制陶工艺的生长。

根据当地的资料显示，荣昌陶的主要原料来自于本地独特的侏罗纪沉积黏土页岩，境内有一条长15公里，宽2.5~4.5公里的陶土矿带，平均厚度1.2米，比重2.65吨/米^3，陶土总储量约为7048万吨，分红色陶土和白色陶土两种。红色陶土矿石和白色陶土矿石的脱羟基温度范围为490~530℃。红色陶土矿石主要由石英、高岭石、伊利石及赤铁矿等矿物组成，其化学成分如下：

	SiO_2	Ae_2O_3	Fe_2O_3	CaO	MgO	K_2O Na_2O	灼减	合计
红泥	65.32	20.93	5.18	0.13	0.87	2.26	6.08	100.23
白泥	65.75	21.32	2.25	0.13	1.07	2.38	6.25	99.15

由于天然黏土的矿物组成、化学组成与颗粒组成的不同，不同的黏土具有各自独特的工艺性质，比如可塑性、收缩性、致密度和烧结度等。

荣昌的红色原矿多由紫色泥岩风化而成，露天开采，致密块状，呈紫褐色，略带蜡状光泽，泥质细滑，是陶制品的最佳原料。其烧失率约为8.4%，烧成温度一般在1150~1200℃之间，可塑性好，不易龟裂，适合各种成型方法，用单一原料就能制成各种坛罐等日用器皿，烧制后胎体呈赭红色，胎体轻薄而质地坚硬，可以与瓷器媲美。由于陶泥的主要化学成分跟江苏宜兴紫

---

① 李家驹主编：《陶瓷工艺学》，中国轻工业出版社，2006年，第15页。

砂陶泥几乎一样，学界有时也称荣昌细陶为"昌州紫砂"。

白泥原矿，产于煤质上层，属井下开采，也称煤层黏土，呈灰白色，致密块状，泥料白嫩而带浸色，烧失率约为6.4%，烧结温度一般为1180~1270℃，可塑性好，含水，烧结范围较宽，适于各种成型方法，不需添加配方，是极佳制陶原料。

荣昌红、白泥藏量很大，是其他产陶区没有的。尤其是红泥，量大、开采简便，其主要成分与宜兴紫砂陶泥几乎一样，是荣昌陶不断发展的一个重要因素。其原矿经风化、研磨、沉淀等工艺炼出的"泥精"更是一绝。制陶师傅用泥精拉坯得心应手，可以加工出"薄如纸"的产品。用泥精做的细陶类素烧日用陶产品，如泡菜坛、花瓶、罐、茶壶、文房用品等，俗称"泥精货"，其独具的透气不透水的天然双重气孔结构，非常有利于食物长久储存。

在当地，山前山后，除陶泥之外，还出产煤和其他矿石，安富人就地取材，

▲ 采集陶土

▲ 淘洗细泥

就地开窑烧陶，无须外援。民间曾传有这样的民窑："前山矿子（石灰岩）后山炭（煤炭），中间窑烧陶罐罐。"这里所说的"矿子"就是安富陶器生产的主要原料陶粒页岩。历史上，荣昌陶泥有一个非常特别的工艺条件，那就是它用的钢炭要选本地上等的松树和青冈树为煅火料。安富山上的松树和青冈树油脂含量特别重，就连山上的马儿斯草和蕨草的含油量都非常高，这也许和安富镇的土质和气候有关，紫泥在燃烧过程中，窑炉温度可以达到1200℃以上。钢炭的油气在窑炉里慢慢地挥发，使每一件器物都能在焰火之中慢慢地受到油气的熏透，加之经过精工制作的陶泥质地细腻，使所烧器物出窑时，陶品质感油浸，色泽奶润，陶体丰满，这就是几个世纪来荣昌陶品的精华所在。当地的泥料是不可替代的，荣昌陶土可分粗、细两种，细泥又分红、白两色。从地质学的角度来看，作为川东和川西的交界处，也是山地和平原的交接处，地壳的变化，导致这里的陶泥露在地层表面，易于开采，而由泥料延伸出来的制陶技术和工艺文化理所当然地成为了荣昌陶的一大特色。

第三节　民生之需

陶器生产，历来有官窑和民窑之分。荣昌陶，自古以来就是"民用陶"，史载也未列入名窑之林，作品也不登"大雅之堂"，即使在封建士大夫的笔下有所记载，也总是把这种民间陶器作品说成是"极粗朴不佳，惟食肆以其耐久，多用之"[1]。粗朴然而耐久，多用，正说明荣昌陶产品来自于民众又直接服务于民众。发展到今天，这一民间工艺呈现出强大的生命力遂在于此。

《诗经·小雅·天保》云："民之质矣，日用饮食。群黎百姓，遍为尔

---

[1] 《土的艺术——磁州窑作品选介》，载张黎编《王家树文集》，山东美术出版社，2011年，第260页。

德。"当知"宜民宜人"是为"德"。明代著名的"泰州学派",创造性地提出了"百姓日用即道",所以制陶也就不可避免地烙上强烈的农政和社会伦理等色彩。综观中国民窑陶瓷的发展,始终从服务于生活的实用功能出发,富有浓郁的人文关怀,处处闪耀着人性的光辉。考古发现,古代先民很早就开始为生活之需而生产烧制陶器,几千年来一直是人类主要的生活用具。无论怎样,制作器物必须根据材料来进行,荣昌当地的泥土便是制作器物的基础。作为民窑,由原始制陶术延续而来的荣昌陶,从其伊始便与人们的社会生活有着密切的联系,按照日用陶瓷器皿的功用,可细分为炊具、饮具、食具、盛储器具、舀具、照明具、文具、卫生用具等等。具体的器物所体现的技艺与尺度构成了物与物、人与物关系的和谐空间,承载的是大众喜闻乐见的文化价值观。文化不同于文明,它是一个民族自古以来所经营出的一定的生活方式和传统观念,无论历史怎样变迁,生活怎样变化,它都照旧存在,因此考察文化中最基础的部分便往往需要追溯到民间的日常生活。按一般的理解,杯杯盏盏,不过是一些粗陋的东西,多数人对于每天与之共同生活的平凡之器物并未予以更多的重视,对存在于老百姓中间那些最普遍、最常用、最基础的物质文化熟视无睹,其实这些器物中却蕴含了有关乎宇宙、自然、环境、材料、技艺、造型、色彩、利用、传承等方面的认识和实践的智慧。民众选择的"最美的产品",其大部分都是日常用品,涉及城乡人民常用之各类器皿,所以具有广泛的社会性和地域性,也成为大众文化研究中不可或缺的重要内容。可以说,荣昌陶是中国民窑的典型范本,粗陶与细陶的技术成就了民窑的代表性产品。自然的材料,单纯的造型,质朴的心境,是产生美的本质性的动力,故民窑之物显得非常简洁、实用。正因为民窑陶器根植于社会基层,维系于大众生活,因而跃动着生生不息的活力,焕发着一种自然、稚气、率真的鲜活之美。正如日本民艺家柳宗悦所言,"所有的器物,往往是在使用方面显示出它本质,工艺之美就是实用之美"[1]。所谓"日用即道"——圣人之道寓于普通百姓的日常生活之中,才是陶艺最具魅力的地方。

---

[1] 柳宗悦著,徐艺乙译:《工艺之道》,广西师范大学出版社,2011年,第28页。

文献里记述的"荣昌陶"泛指重庆荣昌地区生产的陶器，因为主要集中于安富街道一带，故俗称"安陶"。民谣"安富场，五里长，瓷窑里、烧酒坊，泥精壶壶排成行，烧酒滴滴巷子香……"生动地描述了安富古镇因陶业发达而成为巴渝地区交易、商贸繁盛之地。清代至民国年间，安富时称"瓷窑铺""万年灯""瓷窑里""烧酒坊"等，这些地名就是当年安富陶业的一个缩影，因此荣昌陶又指安陶是有原因的。荣昌陶主要采用安富镇附近鸦屿山的红泥和白泥烧制而成，以此产生的工艺可分为素烧品和施釉品两大类。由于荣昌陶的陶泥特点，荣昌陶器的制作出品在清乾隆时期以粗陶为首，类型多与当地社会状况、生活习俗相关，主要为生活日用陶和工艺陶，有缸、盘、盆、钵、碗、碟、盏之类；还有文房用的笔洗、水盂、砚滴、笔架、高足灯等，以素烧为主，有的略施了一些彩釉。到咸丰时期开始生产的细陶，以极具西南地区特色的泡菜坛、酒坛和泥精茶壶为代表，釉彩丰富，烧制出无数精美的器皿，充分说明了器物造型的演变与民众生活的实用性和审美性是紧密相关的。荣昌陶不仅为当地民众生活需要，且远销全国，直至东南亚，换回钱粮，百姓得以生息繁衍，地方经济得以发展，与此同时，还创造了丰富的陶文化，反映了老百姓对美好生活的向往和追求。

第四节　名陶的品牌张力

作家王定天在《巴渝古镇——安富》一书中写道："安富真正的神采，安富的命脉，不在长街的寂寞、不在古镇的沧桑、不在南北会谈、不在那山、不在那庙，在陶、陶土、陶产业。"[①] 这是因为重庆荣昌安富镇当地出产的红泥和白泥，是极佳的制陶原料，其质细色正，可塑性强，烧结性能好，烧

---

① 王定天：《巴渝古镇——安富》，远方出版社，2006年，第92页。

制的荣昌陶敲击声响清脆悦耳，器物内壁不施釉亦不渗漏。体形秀丽精巧，釉质光润，荣昌生产的陶器也因此获得了"红如枣、薄如纸、亮如镜、声如磬"的美誉。

上千年的生产历史，独具地方特色的制作工艺和艺术风格，赋予荣昌陶器更多的文化底蕴。荣昌陶的制作强调工艺造作的人文意义和社会功用，崇尚心性与物性，人工与造化的和谐默契；讲究巧而得体、精而合美的艺术创意；追求巧应妙合的天时、地气、材美、工巧诸因素的"天工之美"，体现了民族文化的审美观和精神气质，形成了荣昌陶所具有的地方知识体系，其代表性的陶器种类，是国家宝贵的文化遗产。

荣昌陶的审美特点可以概括为造型之美、装饰之美、釉色之美和烧制之美。早期主要生产缸、盆、钵、罐等粗陶产品，造型豪放朴实，有粗犷、野性之美。后来，又开始逐步发展到生产"泥精"作品，因而器物造型更加秀美，逐渐形成了"柳、卵、直、胀"的美学风格。这与北方陶瓷粗、大、厚、重的风格迥然不同。日用器型以泡菜坛、画瓶、罐、茶壶、缸、钵、蒸钵、鼓子、茶具、酒具、文房用品等为主，工艺美术陶以人物、动物等室内陈设用的雕塑为主。在制作技艺上，"泥精货"一般是素胎素烧，红泥胎质居多；或以红泥胎质施白泥化妆土，采用刻花、剔花工艺雕刻后烧成，产品朴实自然。就装饰方法而言，有刻花、划花、剔花、刀填、耙花、剪纸贴花、浮雕、雕填、镂空等11种，其工艺历经世代艺人的磨炼，丰富多彩，非常成熟，是荣昌陶器显著的特点之一。"釉子货"均为红、白细腻质地，施釉采用浸釉、刷釉、土子点彩画花等工艺。其中，尤以朱砂釉、西绿釉、黑釉、黄釉最具特色，金砂釉、钧釉等全国罕见，包括黄、绿、白、蓝、黑等，各种彩釉色泽丰富美丽。纹饰有龙纹、卷草、缠枝、回纹、如意头、工字纹、折带纹、锯齿纹、水波纹、动物、人物等，陶体挺秀灵巧，装饰简练精美、朴素大方，釉质莹润光亮，具有浓郁的地方文化特色。

1953年在北京举办的全国民间工艺品展览会上，荣昌陶与江苏宜兴紫砂陶、云南建水紫陶、广西钦州坭兴陶，被国家轻工部命名为"中国四大名陶"。而重庆荣昌的安富与江苏宜兴、广东佛山的石湾并称为"中国三大陶都"。

20世纪七八十年代后，荣昌陶的发展再一次迎来高峰，开始结合现代工艺技术，产品种类和制陶工艺都得到了空前的发展。尤其是荣昌陶产业在经历了20世纪末本世纪初的20年沉寂之后，陶器烧制技艺（荣昌陶器制作技艺）于2011年被列为国家级非物质文化遗产代表性项目。到2013年，荣昌县委、县政府出台了《关于加强全县非物质文化遗产保护开发的意见》，2014年又公布了《荣昌县"人才兴陶"十一条》，2017年，随着国家《中国传统工艺振兴计划》的出台，标志着振兴传统工艺已经上升为国家战略，重新走上了发展的快车道。它提示我们，在今天经济全球化的理想语境中，应该历史性地总结其发展规律和变迁的特性，知晓保护传统文化的重要

▲ 梁启煜　云纹耙花泡菜坛

▲ 罗明遥　卷草刻花茶叶罐

性，并且时刻需要关注自身特定的文化生态、广纳四方人才，而安陶小镇、

荣昌陶器

▲ 安陶小镇

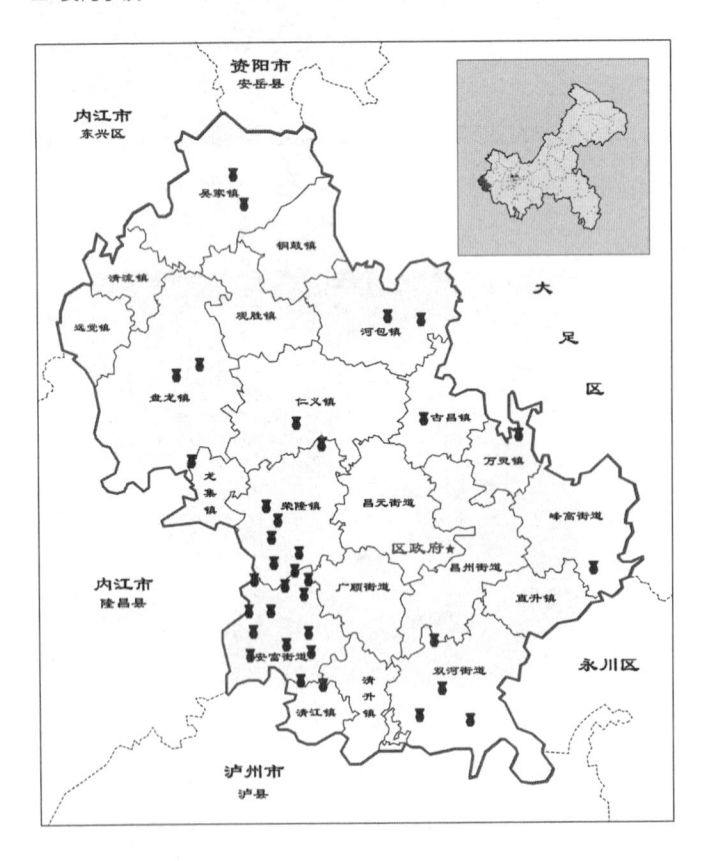

◀ 荣昌陶器生产分布图

陶宝古街、安陶博物馆、国家级示范性综合实践基地、陶文化创意产业园、荣昌陶艺大师园等设施的建设等，使荣昌陶的知名度、美誉度、品牌影响力明显大幅上升。在产业发展上，荣昌现有陶瓷企业70余家，上规模企业26家，以及4家国家高新技术企业，业已发展成为西南地区最大的陶瓷加工生产基地。

第二章
源远流长

第一节 "神农耕而作陶"

几千年来，陶器的发展史存在一个进步上升的形态，不仅发生了由夹砂陶、灰陶、黑陶、硬质印文陶向釉陶的转变，在制作工艺上也由低级向高级发展，从捏塑成型、泥条圈筑或盘筑成型，到使用快轮制作规整的器形；从平地堆烧、封泥烧到横穴窑、竖穴窑，凝结着无数先民的智慧和力量。究其缘由，与多方面的因素是离不开的，如对黏土的认识，火的利用，储存的需要，农业生产和定居生活的发展，这些都极大地促进了陶器产生的进程。

关于陶器发明的历史，由于年代久远，难以尽述，但在众多的古籍中，记载着有关圣人发明陶器的神话传说，从中可以略窥端倪。如宋《太平御览》卷八百之十三引《周书》："神农耕而作陶。"神农是传说中的三皇之一，他教民耕种和制陶，因而后世把他奉为"农神""陶神"。舜是上古传说中的五帝之一。《墨子·尚贤下》载："昔者，舜耕于历山，陶于河濒，渔于雷泽，灰于常阳。"因而后世陶工把舜奉为"窑神"，在陶瓷器皿上还留有"河滨遗范"之类的铭文。值得注意的是，关于神农与舜制陶的传说，都把制陶与农耕并提，在原始社会进入农耕时期，即新石器时代开始阶段，这点确有其历史的真实性。尤其是始见于《太平御览》卷七八引《风俗通》"俗说天地开辟，未有人民，女娲抟土作人"的神话传说，透过浪漫主义的神话描写，可以管中窥豹，了解到有关原始制陶的历史信息，以及蕴含其中的人文精神。[①] 目前考古发现最早的制陶遗存显示，从旧石器晚期到新石器初期，已出现了陶制器皿，标志着陶器发明已初步形成。制陶技术出现并广泛地进入了人类的社会生活，遂标志着旧石器时代的结束，新石器时代的开启。据史书记载，最原始烧陶的方法是不用窑的，用的是直焰式堆烧，即在干燥的露天平地上，把晾干的陶坯放置在中间的柴堆上，再将柴草等燃料均匀地覆盖于器物上，从柴堆的最下面点火，直接加热，温度可达到800℃。生活在少数民族地区的黎族和傣族妇女，至今仍在沿用这种方法烧制陶器。而后期出现的坑烧比露天平地堆烧向前进了一步，具备了固定的火膛，以减少热量的流失。而"窑"的出现，从字面解释，是由"穴"和"缶"两个部分组成，穴就是地坑，缶就是陶器，这形象地说明了先民最初是以"坑地为窑，复烧为缶"来烧制陶器，初步掌握了如何更有效地利用燃料所产生的热量来提高热效率。洞穴式升焰窑，类似于坑窑从地面移到地下。因为有火道炉膛，燃料所产生的热量能够得到较为充分的利用，较厚的窑壁保证了很好的保温效果，热效率得到了较大的提高。最早在新石器时期就普遍使用穴窑烧制陶器了，其中以横穴和竖穴最为典型。从平地堆烧到坑烧，从不封顶到封顶的窑穴式烧制是陶窑发展史上一个不小的进步。它的一个特点就是火膛较深，火口较小，烧窑时，火焰经过火膛进入窑室底部后升至窑室，将陶坯加热后自窑顶排出，火膛长者利于"吸风"，可提高烧成温度，燃烧更加充分。因此，土与火由自发到自觉的巧妙结合更具智慧，因为它包含着自觉地把握经验改进烧制器物意图的理性，实则标志着制陶的逻辑发展和历史进程。

考古界常把不同陶质和陶色称为不同的陶系，不同的陶系反映了不同时代和地域的物质文化面貌。重庆陶器始于新石器时代早期，以奉节鱼腹浦、横路，丰都玉溪陶器为代表，是我国目前陶器制作中最为原始的一种。[②] 出土陶器以夹砂陶为主，多选择未经淘洗的含沙量含铁量比较多的陶泥烧制，颗粒较粗，且烧成温度低，陶质极疏松、易碎，部分陶器甚至完全选用紫红

---

① 吴战垒：《图说中国陶瓷史》，百花文艺出版社，2009年，第1—2页。
② 杨华、龚玉龙、罗建平：《对长江三峡地区新石器时代文化遗存的认识》，《四川文物》2003年第50期，第17页。

色页岩风化土制胎。陶色以红褐陶为主，颜色不均，制法多为泥片贴塑法，也出现有泥条盘筑法，造型不规整。新石器时代中期的陶器主要以巫山县大溪文化的陶器、丰都玉溪上层文化陶器和忠县哨棚嘴下层文化的陶器最具代表性，其陶器出土数量较多，具有较高的制陶技术、多样的品种以及多元的装饰方法，尤其是大溪文化彩陶与中原的仰韶文化陶器一样，陶土都是选择可塑性较强的黏土，含铁的化合物较多，能起助熔作用，使陶器的颜色受到影响。如在还原焰中烧成则为灰陶，在氧化焰中烧成则为红陶。[1]

大溪文化因最早发现于重庆巫山县的大溪遗址而得名。大溪文化陶器器型有豆、盘、釜、曲腹杯、罐、钵、瓶、盆、器盖、器座及猪头形器等。花色有素陶和彩陶，素陶的纹饰有戳纹、附加堆纹和镂空等；彩陶有红衣黑彩和白衣黑彩。纹饰有绳索纹、横人字纹、三角纹、网纹、叶纹、直线纹和弧线纹等。陶色比较多样，色泽有红陶、黑陶、灰陶、红衣黑里陶，但红陶占大多数，且经过了一个由红陶为主，发展到黑陶为主的变化过程。陶质主要分为泥质、夹炭和夹砂三种，而其显著特点是以泥质陶为主。[2]

新石器时代晚期陶器以丰都玉溪坪、忠县的哨棚嘴与中坝陶器为代表。其分布范围几乎遍及重庆地区的长江、嘉陵江流域，并与川北边堆山、成都平原宝墩文化有非常密切的关系。[3]

玉溪坪文化陶器各器类均用泥条盘筑法成型，烧制火候较高。出土的泥质灰褐色瓦棱纹盛器，造型优美。纹饰主要有附加堆纹、刻画纹、绳索纹、带纹、压印纹、拍印纹、戳印纹、菱格复合纹、蓝纹、水波纹、乳钉纹等。主要器型有高领罐、深腹罐、碗等。

中坝文化陶器以夹砂陶为主，器口为粗犷花边的花边缸器物群盛行。陶色以灰、红、红褐陶为主，纹饰以绳纹菱形纹为主，次为菱形纹、绳纹、附加堆纹、戳印纹、划纹组成的复合纹。陶器多为平底，主要器类有大口筒腹小底缸、见底缸、曲盘口罐、折沿深腹罐、大圈足盘、中柄豆等。而独具特

---

[1] 陈丽琼：《四川古代陶瓷》，重庆出版社，1987年，第29页。
[2] 张绪球、何德珍、王运新：《试论大溪文化陶器的特点》，《江汉考古》1982年第2期，第14—15页。
[3] 袁行霈、陈进玉主编：《中国地域文化通览·重庆卷》，中华书局，2014年，第33页。

色的敞口深腹小平底缸、见底缸和曲盘口罐最多，为其文化确立的标志。[①]

夏商周时期，是重庆巴文化发展的鼎盛时期，出现了类似马蹄形的圆窑。这一时期重庆的陶器无论是品种或数量都有明显的进步和发展。在重庆境内出土了大量夏商周时期陶器。最常见者有两种：一种是含大量细沙的沙泥质红陶，另一种是细泥质抹光的、多为黑色或灰黑色陶器。在忠县哨棚嘴、中坝，万州中坝子，云阳大地坪，云阳丝栗包，奉节新浦等地都有商周时期的陶器遗址。这些陶器具有明显的巴文化特征，又显示出与成都平原三星堆文化、中原二里头文化以及楚文化的交流和互融。[②] 春秋战国时期的陶器，以忠县瓦渣地和巫山双堰塘等地出土的陶器有代表性。主要以夹砂陶居多，以圜底器为大宗，有尖底器和三足器。主要器型有罐、碗、豆形器、豆、器盖、瓮、壶（瓶）、缸、杯、瓢形器等。云阳李家坝出土的陶器以泥质灰陶和泥质红褐陶的数量最多，其次为夹砂褐陶，另有一定数量的夹砂灰陶、泥质黑皮红胎陶。还出现了少量精美的灰白陶。纹饰以绳纹为多，但也大量使用刻画纹、弦纹、附加堆纹、方格纹、三角纹、指甲纹，少量压窝纹、戳刺纹、雷纹、波形纹、花边纹等。总之，巴蜀陶器的发展经历了原始泥质红陶、夹砂红陶、泥质灰陶、夹砂灰陶、黑陶等演变过程，适用和美观是这一时期器物的造型特点。[③] 无论泥质、器形，抑或是烧制方法，在一个相对宽泛的时空范围内，对周边的陶器的生产产生了重要影响，尤其是后期汉陶的兴盛，更是延续了早期的烧制技术。

[①] 邹后曦、袁东山：《重庆丰都玉溪遗址群——最早的新石器时期文化遗存》，《中国三峡建设》2007年第6期，第70—75页。
[②] 孙智彬：《中坝遗址新石器时代遗存初论》，《四川文物》2003年第3期，第32—40页。
[③] 蒋晓春：《从重庆地区考古材料看巴文化融入汉文化的进程》，《文物》2005年第8期，第71页。

第二节　汉陶遗韵

公元前221年，秦始皇统一中国，但14年后便被西汉取代。从此中原地区文化遂处于一个激烈的文化转型期，包括秦、楚、三晋在内的华夏文化正在向汉文化转变。重庆地区也因归属西汉政权，开始其汉化过程。巴、楚、秦、汉四种文化的交融，使传统的巴文化逐渐式微，而正在"形成中的汉文化"[1]逐渐取得主流地位。与此同时，富饶的巴渝之地与中原地区一样，儒道合一，盛行厚葬之风。作为随葬品的汉代陶俑，品类十分丰富，出土的文吏俑、乐舞俑、庖厨俑、侍从俑、武士俑等，从题材、人物形象、衣着、仪态和神情刻画方面，传神写实，既反映了社会文化生活的各个方面，具有浓厚的生活气息，也反映了巴蜀地区民间的宗教信仰。而房屋模型的涌现，是东汉时期庄园经济发展的真实写照。在合川草树土汉代遗址出土的一件朱雀纹瓦当，受楚文化影响，在重庆地区极为罕见，这些陶器，不仅具有历史价值，也是不可多得的艺术珍品。

在重庆巫山麦沱、忠县中坝、涪陵、合川白鹿山等不少地区都出土了大量汉代陶器或陶窑。陶器以泥质灰陶为主，也有一些泥质红陶、泥质黑陶和夹砂灰陶、夹砂红陶等。陶器的种类和数量大有增加，开始出现仓、灶、井、炉等明器。陶器中釜、矮柄豆虽仍在沿用，但釜、罐、钵、甑、灶等"汉式"陶器组合开始形成，其中数量最多，最为常见的是罐。同类器在形制上有较明显的变化，釜、罐类器的重心更低，陶仓的腹部渐鼓，盆和钵的腹部更显圆润。这些都表明重庆地区此时已充分汉化，体现出巴、楚、秦、汉四种文化的交融，为重庆地区的制陶艺术带来深刻的影响。[2]在巫山麦沱古墓和合川南津乡汉墓出土的反映墓主人地位、身份的陶俑，人物、动物造型各异，色彩华丽，生动传神。尤其是低温铅釉产生的釉陶器更是弥足珍贵，反映出

---

[1] 袁行霈、陈进玉主编：《中国地域文化通览·重庆卷》，中华书局，2014年，第26页。
[2] 蒋晓春：《从重庆地区考古材料看巴文化融入汉文化的进程》，《文物》2005年第8期，第76页。

釉陶器的烧制在这时期已经臻于完善，是由礼器转向日常生活用器的一个重要方面。这一时期，烧制陶器的窑址比较普遍，有马蹄窑、龙窑两种。马蹄窑较多，总体上属于半倒烟窑，但平面形状、窑址规模不尽相同，具有较多的地域特征。①据涪陵区江北考古发现的9座汉代窑炉遗迹表明，在江边建窑，与今天建于地面的窑炉有很大不同，这些马蹄形窑炉当时全部掘在地下，窑炉下有火膛，架设柴火烧制。窑炉后面开有人字形烟道。火膛面江，人字形烟道自动抽风助燃，窑炉估算约6立方米，已能大量烧制陶器。在忠县中坝遗址发掘中，除出土有大批量汉代陶器外，还发现了3座汉代陶窑。均为长条形龙窑，形状、大小及结构基本相同。以Y3为例，窑的最高点距地表2米，窑内最深处——火膛底部距地表3.97米（说明窑高约2米）。该窑平面呈长条形，头大尾小，分别由火门、火膛、火道、烟道等部分组成，其烟道与窑膛相交处平面呈凸字形。火膛长1.95米，上部残宽0.8米、下宽0.5米，火道长1.2米，窑膛长4.7米，烟道长5.65米。窑内堆积物有汉代绳纹瓦片、汉代平唇卷沿折腹绳纹陶罐残片等。②这些窑址的发现，对我们研究重庆区域汉代陶器的烧制技术有重要的参考价值。

　　根据荣昌安富古镇的考古发掘，荣昌地区在汉代就已经开始制陶，并粗具规模。目前出土的陶塑俑有人物俑、动物俑和陶灯几种，陶质多为细泥灰陶和细泥红陶，火温不高。据时任安陶博物馆馆长的刘守琪说，1987年，当时还是文化站长的他在一次文物普查过程中，发现了墓葬中的4具陶俑。"从陶俑的发饰、头饰、衣着和人物的年龄来推断它们是一家。有母亲、父亲、儿子、女儿。从当时的分析来看，它不仅是随葬品，还可以摆在一起，体现出一家人的和睦与和谐。"一家四口，眉宇开朗，面带笑容，神情夸张，生动传神，反映出当时民生的一种精神状态。2010年，荣昌陶博物馆竣工，刘守琪把4具陶俑捐赠给了博物馆，与陶俑同时捐赠的，还有一盏汉代的陶灯。

---

① 重庆市文化保护中心、重庆文物考古所：《重庆考古60年》，载《四川文物》2009年第6期，第38页。
② 《忠县中坝遗址发掘报告》，载《重庆库区考古报告集：1997卷》，科学出版社，2001年，第602—604页。

这盏灯尽管做工粗糙，但造型别致，有手柄可装油，下部还有盛放灯灰的灯盘，距今已有2000余年历史。①

据文物专家同时考证，安富及周边的荣隆、古桥等地发掘有大量汉代陶俑、陶灯和陶制动物出土，由于陶器在日常生活中使用最多，易于破碎，至今出土的实物，不少流落在民间一些私人收藏家手中，证实了东汉的时候这个地方制陶业的情况，且种类还比较丰富。

在安富，被当地人称为"百事通"的著名收藏家张富涛先生，手里收集的汉代陶俑就有好几件，作家张定天在他撰写的书中提到张富涛最舍不得的藏品是一件汉代陶俑。"陶俑是裸体的女俑，突出女性生殖器官，造型十分独特，保存完好，这让我想起了澳大利亚威伦多出土的那件稀世之宝，艺术史上叫'威伦多的维纳斯'，那是一件石雕，11厘米高，也是女俑，也是突出其生殖器官，

▲ 家庭俑（安陶博物馆藏）

▲ 动物陶俑（荣昌陶历史博物馆藏）

---

① 《国际博物馆日 探寻汉代陶俑陶灯的巴渝印迹》，来源：重庆网络广播电视台，记者：刘建国，2019年5月18日。

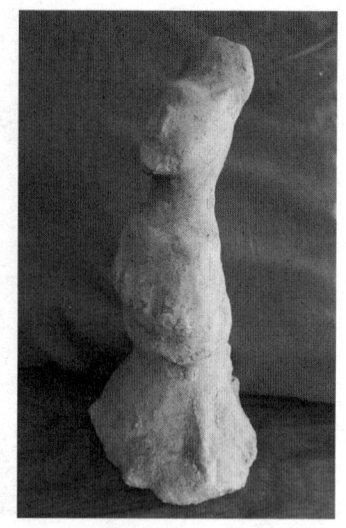

▲ 男灰陶俑　　　　　　　　　▲ 女灰陶俑（余强收藏）

是两万年前的作品，张富涛的陶俑只有两千年，同样表现了生殖崇拜观念。但汉代是儒学昌盛的时期，该怎么解释这尊陶俑呢？"① 此外，张富涛手里还有两件出土的泥质灰陶人物俑，一男一女，性别特征明显，分坐姿和立姿两种，男高20厘米，女高24厘米，男女昂首抬头，面带微笑，平和安详，与同时期偏重于写实与表情夸张的陶俑相较，人物的塑造是粗轮廓的，不事细节，其造型在写实的基础上又被赋予了合理的艺术夸张，注重神情的刻画和神态的表现，颇有些写意的味道，其形态呈现出荣昌汉陶古拙、粗放与意象的外貌，与重庆三峡地区出土的陶俑有相同之处，但又有不可忽视的相异之点。

　　从现有出土的这几件陶俑的工艺来看，系模塑，专为殉葬所用，并无实用价值，也未多费燃料，故做工粗糙，形体矮小，为火温不高的粗质灰陶，应是西汉末年至东汉初年的陶俑，与其他地区大量出土的东汉中后期，采用高温烧制、模塑结合制作的陶俑有明显区别。考古专家陈丽琼在她的《四川古代陶瓷》一书中写道：东汉时期的"四川陶塑陶雕艺术，采用模塑结合的

---

① 张定天：《巴渝古镇——安富》，远方出版社，2006年，第69页。

方法，制出了不少精美的工艺品。同时还采用双合模，即用两半凹模合成，一半为俑的前面，一半为俑的背面。有的还运用了塑、捏、堆、贴、刻、绘等多种技术，把塑造的形象生动地表现出来，主要有红陶、灰陶两种"[1]。这一制陶技术对后期的陶器雕塑和采用模具制作陶器奠定了重要的基础。

第三节 "昌州窑"之名

在荣昌区安富镇大院村刘家拱桥一带名为"瓷窑里"的广大区域，存在着从宋代到民国时期的陶瓷窑址。20 世纪末至 21 世纪初，重庆市博物馆和三峡考古队，对分布于荣昌县安富镇大院村刘家拱桥一带约两平方公里的宋代窑址进行了试探性发掘。仅仅揭开不厚的一层表土，就在发掘点出土了窑炉遗址和大量的盏、碗、瓶等文物。经过分析研究并根据有关史料，该处遗址被定名为"瓷窑里遗址"。2009 年，瓷窑里宋代瓷窑遗址，被重庆市人民政府选为第二批重庆市文物保护单位。因此，我国资深陶瓷考古专家陈丽琼教授将这一时期命名为"昌州窑"。因为唐宋时期，荣昌名曰昌州，而瓷窑里的得名是在清代，故以"昌州窑"命名遂可区别前后时期的不同特点。她认为，昌州窑生产的是高温陶瓷，做工细，釉色

▲ 重庆古陶瓷专家研究刘家拱桥出土的陶器

---

[1] 陈丽琼：《四川古代陶瓷》，重庆出版社，1987 年，第 31 页。

美，持续时间长。而且"昌州窑"沿濑溪河两岸分布，长十里，面积达两平方公里，堆积层厚达两米以上，暴露于地表的不少，可以细致地观察破碎的陶瓷片，了解到许多情况，如原料、釉料、装饰花纹、造型、底足、窑具等，说明宋代在这里已有非常兴盛的窑场。

1938年，美国传教士、汉学家、中国华西协和大学古物博物馆（今四川大学博物馆）馆长葛维汉先生来渝，听闻海广公路施工过程中发现大量瓷片，于是前往涂山附近的今南岸区黄桷垭街道一带，采集到一些黑釉瓷片，因判断其形制、釉色与宋代福建建窑相近，于是将它称之为"重庆的建窑遗址"。葛维汉在1938年《华西边疆研究学会杂志》中发表的《四川重庆的建窑遗址》一文写道："这些瓷片由一种陶土烧制而成，间或含有其他成分。这种釉色由黑到红不断变化产生的美丽纹饰非常难得，只能在某些特定的情况下偶然获得。"新中国成立后，文物考古工作者陆续在重庆南岸黄桷垭，巴南清溪、姜家场，荣昌瓷窑里，合川炉堆子，涪陵蔺市等地发现烧制黑釉瓷器的窑场。自2005年起，考古专家对荣昌区瓷窑里宋代遗址进行过多次试掘。2014年重庆文化遗产研究院与荣昌区文物管理所的考古人员对以石朝门窑址为代表的窑址进行考古发掘，基本厘清了窑址分布情况、生产规模以及产品特征。确认了烧造黑釉瓷为核心的遗存，出土的窑炉为石结构马蹄形式的半倒焰窑，即今称之"馒头窑"。烧造技术较为稳定、成熟，与北方耀州窑、磁州窑的窑炉十分接近，是渝西地区一处以烧制黑釉瓷、日常生活用器为主的民间窑场，其创烧于北宋末期、南宋早期，南宋中期达到鼎盛，停烧于南宋末，反映了其创烧、鼎盛与停烧的整个过程，为研究宋代民间制瓷业提供了新的资料。[①]而2016年的试掘，又带来了一个重大的新发现：在遗址范围内发现了北宋时期的窑炉，为我们研究昌州窑窑炉型制演变及烧制工艺的发展提供了极其可贵的材料。发现的遗址分别由罗汉坟、堰口屋基、桂花屋基、松树林4处宋代窑址组成，窑炉均为马蹄形窑。在遗址分布区域还发现了与陶瓷生产相关的瓷土采集点3处、露天煤场3处，非常适合陶瓷生

---

① 重庆市文化遗产研究院、荣昌区文物管理所：《重庆市荣昌区瓷窑里宋代窑址2014年度发掘简报》，《文博》2020年第6期，第24页。

产，因此出土了大量同时期的窑具及瓷器产品。出土物以黑釉为主，还有少量的酱釉、白釉瓷片及匣钵、垫托、垫饼、垫圈等。瓷片中可辨器型有碗、盘、碟、壶、瓶、碟形灯、杯及茶盏，造型朴实，装饰较少。白瓷胎面见刻画草叶图案；黑釉瓷胎面装饰多为成组条状纹饰，釉色有黑、绀黑、黑褐、灰褐、柿色等，发色纯正，窑变效果丰富，釉面装饰为类油滴的酒花纹饰。[1]据此，文物考古专家普遍认为产生于宋代的"昌州窑"是后世荣昌安陶的前身，有一个先烧黑瓷器，后烧釉陶器，瓷器与釉陶器同时烧造的发展历程。

这个观点是从历史发展的逻辑上进行推论的，也有安富镇刘家拱桥瓷窑里松树林窑址出土的黑褐釉瓷盏可作为佐证，其修胎精细，釉面乌黑光亮，纹脉丝丝如蝉翅，足部多有深色护胎釉，盏腹较深，口沿内部有唇边，是上层社会用的斗茶佳器，产品造型多仿建窑、吉州窑的同类产品，同时保留了部分本地产品的风格。

昌州窑从釉色装饰的总体风格上看，均与重庆涂山窑天目瓷有强烈的共性。重庆市文物考古所的朱寒冰在《重庆涂山窑系窑场相对关系的探讨与发展因素分析》一文中通过对涂山窑系窑场的分析后认为"重庆涂山窑系北宋前期于合川炉堆子创烧，北宋晚期沿嘉陵江而下转移至巴南清溪，随后又与之相邻的南岸黄桷垭得到较大发展，进入繁荣阶段。南宋中期，在其影响下，荣昌瓷窑里成为渝西地区涂山窑系产品的烧造中心"。[2]因此，考古界将其列为涂山窑系的一个分支，并命名为"昌州窑"是有根据的。此外，昌州窑生产的瓷器与四川各地民窑是相互影响，互为促进的，四川境内专烧天目瓷或以天目瓷为主的窑场，在四川广元的瓷窑铺，重庆除南岸黄桷垭外，合川、江北、北碚、巴南、涪陵等地均有发现。部分瓷器产品甚至与成都琉璃厂窑和邛崃窑系的同类产品相似。这说明地处古代川中腹地、巴蜀通衢交会重镇

---

[1] 朱寒冰：《重庆涂山窑系窑场相对关系的探讨与发展因素分析》，载重庆市文物考古所、重庆文化遗产保护中心编《"早期中国的文化交流与互动——以长江三峡库区为中心"学术研讨会论文集》，科学出版社，2012年，第257页。

[2] 朱寒冰：《重庆涂山窑系窑场相对关系的探讨与发展因素分析》，载重庆市文物考古所、重庆文化遗产保护中心编《"早期中国的文化交流与互动——以长江三峡库区为中心"学术研讨会论文集》，科学出版社，2012年，第260页。

▲ 南宋点花黑釉茶盏

▲ 北宋釉碗（张富涛收集）

的昌州窑，在当时与古代巴蜀各地的陶瓷技艺交流十分频繁，使得昌州窑从烧造之日起起点就比较高，这点可以从昌州窑发现的窑炉结构的合理性和产品稳定性上得到印证。

据考古资料显示，这种被称为天目瓷的釉色，是用含铁量较高的黑色底釉，和一层烧后颜色能发生复杂变化的乳浊性釉构成，质地粗细皆有，以粗瓷为主，粗瓷瓷土只经过一次淘洗，细瓷多经过两次陶洗，窑炉根据瓷土的优劣进行加工。

窑变纹饰是由于釉中含铁量过饱和溶液，在高温条件下析出的结晶花纹，从而形成了常见的兔毫釉、油滴、酱色、茶叶末等不是人工所能描绘的奇异效果。至于其他各种纹样，一般多是先上一层含铁量较重的底釉，再根据匠师们的审美要求，任意挥洒点染一种含铁量较低的釉料，在控制火焰功能的条件下烧制而成。广元窑、重庆窑都有这种纹饰，而以重庆窑尤为璀璨奇幻。[1]

文物收藏专家张天琚先生在《荣昌安陶的前身——昌州窑》[2]一文中，根据昌州窑现有出土实物做了一个归纳：昌州窑生产的是瓷器，釉色以黑色

---

[1] 陈丽琼：《四川古代陶瓷》，重庆出版社，1987年，第119页。
[2] 张天琚：《荣昌安陶的前身——昌州窑》，载《文物鉴定与鉴赏》2013年第11期，第85页。

为基调，品种多为有不同色调的黑釉瓷；另外兼有黑釉窑变蓝花纹瓷、黑釉兔毫纹瓷、黑釉牛毛纹瓷、黑釉羽毛纹瓷（即"大汤氅"）、黑釉绘白条纹瓷、黑釉星点纹瓷、黑釉出筋凸棱纹瓷以及褐色釉瓷、酱色釉瓷等；胎为灰胎、灰白胎、灰红胎、红胎、褐胎等。

在荣昌发现的窑址，作为明确的证据，让我们最终能确定天目瓷在荣昌境内曾被广泛生产。其器型以茶盏、饭碗为主，兼有壶、罐、杯、碟和香炉。宋代风靡全国的斗茶、品茶之风，为黑釉瓷的兴盛提供了文化动因，被赋予礼仪和修养的意味，市井民间对于饮茶有着极大的兴趣，饮茶方式各不相同，但与茶叶同等重要并能引起人们兴趣的是茶盏。因为："宋人喜饮半发酵的茶，饮茶时把茶饼压为细末，泡以初沸的开水，白沫多则为上品。故黑釉瓷茶盏最为适用，因而只有黑瓷才能使白沫显得黑白分明。宋徽宗《大观论茶》中有'盏色青黑为贵''玉毫条达为上'的评论，这里所说的'条达为上'就是指黑釉瓷的兔毫纹，鹧鸪斑等纹饰的线条，使人赏心悦目者，可列为上品。"[1]由于受当时世风文风影响，开始崇尚使用黑釉瓷盏等茶具，各地也纷纷效仿烧制，使黑瓷生产步入极盛时期。笔者曾在安富淘宝街看到一店铺售卖一筐破损的黑釉壶、盏，喊价400元，里面挑不出一只完整的东西，不然这个价一只也买不了。由此可以看出大量造型古朴、制作精美、窑变丰富、质量上乘的黑釉陶执壶和茶盏正是当时茶文化的代表性产物，陶瓷成为文人鉴赏的对象，这对宋代陶瓷的发展无疑起了较大的促进作用。陶瓷无论造型还是釉质都体现了宋代禅宗盛行，崇尚简约、淡泊、自然朴实的审美趣味。如果了解宋代的社会背景、哲学背景，就会发现原来黑瓷的玄黑，除了当时斗茶的功能性需求之外，还蕴含了玄学思想的影响在里面，因此"黑"，不仅仅是深邃的表现，也呈现出一种"顺应自然"的人生状态，具有一种精神性在当中，散发出一种古朴厚重，大巧若拙的素静之美。

到了元代和明代，废团茶而代之以散茶，冲泡散茶的瀹饮法代替了碾末而饮的点茶法，斗茶之风才渐趋消失，曾经盛行一时的黑釉盏，也就慢慢地

---

[1] 陈丽琼：《四川古代陶瓷》，重庆出版社，1987年，第119页。

退出了历史舞台。总体来看,荣昌陶瓷烧制虽然数量有所减少,但仍呈现出持续发展的态势,从目前出土的文物和资料来看,元代的双耳罐,明代的提水壶、双耳罐、龙纹陶罐等多为素烧,其他的则多是上了清釉类的简单釉色。

其中,龙纹陶罐(也叫谷仓罐)墓葬出土较多,所用泥料比提水壶细腻,敛扣,圆鼓腹,龙纹浮雕凸起,为"耙花"工艺,且陶面上了酱釉,有一定的光泽度。美国考古学家葛维汉在《四川重庆的建窑遗址》一文中写道:"在四川发现的宋、明墓葬中随葬有罐。它被放置在墓室内,内存祭品以供奉死者。这些罐上通常有神龙戏珠的纹饰,有些罐体表面还有呈排状分布的圆形凸起或凹坑作为装饰。这些器物釉色变化由黑到红,底部总有部分不施釉,很显然是天目瓷。"[1]

▲ 黑釉瓷盏(安陶博物馆藏)

▲ 黑釉瓷油灯(荣昌陶历史博物馆藏)

---

[1] [美]大卫·克罗克特·葛维汉著,林必忠、朱寒冰译:《四川重庆的建窑遗址》,载《华西边疆研究学会杂志》第10卷,1938年,第194页。

从这个时期出土的其他器型来看，主要以民众所用的生活器皿为主，其器型也越来越多，风格上传承了宋代以来民窑沉静自然与内敛质朴的美学特点。

安富地区大量出土的古代陶瓷实物表明：宋元明时期的昌州窑产品与后世的安陶有很大的区别。因为昌州窑生产的陶瓷主要是涂山窑系的产品。据专家分析，古昌州包括了永川、隆昌和荣昌一带，这一区域的瓷土资源相当丰富，凡有煤层的地方多蕴藏有高岭土，其中以荣昌和隆昌陶瓷黏土蕴藏量最大，当地人俗称"铝矿""白矿"，土质里不仅含高岭土，还含硅、铝、碳酸钙、铁等，化学成分比较复杂，由于高岭土纯度不够，烧制出来的瓷器属于粗瓷，是介于陶和瓷之间的一种陶瓷制品，学名为"炻器"。而在刘家拱桥一带窑址发现的不少白泥生产的器皿，应该明显属于炻器，其不具有瓷器的细致与色泽，但又非传统意义上的陶器。

▲ 明代龙形罐（安陶博物馆收藏）

学界普遍认为昌州窑生产黑釉瓷器的历史是终于明末清初，因为那个时期由于长期大规模的战争和大旱灾、大饥荒、大瘟疫、大虎灾，四川人口剧减至历史最低点，曾经彻夜通明的古窑，戛然而止，

▲ 明代宋应星《天工开物》插图

留下野草残垣，而后才有历史上著名的"湖广填四川"的大移民。据史料记述，在顺治初年，荣昌即有官员到任，亦有包括冶陶的移民到达此地。起始于清代初期的安富窑场，一改此前以烧制黑瓷为主的状况，而以烧制紫泥陶器为主，从而开创了著名的荣昌安陶发展的历史。

第四节　移民文化的产物

荣昌制陶业究竟始于何时？由于是生产大众使用的日用陶器，世人多以"民窑"视之，按"民窑不入典"的惯例，故而很少见诸官方文献记载。查当地文史资料多以"老窑"遗址旁边石碑记述的冶陶史实，末书刻有"乾隆四年"字样为据，只惜沧桑多变，石碑损毁，随着时间的流逝，这段历史，后人鲜知其事。结合其他相关历史文献和考古资料作些考析实属必要。

一、明末清初移民再续窑火

据历史文献记载，明末清初的巴蜀之地，因战乱频发，加之灾荒、瘟疫不断，造成人口大规模锐减，到了康熙六年（1667年）荣昌上报户口，全县只有143户，286人。清政府为了恢复因战争而受重创的四川重庆地区的生产，不得不从湖广等地，分多次强行移民入川。例如顺治六年（1649年）朝廷颁布了《垦荒令》，康熙二十九年（1690年）制定了《入籍四川例》，故填川之民有"奉旨入蜀"之说。大移民主要以湖广、闽、粤、赣移民为多，与这些地区当时的社会生活环境有着很大的关系。其中，湖广、江西移民，主要是人多地少，赋税较重所致。闽粤之民主要移出地区，自然生存条件和当时的社会条件，与巴蜀自然资源条件差距很大，再加上清政府的移民优惠政策，驱使大量移民入川。[①]在此背景下，也有大量移民迁入荣隆地区。据有关文献记载，由楚入蜀移民中的制陶手艺人，发现荣昌安富垭口有遗留的甑子窑，于是依靠当地丰富的优质陶土和烟煤，开始在老窑的基础上烧制移民们急需的生活日用陶。如民国《南溪县志》曰："洪武二年，蜀人楚籍者，动称是年由麻城孝感乡入川，人人言然。"又可见家谱之记载。查阅荣昌县政协文史研究专家田学诗撰写的《鸦屿岑秀土陶红》一文中有一段口述史可资考证：据祖上就在鸦屿制陶的肖德森回忆，"他家的家谱上记载有其上九世祖于康熙二年（1663年），自湖北麻城县迁至四川省永川县黄瓜山冶陶，两年后，移居荣昌县鸦屿山（即鸦口）地方，仍以冶陶维生。初来时即发现大河湾有废置的甑子窑一座，祖老即利用这座老窑烧陶……"[②]说明肖家是随着"湖广填四川"移民时把祖传的制陶工艺带到荣昌的。据梁先才家的《梁氏族谱》显示，祖籍广东长乐的梁家于清代康熙年间开始，遂相继有人迁来隆昌、荣昌等地，尤其是迁居到安富鸦口及附近地区的梁氏传人，凭借原有的制陶技艺，利用这里良好的自然资源和陶土资源，逐渐走上了制陶之路。康熙二年（1663年）至今已近400年，且系初来时发现的老窑。以此为参照，安富鸦屿陶业可上溯至明末清初。从康熙雍正朝开始恢复生产，到乾隆四年（1739年）已具一定的规模。

田学诗在文中还较为详细地记述了明末清初荣昌土陶生产曾经的一段史实。即康熙时，由楚入蜀移民中的陶工，发现荣昌安富鸦口有倒塌的窑墙和甑子窑墙的存在，从土内挖掘出一些体薄质坚的粗陶片，这些陶片有的在土内埋藏时间当在一百二十年以上，同时，在铜鼓山上也发现废窑遗址。于是，陈、周二姓移民在荣昌县铜鼓山开办了陶窑一座重新制陶。清乾隆初，其后裔周世生、陈生权因县属铜鼓乡（其先人迁荣冶陶处）燃料缺乏，且发现安富鸦屿山泥土适合制陶，于是迁至鸦屿山，开办了万顺窑（见关帝庙尧王庙原石刻碑）。此后，鸦屿山上的窑场不断兴办。比如，乾隆年间建成的向氏窑和磨子窑，嘉庆壬戌年（1802年）先后有彭玉棠开办下兴窑（即今夏兴

[①] 岳精柱：《"湖广填川"历史研究》，重庆出版社，2014年，第28页。
[②] 田学诗：《鸦屿岑秀土陶红》，载《荣昌文史资料选辑》第二辑（内部发行），1986年，第91页。

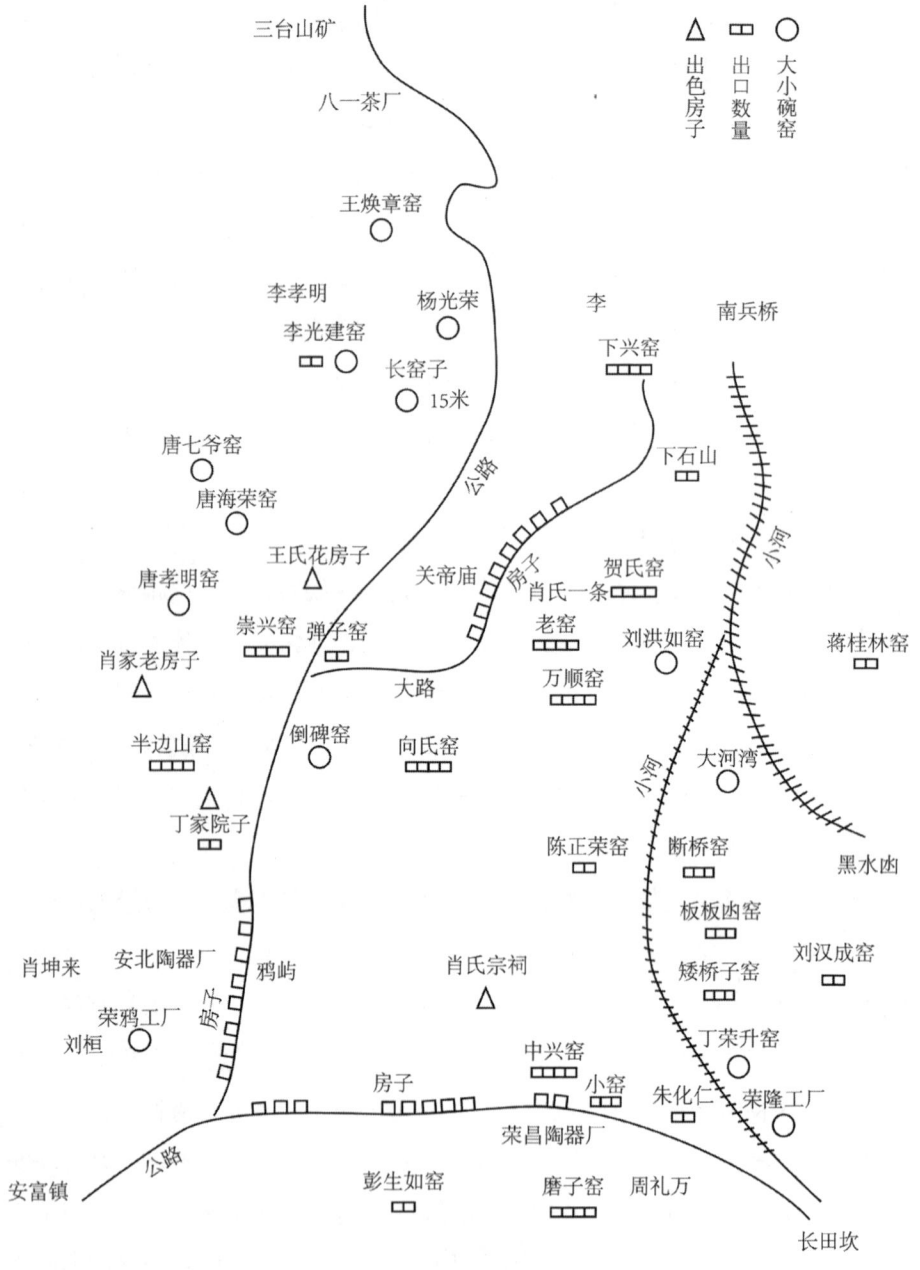

▲ 据肖德森手绘的清代至民国时期垭口地区陶窑分布图绘制

窑），周玉龙开办万利窑。而今瓷窑里遗址也因嘉庆二十二年（1817年）刻《火神庙碑》载有瓷窑里而得名。到咸丰九年（1859年）肖乾泰之父开办中兴窑，万世宪开办万兴窑,光绪年间建成的贺氏窑、万顺窑等,土陶的生产遂以兴盛。[①]肖德森在他手写的《垭口志》中记有:"中兴窑建于清乾隆元年(1736年),19个硬拱,能容粗陶,上架子货,可以烧制大型产品,如500斤以上的瓮子和大缸子。该窑每月可出6次窑货,有30多名工人,当时已经是比较大的窑场了。"制陶工艺采用靛脚子加柴灰、石灰烧成青色粗陶,显露出陶质的自然之美。细者为素烧品(又称泥精货、紫砂陶)和釉品(又称釉子货),以胎质薄、器形美的花瓶、坛罐、茶壶、文房用具等著称,无论是素烧还是上釉,轻轻敲击,便有清脆之声,这样精致的器物,都是荣昌陶中的上品。民间相传,最早是由肖家窑的陶工偶然在制泥的过程中发现了细泥制陶的方法,于是鸦屿山上大大小小的窑场竞相效仿,其产品常常供不应求,窑主觉得有利可图,便开始大量生产这种细陶。著名的有贺氏窑、万顺窑等。其中,磨子窑与中兴窑竞争,一度时期内曾超过中兴窑,成为当地最大的窑场,尤其是"泥料好,在朱砂釉方面是同行之冠"(肖德森《垭口志》)。光绪时,这些窑场不仅能成批生产细陶,且较普遍地开始使用色釉和刻花装饰,当时已能生产2米多高的朱砂花瓶和朱砂坐墩等难度较大的产品。

据史载,"清末,……有省外来川陶业家戚某,始将制造色釉技术流传该地,于是乃有朱砂、西绿、黄丹、白玉各色出现"[②]。这说明起始于清代初期的安富窑场,已一改之前以烧制黑瓷为主的状况,而以烧制素陶和釉陶器为主。现在能看到的下兴窑遗址,占地就达4亩多,是当时较有规模的窑场,也是迄今为止鸦屿山上保存最完好的阶梯窑,直到2002年才熄火,不再生产陶器。上面记述的这些名窑历经上百年乃至数百年不衰,一直发展到20世纪八九十年代才退出历史舞台。据史料记载,当时的最高年产量达400万件,其产品按胎质精细度分粗、细陶两大类。粗者,多为大众化的罐、缸、坛、盆、钵等日用陶;细者多为工艺陶,以花瓶、罐、茶壶、文房用具、鸦片烟具等著称,是荣昌陶中的上品。迄今在安富的刘家拱桥一带古窑遗址周边留下的数米厚的堆积层中,考古还发现了一些被印上了文字的陶瓷残片,

---

[①] 田学诗:《鸦屿岑秀土陶红》,载《荣昌文史资料选辑》第二辑(内部发行),1986年,第92页。
[②] 《荣昌烧酒房之陶业》,载《四川月报》第5卷第6期,1934年,第96—98页。

经专家鉴定，是历史上在下兴窑烧造过的字号名字，当时是作为垫片放在烧制器物的底部，被印在器物上作为款识，如昌州紫泥、章记、荣隆等。

这些古窑窑炉由窑门、窑室、烟窗构成，燃料可用柴和煤。窑体由11个窑室串联而成，窑室相互间用耐火砖筑隔开，形成阶梯窑，可分烧也可通烧，但为节省燃料，一般采用分仓烧。至今仍立在下兴古窑窑王庙前的功德碑上，有清朝同治年间为古窑树碑立传的文字，依稀记录着当年的盛况。

一百五十年前，瓦子河河床很宽，水流量大，漕运业发达，众多陶厂生产的产品都通过这条河运到濑溪河，再运到泸州、重庆、成都等地，以及更远的地方。因此在这里出现众多的陶瓷窑场也不足为奇。

参照明清之际的"湖广填四川"的研究史料和众多的家谱发现，在人口移民潮中，荣隆地区除大批来自广东的客家人外，来自湖北"麻城孝感乡"的也不少，"麻城孝感乡"被专家认为是当时"湖广填四川"中重要的移民发源地。历史上，以汉川马口窑（马口镇）、麻城蔡家山窑（歧亭镇）、蕲春岚头矶窑（管窑镇）三大民窑烧制的陶器最为著名。其中以马口窑居民窑之首。据《汉川县志》记载，马口的陶瓷业始于明隆庆年间（1567—1572年），鼎盛时期有36座生产陶

▲ 器物底部名号拓印

▲ 古窑址陶瓷残片（张富涛收集）

器的龙窑。又据《汉川图记证实》记载："其器较他处为坚。其法得自前明隆庆年间有应山县老人来镇授之……历经五百余年，工日益精。"尤以刻花和划花技术，属湖北民间制陶的特色技艺。因此，从移民史看，湖北移民对荣昌陶的刻花装饰工艺产生影响是必然的。

迄今，重庆的梁平、黔江、璧山、江津、丰都等部分乡村，尚在延续这种古法制陶，其所使用的阶梯窑烧制民用的陶器，都与这段史实有关。

荣昌陶之所以发展为名陶，皆因具有丰富的红、白泥土资源，使其发展出了可做"泥精货"和"釉子货"的细陶和釉陶。故安陶历史的缘起可定在明末清初，这也是基于川渝地区移民史的背景和传承人的口述史来分析和判断的。

二、民国时期陶业产销兴旺

清末到民国时期，由于各地制陶业的相互影响，工艺技术的进步，窑场的不断新建，以安富鸦屿山为产地的陶器产销十分兴旺。安富镇不仅办有"荣昌陶瓷陈列馆"，在镇内繁华地段也有专门的一条街用于批发和零售一百多家陶器业主的产品。有一首流传至今的民谣："金竹山，瓦子滩，十里河床陶片片，窑公吆喝悍声远，窑火烧亮半边天……"再现了当时陶业发展的繁盛景象。最盛时期有二十多座窑场，陶业工人 2000 余名。据不完全统计，到 20 世纪 40 年代，鸦屿山上规模较大的制陶企业有 20 多家，小窑户则在 200 家以上。规模较大的窑场，资金为一千元至一万元不等；家庭手工作坊式的小窑户，资金则通常为几十至一千元左右。当时的荣昌陶器产品主要有：鉴赏品，包括人物、花瓶、花钵以及虎豹等动物，年可售洋七万余元；应用品，包括甑、钵、缸、茶具、饭碗、酒杯、痰盂等，年可售洋九万余元；烟具，包括烟斗、烟葫芦、烟杯、打石等，年可售洋二十五万元以上。以上三项合计营业额四十万元。这些产品主要是通过安富镇下街和垭口泥精铺销售（细陶安陶产品又称"泥精"）。有史可查的"泥精"铺有三十七家，其中，又以李德才的资金较为雄厚，从事零售兼营批发。除了"永兴和"有经营牌号，其余的均以人名为号。民国十年（1921年），当地罗德三等创办华蜀陶瓷工厂，延聘瓷业专家，极力改良，以石膏为模型，制造鉴赏品及梳毛动物等，并仿效景瓷进行釉下彩绘，尤以梳毛动物为佳，题材多为牛马龙虎、鹅鸭鸡狗等。由于泥精陶器的行销，好些从事土碗生产的窑子，也改作泥精细陶。此时，既有专门烧粗陶和黄丹货的"通烧窑"（即龙窑），也有专烧釉子货的"碗窑"（即阶级窑），粗细都有，品种繁多。如丹货中有各式缸、坛黄、钵、壶（酱缸、菜坛、洗脸盆等），釉子货有灯台、酒具、香炉、罗汉、朱砂坛等，以及各式花瓶、花钵、壁挂和以动物为题材的小雕塑、陶哨玩具等。①

兹将清末至民国时期大垭口部分窑户建窑的时间和生产情况列表如下：

安富鸦屿清末至民国时期部分窑户建窑简况表

窑址、窑名或建窑时间	窑户姓名	生产简况或特点
建窑于光绪中期	杨炳荣	初则试拱地窑烧碗，续则在金竹山建长窑，开始做套钵装烧，逐渐增添加高窑、加长高窑，以适应业务的发展。
建窑于光绪中期	康寿川 康云甫	合资建窑，烧制的烟葫芦、吸烟梭斗、阿芙蓉等烟具，被嗜好者传为珍品，单价高出一般五六倍，常一抢而空。
朱家窑厂	朱荣山	又名大桥老窑，建于清末，至民国十四年（1925年）停办。
蜀华瓷厂	罗德三 唐宇澄	民国十年（1921年）合资开办，聘陶业专家研究生产应用品及鉴赏品；日常用品则于釉上绘以彩色，仿景德镇瓷，鉴赏品则以石膏为模型，制作龙、虎、牛、马、鹅等动物题材的陈设品。
1920年至1930年	陈万云	烧制万云大脚葫芦产品，精致美观，烧制量少，相应价高，销路不佳，于民国十九年（1930年）停产。

---

① 田学诗：《鸦屿岑秀土陶红》，载《荣昌文史资料选辑》第二辑（内部发行），1986年，第92页。

续表

窑址、窑名或建窑时间	窑户姓名	生产简况或特点
1920年至1930年	赖洪兴 王焕章 刘乾兴 刘述和 张泽和 罗富廷	六人各建小窑，各自经营，他们均于民国九年（1920年），自做自烧，雇佣工匠一至二人，主要烧制鸦片烟具及生活用品，如茶杯、酒杯、儿童玩具等。这六家厂窑只经营了十年，于民国十九年（1930年）停窑。
1920年至1930年	彭德章 周金廷 张华安 罗福安 黄荣廷	五人各建长窑，自做自烧，产品不多，其他无窑户的产品装一仓、半仓、三分之一仓、四分之一仓不等的数量，搭伙收搭烧费，产品多由安富镇泥精铺销售。
1920年至1930年	彭银章 朱德仁	二人合资经营，在金竹山建条窑，另还同其他十余户合资在砂罐厂合烧一条长窑，其生产和经营方式同彭德章相似。
1920年至1956年	向垣铭	公私合营，在关帝庙建窑自营制烧粗陶。
乐成陶瓷厂	林乐天	1938—1956年，集资八千元开办乐成陶瓷厂，雇用技师尧宾五等二人，工人十八人，职员九人，生产碗、茶具为主。
荣鸦工厂	罗溪午 罗素方	于民国二十九年（1940年）在鸦口碉堡附近设厂建窑，厂长罗溪午、经理罗素方，股东有罗溪午、罗纪忠、黄宗荣等十股，集资三千元毫洋，请王坤山设计建窑，郭世洪任技术指导，邓祥清做套钵，以生产罗汉碗、二品碗、灯台、漱口杯等十几个品种。模型品种有：牛、马、狗等梳毛动物及釉色货十余个。造型精雕细琢，雅致美观，远销滇、黔、陕等省，销路畅旺，人多争购。但因管理不善，开业二年多，改由黄荣顺独资经营，又一年余转让给黄立权经营，仅两年时间就停业。

续表

窑址、窑名或建窑时间	窑户姓名	生产简况或特点
荣昌陶业实验场	杨世荣	1933年荣昌县长杨世荣为改良和发展陶器生产，在安富镇三圣宫设立荣昌陶业实验场。1934年，委定陶业专科毕业生郑涤生为该场技师，聘唐富荣为辘轳技师，李重堂为模型技师。1935年初改良产品实验成功，送省样品中有雕镶混泥六方花瓶、梳毛水牛、方钟式茶壶、大小花瓶、圆式茶壶等工艺陶器。后因亏损过巨，遂于同年8月停办。
三圣宫陶瓷厂	龙树芬	民国二十五年（1936年）安富镇私立棠香中学（今县办安富中学）校长龙树芬在安富镇三圣宫创办陶瓷厂，聘请郭士洪任教习，开制陶专业课。用红细泥土做出各式茶具、酒具等，不上釉，只注重泥坯打磨，成品色红而细腻光滑，宛如宜兴紫砂陶，这种制作工艺，后被称为"素烧"，名闻省内外。
荣隆陶厂	彭惠初	于民国九年（1920年），与他人合资经营荣隆陶厂，至四十年代。
楠宾桥条窑	李海山	独资经营，雇工数人，自己也生产烧窑，制成产品销售，不允别人搭伙烧窑。
窑业职业学校	李乐天	私立棠香中学在20世纪30年代后期至40年代附设窑业职业学校，有学生30多人。聘请专攻电瓷的留日学生王天杰教习印模、雕塑、刻花等技艺，董事长兼校长李乐斋专程去江苏购回宜兴陶器以资参照改进，一时灿然称盛。
荣昌手工业合作社	彭辑舟	于20世纪30年代后期至40年代，在荣昌城外开设瓷器厂，资金一万五千元，生产产品为碗、盘、碟子、茶壶等用具。

（此表见田学诗《鸦屿岑秀土陶红》一文，文字重新编辑）

从上表可看出荣昌陶业在 20 世纪 20 年代到 40 年代发展较快，由于安富镇附近的鸦屿沿山均产陶泥，制陶业达 300 余户，从业者 2000 余人，多属家庭手工业作坊。业户中有自制自烧，或专制坯形出售的，有自制坯形搭在他人窑中烧制的，也有自建窑炉专供别人烧成品的，种种不一。其中，独资或合伙经营规模较大的制陶户有七家。资金由一千元到 2 万元不等，最高产量 400 万件，总值四十一万元。尤以鸦片烟具为多。日用品销往成、渝及各县，烟具则远销云南、贵州、西康、陕西、甘肃等省。[①] 有产地，也要有服务设施，当时仅鸦屿关帝庙就有旅店及茶馆六家，安富沿街商贩云集。据民国二十三年（1934 年）十二月《四川月报》五卷六期报道，主要产品有：

1. 鉴赏品：人物、花瓶、花钵、动物虎豹等，年可售洋七万余元；

2. 应用品：甑、钵、缸子、茶具、饭碗、酒杯、痰盂等，年可售洋九万余元；

3. 烟具：烟斗、烟葫芦、烟杯、打石等，年可售洋二十五万元以上。

以上三项合计营业额达四十余万元。这四十余万元的经营额主要通过安富镇下街和鸦口泥精铺销售。在下街的泥精铺中，以李德才资金较雄厚，经营批发，请有店员 4 人。另有 10 余家泥精铺请有店员 2~5 人。在泥精的经营中，厂主与坐商交相为利，坐商常杀价收购厂货以高价出售，小生产或单身小户常在青黄不接米珠薪桂之际，向坐商洽订合同出卖预货，以维持最低生活。至于泥精铺目前共征集到三十七家。除"永兴和"有经营牌号外。其余均以人为号，未另设铺号。

兹将这三十七家经营者列于后：

（甲）在安富经营陶器者，即有：

1. 有牌号者一户，即"永兴和"，经理石生和、左光权；

2. 坐商雇请店员四人者，即有：李德才、罗德山、王洪兴 等三户；

3. 雇请五个店员者，仅有左正顺一户；

4. 雇请三个店员者，也仅有田左权一户；

[①] 重庆市轻工业志编纂委员会：《重庆市轻工业志》，四川科学技术出版社，1995 年，第 168 页。

5.雇请店员两个者，即有：陈富山、杨洪顺、钟光兴、吴正发、甘汉光、唐文山、温××、范国清等八户；

6.雇请一个店员的商店有：左正发、刘孝成、喻炳章、李瑞华、刘金才、罗吉荣、罗祥顺、钟镜明、杨万岭等九户；

7.未雇店员的有：朱良银、贺西臣、罗富廷等四户。

（乙）在安富鸦屿经营泥精铺者有：周礼万、朱良银、肖元画、丁品三、刘万顺、王耀光、刘遐荣、刘树三、成瞎子、刘万全等十户。其中成瞎子只经营码货（码货系等外货）。

"泥精"远销康、藏、陕、甘、云、贵。当时贩运每挑陶器需本金十元（多系人挑贩运，一般呼为红货客），运抵重庆需税金一元。由于当时烟毒遍地，烟具的生产曾成为安富最大的一宗产品，远销全国，与紫砂茶壶一样，名闻遐迩。由于烟具制作精细，对泥精的制作工艺，在四川晚期陶瓷中影响较大。

文史记载，20世纪30年代中期，是荣昌陶的一个黄金时代，安富有陶业主578家，有技术工人200多人，占地数千亩，依山傍水分成粗窑、细窑、精窑各据一方。大多是家庭作坊。年产各类陶器400万件，产值11万银元。荣昌县长杨世荣为了整合资源，壮大实力，请求在四川执政的大军阀刘湘批准，由省建设厅第三科在安富三圣宫内设立一个专门的"荣昌陶业实验场"，以试制新品种，成果则由各地的578家制陶工场无偿使用。刘湘在批文中说："查该县现以陶业为生产大宗，自然提倡改良，以裕民为生……"资料记载，这个实验场的成立，对提高安富陶器的品位和扩大规模发挥了重要作用。后来，因为军阀政府惯有贪腐，该实验场两年后草草收场。

三、抗战时期陶业之兴衰

抗日战争时期，外省厂矿迁川，大批人员内迁，荣昌陶艺人在传统制陶工艺技术成就的基础上，不断学习国内其他窑厂的新技术，创新品种、造型和装饰，持续大量生产百姓生活用陶和装饰性陶器，更加助推了当地陶业兴旺，一时间安陶闻名于国内外，许多陶业以招募名师、交流工匠、互派学徒、相互学习的方式，使安陶迎来又一个黄金发展期，产品体现了鲜明的时代特色。1937年，林乐天开办乐成陶瓷厂，该厂生产的陶瓷产品，艺术价值较高。1939年，黄宗荣等人开办荣昌鸦口陶业工厂，简称"荣鸦厂"，还有荣昌陶瓷工业合作社、蒙子桥瓷厂，以及联合办厂者10余家，有大小窑30余座。1941年，当地陶业工人已达两千多

▲ 烧陶的龙窑

▲ 陶工在装饰陶器

人。到了旺季，各地商贩云集，热闹一时，有"安富场，五里长，泥精壶壶排成行"的民谣，由此可见安富陶业之盛况。粗细皆有，品种繁多。不仅在重庆市场上随处可见到精美的荣昌陶器，而且遍销西南、西北诸省和两湖两广、浙江等地。

路易·艾黎在《瓷国游历记》中记录了这段时期的情况："在四川农村旅行中经常见到使用红色陶质的，外表无釉，内表面施绿釉的饭碗。抗日战

争期间，这种产品配成的茶具与咖啡具成为外国来访者的热门货，这类产品来自荣昌县的安富镇，除红陶外，这里还产白瓷及其他陶瓷器。不过对我来说里面上绿釉的碗最为悦目。"①

抗战胜利后，国民党挑起内战，厂矿相继迁出四川，职工随之迁徙，镇空安富之名，滩有兵马之沸，陶业迅速一落千丈，大量陶工被迫转行，或流离失所，或前往外地。民国末年，荣昌窑业极度衰败，仅剩下略具资本的二十多户百余名工人在破烂不堪的茅草工棚中勉强维持，陶器生产濒于人亡艺绝的境地。②

第五节　荣昌陶器厂

荣昌陶的传承与发展的高峰期，主要是在新中国成立之后。为了恢复安富的传统陶业生产，党和政府对荣昌陶业进行了公私合营和社会主义改造。先是把安富鸦口附近几十户分散、个体经营的家庭手工业者组织起来成立

▲ 安富镇鸦口磨子窑（1956年）　　▲ 陶工在印坯

① 路易·艾黎著：《瓷国游历记》，轻工出版社，1985年，第91页。
② 田学诗：《鸦屿岑秀土陶红》，载1986年《荣昌文史资料选辑》第二辑（内部发行），第93—99页。

"劳工厂"，1955年4月更名为"陶器生产合作社"。另有二十八家私人经营的小手工业作坊也联合起来，于1956年3月实行公私合营，即将私人手工业作坊通过合作化，过渡到国有经济为主体的集体所有制和国营企业的转变。经荣昌县人民政府批准，成立了"公私合营鸦口土陶厂"，后厂、社合并，改名为"地方合营荣昌县安富陶器厂"，职工144人，年产粗陶290.57万件，试制新产品80余种。①此即荣昌陶器厂的前身。

1956年公私合营标志着"荣昌陶器厂"正式诞生，直接受县人民政府领导。后由于隶属关系的改变，厂名再次变更。1975年6月经江津地区区委批准改为江津地区管理，更名为"江津地区安富陶器厂"；后因地区名称的调整，又将厂名变更为"永川地区荣昌陶器厂"；1983年永川地区并入重庆市后，又更名为"重庆荣昌陶器厂"，隶属重庆市第一轻工业局领导。安富陶器成立后的几十年，企业名称虽有改动，但"安陶"却逐渐为世人所接受，"安陶厂"也成了这个企业的专有名词。在计划经济时代，供销社遍布全国各地的城市农村，家里小

▲ 陶工在刻书法

▲ 陶工在摆放陶器

---

① 重庆市荣昌县志编修委员会：《荣昌县志》，四川人民出版社，2000年，第265页。

到油盐糖醋、针头线脑、煤油、手套，大到做衣服的布料和生产用具，都得去供销社才能买到。所以当时的安陶厂负责组织职工生产产品，而销售要由政府经营的供销社或土产公司专门负责，对外出口产品要有外贸公司对外签订合同，再由外贸公司与陶厂签订生产任务。

荣昌陶器厂建厂初期的1956年，仅有工人177人，厂房是十几间破旧的棚房。有龙窑和阶梯窑五座，由柴窑发展为煤窑，设备简陋，全部资产净值5895元，工艺落后，劳动条件很差，年产值6.5万元，年人均劳动生产率486元。合营后的十年，荣昌陶器厂处于发展的兴旺时期。从1956年到1965年，国家先后投资56万元，房屋建筑面积由合营时的477平方米扩大到1495平方米，职工人数由177人增加到346人，全厂职工劳动积极性显著提高，生产工效成倍增长，劳动生产率由486元提高到1113元。"特别是西南美术专科学校（四川美术学院前身）派出的工作组与陶器艺人紧密合作，进行了较有系统的设计辅导，对提高荣昌陶的发展具有重大的意义。"[1]

这段史实，我们在罗明遥教授撰写的《四川陶器》一文里得到了证实。他在文中写道："四川陶器，产地分散在各个地区，而这次参加1956年四川省工艺美术展览会的陶器展品，最多的是荣昌安富鸦屿村出品的陶器，大小共计七十多个品种，有坛、罐、缸、壶、花瓶、花钵、茶具，以及玩具陈设品等。其中大部分是原有的产品加以恢复或略为改进的，一部分是西南美专工作组在原有基础上与艺人们合作的。这里的陶土，有红白两色，艺人们利用了这两种不同颜色的泥土，创造了各种装饰方法，表现在他们的作品里，如像红泥土耙花白泥的花或红泥土上划白泥的花，或红白两泥混合而成为金黄色，这些都表现了制陶艺人出众的匠心，本来很简单的两色泥土，却创造了各种各样的适合人民需要的产品。"[2] 1958年，沈福文教授主编的《四川

---

[1] 王元荣：《为工艺美术事业的进一步繁荣而努力——在四川省工艺美术工作者座谈会上的讲话》，载四川省文化局、四川省手工业管理局编《四川省工艺美术资料汇编》（内部资料），1957年，第3页。

[2] 罗明遥：《四川陶器》，载四川省文化局、四川省手工业管理局编《四川省工艺美术资料汇编》（内部资料），1957年，第49页。

陶器工艺》①一书出版，因当时的印刷条件，仅用黑白图片，梁启煜教授撰写前言，完整地记录了当时梁启煜、罗明遥、程尚俊、毛超群等西南美专教师在安陶厂设计生产的实用陶器、玩具和陈设品数十件，无论是器形，抑或是工艺装饰，都代表了荣昌陶在这一历史时期发展的一个崭新的面貌。

路易·艾黎在《瓷国游历记》一书中也记载道："安富镇位于杉林茂密，丘陵起伏的地带，离成都平原不远。在成都至重庆之间的公路线上。1959年我访问安富时见镇中最大的一栋古建筑已改成了陶瓷产品的贸易市场，陈列着当时生产的许多陶器品种。"②

在1958年至1961年期间，伴随着人民公社在全国城乡普遍的建立和大炼钢铁、"大跃进"的步伐加快，全国城乡建立了公共食堂。在四川，公共食堂大量使用素陶饭钵钵甚为普遍，民间俗称"饭盅盅"，用来蒸饭、送饭、分饭和吃饭，制作有粗有细，有厚有薄，质量档次参差不齐，但质量最佳，产量最高的是荣昌的安富陶。

张富涛在一篇文章中记录了这段历史。"在上个世纪50年代末至60年代初的短短三四年时间，是安陶厂有史以来红陶素烧数量最大的年代，至少有数十万件，它就是公共食堂的专用红陶盅盅、鼓子、菜盆、盐开水大缸。大伙食团是让一代人伤心的事，谁也不想再提起它。这里只说说伙食团的盅盅餐具系列。素烧红陶盅盅分别是用来蒸米饭和其他杂粮用的。把米直接装入盅盅内，加入水，放在大

▲ 素烧鼓子蒸钵（安陶博物馆藏）

---

① 沈福文编：《四川陶器工艺》，四川人民出版社，1958年，第5页。
② 路易·艾黎著：《瓷国游历记》，轻工业出版社，1985年，第91页。

▲ 素胎饭盅系列（20世纪60年代）

石缸里的石灶里蒸。盅盅是伙食团的套用餐具，分别是二两盅盅、三两盅盅、四两盅盅、半斤盅盅，特大号还有一斤盅盅（是带四个耳的）。有时候，伙食团也用鼓子蒸饭，鼓子也是伙食团的专用套蒸具，分别是三两鼓子、半斤鼓子、一斤鼓子。鼓子不分大小，四方都有耳朵，便于拿动稳妥。还有蒸钵、菜盆和盐开水大缸，这些素烧红陶餐具都是选用上等矿料加工成的精泥，完全手工拉坯成型，自然阴干后，高温（1200℃左右）烧制而成。别看它是公共食堂的系列餐具，其实它也是安陶厂的断代产品了。盅盅、鼓子、蒸钵的胎体很薄，加之手工拉坯、高温烧制（部分还是柴窑），无论是缸声、色泽油润、独特的造型及手拉坯的高超技术，到今天都不能复制了。"[1]

一、成立技术科

1963年后，随着对外交流的增加和运输渠道的拓宽，这个时期的安陶厂的产量和销量都得到前所未有的提高。对外文化交流日益频繁，国内外对荣昌陶的需求量更大了。当时，轻工部几乎每年都要向省里征集展品，代表国家到国外去参加展览。

安陶厂也得到通知，需要送产品到五十国参展（当时参加出国展览的俗称），厂里临时抽调梁先彬、钟德江、杨剑夫成立设计小组进行设计，与省

---

[1] 张富涛：《红陶素烧餐具之最——记公共食堂专用餐具》，未出版。

▲ 泡菜坛产品展示　　　　　　　　　　　　　　　　　　　　▲ 工人在上釉

轻工厅、四川美院的教师一起设计制作展品。他们在传统产品的基础上进行改良、创新，设计制成2号白泥荷花泡菜坛、高脚牡丹罐等数十件产品参展。设计小组首先将"化妆土点花""打花法""剪纸贴花法"等新工艺运用于生产，由于易操作、工效高、质量好，该厂广泛沿用至今，并为兄弟厂所欣赏、采用。1964年，安陶厂抽调技术骨干刘大华、何君哲、杨剑夫三人，由县轻工局率领，厂长汤正先带队前往佛山石湾陶瓷厂考察学习三个月。石湾陶器有八百多年的历史，以人物、鸟兽等雕塑为主，釉色丰富，形象生动，别具风格。这让考察组成员在雕塑上的设计造型，图案的创作，以及视觉美感等方面有了更多的理解，学习后回到厂里，他们设计创作了大量的陶器产品。重庆外贸粮油进出口公司，为了将黄花园酱园厂生产的金钩豆瓣销售到国外，考虑到包装要外国人接受，又要具有民族特色，几番斟酌后，希望安陶厂能设计出合格的产品，公司何发敏来厂联系，希望能将豆瓣出口包装搞得美观大方。安陶厂这批技术人员不负众望，设计生产出了公司满意的产品。这批批量产品运往重庆，远销数十个国家，安陶艺术也闻名世界。1964年下半年厂里成立技研组，由设计、制坯、翻模、烧窑几个小组组成。工人出身的副厂长周吉临挂帅任组长，制坯杨学礼、钟华章、钟华福、庄云林、周俊国、肖慈金、贺天云，翻模左光文，烧窑丁富贵、刘昌成参与组成。设计组开始有梁先彬、钟德江、杨剑夫、罗天锡，后来，四川省轻工技校的李德明、

▲ "荣陶"商标，朱红林设计 　　　　　　　　　▲ 茶具设计图纸（钟德江提供）

司徒铸，四川美院的刘大华，中央工艺美术学院的朱红林、叶思群先后分配到厂里上班，充实了厂里的技术力量。技研组几经调整后，更名为技术科、陶瓷研究所。由刘大华主持工作时间最长，这段时间产品最多，成绩最大。[①]

据钟德江回忆，当时厂里产品还设计有"荣陶"的注册商标，是由学装潢设计的朱红林设计的，当时每件出口产品上都贴有这个商标，直到国营厂倒闭后，"荣陶"才慢慢淡出了人们的视野。

1965年与1956年比较，工业总产值增加五倍多，商品产值（现行价）增长六倍多，劳动生产率增长一倍多，对国家作出较大贡献。那时的荣昌陶出现了很多反映那些时代的优质产品，多为生活用陶。而后，荣昌陶业还引入了很多现代装饰手法和制作技术，形成了具有明显时代风格、品种繁多的陶制品。

二、鼎盛时期

20世纪60—80年代，是荣昌陶器厂鼎盛时期，安陶厂担负起大宗生产出口陶的任务，生产的产品曾代表中国著名工艺美术品赴日本、智利、巴西、埃塞俄比亚等国展出。在这期间，大量陶产品出口到亚、非、欧。20世纪

---

① 林万云根据何君哲、钟德江、张农川、韩治国提供的材料整理成《杨剑夫与安陶技研所》一文，载2009年《荣昌文史资料》第九辑（内部刊物）。

60年代，整个国民经济遭到严重损失，但国家仍为荣昌陶器厂投资60万元，扩建厂房面积2185平方米，新架设了高压线和输水管，增加了窑房设备。十年动乱中，广大职工仍坚持生产，再加上生产条件的改变，设备增加，生产继续向前发展，并取得一定成绩。从1966年到1975年，完成总产量1023.74万件，其中出口陶89.56万件，完成工业产值（不变价）444.6万元，商品产值（现行价）246.67万元。与"文革"前比较，工业产值（不变价）增长65%，商品产值（现行价）增长28%，出口陶产量增长65.7%，劳动生产率由1965年的1113元增加到1977元。但广大职工的积极性受"文革"影响，生产力没有充分发挥，企业经济效益不好，连年亏损。

1973年安富陶器厂成立了"三结合"科研新产品试制组，加强了新产品的试制和色釉的研究工作，将原来仅是包装陶出口发展到工艺美术陶出口。既包括民间实用的菜坛、糖罐、茶具、酒具、调料具，又有陈设性较强的各式花瓶、文具、动物雕塑等近百个品种。1975年，

▲ 梁启煜与陶器厂职工合影

▲ 江津地区荣昌陶四厂安富供销部

▲ 陶器厂职工在学习刻花

▲ 荣昌陶器厂技术科人员合影
从左到右：司徒铸、刘家兵、钟鸣、刘乾龙、杨剑夫、叶思群、钟德江、梁先彬、杨新明、林志忠、肖慈金

▲ 从左到右：梁大、杨剑夫、司徒铸、梁启煜

轻工部组织了安陶厂几十个品种的产品赴美国展出，受到好评。1976年"四人帮"粉碎后，全国出现安定团结的大好局面。特别是党的十一届三中全会以后，采取一系列改革开放的经济政策和措施，贯彻按劳分配的原则，全厂职工的积极性被调动起来。新产品不断增加，生产迅速发展，经济效益显著提高。

从1977年开始，扭转了连年亏损的局面。生产形势最好的1982年，完成总产量233万件，工业产值192万元，上交税金18.37万元，实现利润11.95万元。从1981年至1985年试制、生产新品种113种，其中获部、省、市优质产品称号28种。新设计包装陶18种，其中酒瓶14种，投产244万件，产值222万元；旅游陶新设计73种，投产63种，产值10万元。荣昌陶迎来了发展的又一个高峰时期，其陶产品不仅销往国内许多地区，还作为"国礼"馈赠外国政要，并大量出口国外。

1978年在北京举办的"全国工艺美术展览会"上，安陶厂的产品琳琅满目，布置在显著位置，占了一大柜，有各种刻花、贴花、釉色产品。展览期中，安陶钧釉贴花装饰轰动了陶瓷界。国家精选部分佳作参加"赴日中国工艺美术展览"，日本西武公司选定陶厂23个品种，128件产品。其中钟德江的"绿釉高矮辣椒罐""朱砂海棠瓶"等6个品种，37件作品被入选参展。

1980年在"全国陶瓷设计评比会"上，杨剑夫的"开窗点花茶具""卷草茶具"分别荣获二等奖和三等奖，钟德江的绿釉辣椒罐获二等奖。这次评比会集全国百多厂家，数百名设计人员上千件作品，西南仅三件获奖。由轻工部和中国美术家协会颁发奖金、奖状。[①]

1982年，秋交会成交了80多个品种的工艺陶，是安陶厂出口陶生产的"黄金时代"。

三、改制时期的阵痛

20世纪80年代末至90年代初，安陶厂停止了出口，转而全力生产销售酒瓶，产品质量日渐下滑。1993年后，随着中国社会的市场经济转型，原有的计划经济模式被取消，原有的销售渠道中断，传统的手拉坯、印模制作工艺已远不能适应市场需要。虽然荣昌陶业紧随形势、图谋发展，陆续从国内各个制陶产地引进印模、注浆成型之类的工艺制作技术，并结合手拉坯的传统工艺以改进生产。但由于受市场经济的持续冲击，企业旧的管理体制已不适应新的形势，企业业务逐年减少。安富陶器厂的最后一任厂长林治中说："当时厂里共有四条生产线，为了给工人发工资，厂里不得不将其中三条生产线实行承包，以求分路突围。"到1998年，全国企业改制风起，重庆市开始对市属企业实行"抓大放小"政策，当时作为市属企业的安富陶器厂经营权被下放归荣昌县管辖，自此，全厂共三百多名职工，退休职工就多达近200人的安富陶器厂开始有工人下岗。1999年，荣昌县有关主管部门采取股份制的形式对企业进行改制，2001年，荣昌县政府批准荣昌陶器厂解体。进

---

① 韩治国《留取忠魂化彩陶——记荣昌陶器造型、美术设计工程师杨剑夫》，《荣昌文史资料》第九辑（内部刊物），2009年。

入 21 世纪以后，经过近十年的沉寂，荣昌陶行业又重新起步，尤其是 2010 年前后，一批以生产酒瓶为主的制陶企业迅速发展壮大起来。在日用陶得到充分发展的同时，工艺美术陶生产也逐渐恢复与发展，一批老手工艺人重新走上制陶岗位，钟德江、罗天锡等省级工艺美术大师，梁先才、张俊德、肖文桓等重庆市级非物质文化遗产传承人，积极投入安陶生产发展之中，助推安陶行业的再度复兴。

第六节　荣昌县工艺陶厂

1975 年，根据周恩来总理"煤炭烧泥巴可以换回外汇收入"的指示，荣昌县在城西南五公里地名瓷窑铺的武兴煤矿邻近创办起"荣昌县工艺陶厂"，在四川美术学院、美术公司、美术研究所的指导帮助下，不断壮大，成为省、市二轻系统工艺美术陶的重点厂。

建厂初期，资金自筹，仅有容积 50 平方米倒焰平窑 1 座，从事工艺陶生产的职工 50 人，生产方式落后。制泥采用人工淘洗，再放入锅内煮干取其泥精。沿用古老的木棍摇动石盘，手拉坯成型。生产粗、细陶两大类产品。细陶有泡菜坛、食品罐、茶酒具、文具、玩具等。粗陶有适合农村

▲ 陶工在装窑

▲ 工艺陶罐

用的缸、钵，既作为日用品，又作套装细陶匣钵用。年生产工艺陶1.55万件，产值1.81万元。

　　为了加快发展工艺陶的生产规模，1978年，新建18米推板窑1座，增加了产量，产品烧成率提高18%。1981年，自筹资金，改手摇辘轳为电动辘轳。1983年，增建三孔推板窑1座。1985年，建成机压成型生产线，所产的陶酒瓶合格率高，工效提高三倍以上。这一科技成果，先后被荣昌陶器厂、武城陶器厂推广运用。随着工艺陶生产规模不断扩大，质量不断提高，多有获奖。其中1982年五号菜坛获省包装使用奖，何治平制作的"黑釉奔马" 1982年获省工艺美术陶质量评比第二名，五号泡菜坛获全省包装一等奖，"龙茶壶" 1983年获省旅游展品优秀奖，张汉生设计的"双羊提梁壶"1984年获省优质产品银奖。产品畅销国内20多个省市，并先后参加菲律宾、马来西亚、新加坡、南斯拉夫等国展销。

　　1985年，全厂共有职工404人，其中固定职工178人，临时工226人，有固定资产净值51.2万元。企业占地面积4.09万平方米，建房面积0.83万平方米。全厂完成工业总产值82万元，实现利润2.27万元。其中生产工艺陶30.98万件，工艺陶产值43.94万元。随着工艺陶厂的发展，1987年，全厂完成产值146.3万元。创利9万元。

1989年，荣昌县工艺陶厂从厂外招聘窑炉技师1人，引进工艺制模、机械模具、耐火材料的技术人员3人，选派专业技术人员5人到西安、四川美术学院、重庆轻工美术技校进修深造。年内用于智力投资1.8万元，创作新的工艺产品"龙酒壶""奔马""小熊猫"组合文具等78种新产品。"小熊猫"组合文具获四川省优秀奖和创新奖。"龙酒壶"获中国名酒包装金质奖。新产品不断开发，产品畅销，给企业带来较好的经济效益。全年完成产值141.91万元，销售收入155万元，实现利润12.71万元。

1990—1991年，工艺陶酒瓶供不应求，企业加快了技术改造，改造工作房600平方米，扩大风坯道6条，改3孔为6孔板窑，生产能力扩大一倍，年节煤700多吨的情况下，以市场为依托，压长增短，对滞销的矸砖实行停产，扩大生产贵州遵义酒厂、山西汾酒厂和四川贡酒厂等单位需要的产品，即葫芦形和竹节形酒瓶，出现产品供不应求、产销两旺的局面，累计订货近100万个。1991年总产值达到413万元，比1990年的172万元提高140%，实现利润35.3万元，成为同行列中有竞争能力的厂家之一。

1992年，开始推行"五自主"改革，即生产经营自主、技术改造自主、产品定价自主、人事用工自主、内部分配自主，增强了企业内部活力，为企业发展创造了宽松的内部和外部环境。1992—1995年，企业生产基本稳定。

1996年开始，陶器市场不景气，产品销售困难，产品积压日益加重，职工工资难以保障，1997年停产。1998年，一场冰雹袭击荣昌县工艺陶厂，厂房大多被砸烂，造成该厂"雪上加霜"，无法恢复生产。到8月份，119名职工以签名方式，通过企业解体方案。随后，经县经委批复，同意荣昌县工艺陶厂解体。[①]

这段历史与当时改革开放后市场经济发展的背景紧密相关，全国几乎涉及工艺美术的行业都遭遇了难以为继的困境，有的倒闭，有的改制，甚至波及高等院校里的工艺美术专业也几乎停止了招收学生。直到2000年，荣昌

[①] 陈十德：《荣昌工艺陶厂》，载《荣昌县文史资料选辑》第二集（内部发行）1986年，第107—110页。

县委、县政府举办了首届陶器发展研讨会之后,由于政府对传统文化的重视,出台了相关扶持政策,工艺美术行业的发展才开始由计划经济向市场经济转型,以适应社会的快速发展。2004年"碧波艺苑陶艺研究所"成立,一部分流落民间的制陶艺人又重新回到了制陶岗位,分别到这个研究所和由国企改制成的鸦屿陶瓷有限公司、安北陶器厂、富艺陶厂、武城陶器厂等重操旧业,当时,这些掌握制陶技艺的传承人又成为了荣昌制陶业再度兴旺的中坚力量。2010年,安富有陶器(包括玻陶)生产企业10户,实现产值5.5亿元,其中规模以上企业6户,实现销售收入4.22亿元,从业人员1254人。到2014年,安富陶业产值年增长速度30%左右,2013年达到14.4亿元,2014年达到18亿元,2016年达到28亿元。可以看出,尽管社会经济形势在变化,但陶业始终朝着比较良好的方向发展。[①]

[①] 薛小军编著:《荣昌窑》,黑龙江美术出版社,2018年,第38页。

第三章

千年窑火，绵延不息

第一节　不同的传承方式

荣昌陶的传承主要为家族传承、师徒传承和教育传承三种方式。

传承是指人习得文化和传递文化的总体过程。"文化传承离不开一定的传承方式和传承场……一切人与人，人与社会空间组合都可以是传承场。"[①] 家庭是人与人、人与社会的空间组合最基本的单位，社会的基本细胞，也是社会最为基本的经济单位，历史上，陶窑的经营以父子、兄弟之间的合作最为常见。人类学家克洛德·列维·斯特劳斯在日本最大的漆器产地轮岛考察，就得出过这样的结论："传统手工艺得以延续的一个关键，来自生产现场的家庭式构造。"（《构造·神话·劳动》）

在漫长的历史进程中，制陶的发展传承一直是沿袭着一种古老的教育方式。传授的是制陶的技艺和看家本领，是通过家庭中父母传子女，或是作坊中师父传徒弟，世代接续完成的。其特点在于它是一种内在的身体经验，身体通过训练感知而熟能生巧，成为仿佛是自然习得，作为技艺，它的特性如庄子在"轮扁斫论"中所说的"得之于手，应之于心，有数存焉，口不能言"。即任何修习手工技艺的学徒，都无法仅仅通过书面的理解掌握技艺。技艺只能在不断的制作过程中逐渐领悟，这种个体单传式教育是最简单、最直接的技艺传授，是一种不断培养能工巧匠的教育方式，在历史上对制陶技术和艺

[①] 赵世林：《论民族文化的传承场》，《云南民族学院学报（哲学社会科学版）》1994年第1期，第63页。

术的传承起到了重要的作用。

  家族间的传承是以长辈向下一辈人传授技艺的方式存在，在师徒间可以建立一种稳固的师承关系。这种传承主要以技术传授为主要内容，是用口传心授的方法进行的，在很大程度上是一种"临摹"，就是通过模仿的方式来学习，这种教育方式对学习者来说很具体，也很贴切，按师父的方法去做陶，仿照已有的器物去复制、去描绘，在依法炮制的过程中去领悟、去意会，从而达到掌握某一工艺的方法和要领，以至能独立完成某一方面的制作技艺，更进一步则是精通全面的技艺，并有自己的创新，这是相当不容易的事情了，只有少数人能够企及。诚如《荀子·儒效》所云："工匠之子，莫不继事。"在荣昌的安富镇及农村的制陶业，家族相传的祖传制和师徒制仍然是传统手工技艺传承的主要方式和途径。进入20世纪50年代，传统工艺美术随着合作化运动的开展，走上了一条集体生产的道路。1956年成立的集体或国营的工厂，其生产组织，从根本上改变了传统形式的师徒传承关系。工厂的师父带徒弟，技工学校、职业大学的学校教育或社会对手工艺人的培训等，所推广的"集体传承"成为主要的技艺教育方式。在这里，传承人所遵循的师承关系、师承产品原样的程度是不一样的。工厂的环境以及其他技艺教育方式的并存，使这种师徒制与家族式、作坊式的师徒制不同，学徒工不完全受制于师父，由于师父的技艺在工厂的环境下不再保守，而学徒工有许多渠道可以获得所需技艺，学徒往往不止一个良师，技艺的养成是比较开明的。因此，这种师徒与传统社会里的师徒关系不一样，师徒关系没有人生依附关系。作为传承人既有他所谓学到的那些基础性的东西，也有他自己的个性。传承人的传承方式和表达方式各有千秋。一般可以分成三个类型：一是持守型的，就是守规矩，怎么学，就怎么做，不越雷池一步；二是创新型的，从师父那里学来之后，不断加工、不断丰富和创造，既有传承同时又有自己个性要表达的东西；三是集成型的，取各家之长，表现出个体技艺的多样性变化，最后体现为自己独特的风格。而传承人的技艺水平只有通过比较不同传承人的实践能力和创新能力才能被确定。

  因此，"传承"这一概念本身，就包含着发展、衍进和再创造的含义。

▲ 口传心授　　　　　　　　　　　　　　　　　　　▲ 师父示范拉坯

从传统制陶工艺的传承方式方法来分析，其实是一种经验型的技艺传承，需要依靠"口传身授"和"体知躬行"来延续。有的是父子、师徒间的世代相传，技艺相对稳定，有的是群体间言传身教式自发传衍。在企业里，通常由师父传授知识、才艺、技能等，在行业的生产实践中围绕原材料选取、工具的使用、工艺流程等各方面进行全面的讲解示范，徒弟在这一过程中认真听讲、领悟，并不断实践练习，这种经验型技术一旦被掌握，便很难改变。尤其是一些独特的技艺，需要师父的言传身教及徒弟的身体力行，长时间练习才能得以延续。徒弟只有掌握了制陶工序的操作方法，才有属于自己的"本领"或说"手上功夫"。1976年，荣昌陶器厂曾通过老艺人带子女进厂随父学艺的方式来培养人才。经过全厂职工讨论，党委审定，从156名老工人中确定了14名公认的老艺人：杨学礼、钟华章、钟华福、周俊国、周吉海、何天云、肖慈金、罗运康、刘孝全、丁荣和、郭夕思、杨明春、丁富贵、肖慈光。这些老艺人身怀绝技，经验丰富，技艺高超。他们带子女进厂学艺，使家族式传承产生了新的变化，既有师徒传承的基因，也有集体传承的辐射作用。此外，近现代以来，传统工艺传承与发展也作为工艺美术教育、艺术教育纳入学校教育体制，学校的专业培育成为工艺文化传承发展的一个重要的组成部分。这里面既有中小学的工艺美术实践课程的教育,也有中等工艺美术职业技术学校的专业教育、高等艺术院校的工艺美术设计教育等,形成了工艺美术传承教育的不同梯队和层次,为企业输送了大量专业人才。在荣昌,20世纪60年代,专业院校毕业的刘大华、司徒铸、李德明、朱红林、叶思群等,有到过高等艺术院校进修学习的梁先彬、罗天锡、钟鸣等,为荣昌陶的传承与发展,作出了自己的贡献。近年来,院校毕业的学生来荣昌落户,视野更加开阔,在手艺的传承方面,不受师承的约束,通过学习众家之长,更有表达个性的心理诉求和审美观念。如四川美术学院陶瓷专业毕业的管永双、李云杉夫妇,景德镇陶瓷学院毕业的李志鹏、宋巍夫妇等,扎根安富,采用传统的柴烧技艺,事业上有新的追求,这也为荣昌陶注入了新鲜血液,反过来影响和促进安陶的发展。

在非遗传承方面,传统的师带徒制度还在延续的同时,一些新兴的传承手段和方式也在不断涌现,比如说非遗传承人进课堂、大师进校园、政府部门开展的手工技艺传习、学校开展相关非遗教育课程等,将这些民间工艺知识纳入正规教育体系,这样的话,一些出类拔萃的学生就可能发展成为下一代杰出的非遗传承人。传统的师带徒和正规的学校教育并行不悖,这样的传承路径也使非遗的多样性和创造性在年轻人身上得以更好地体现。

在荣昌制陶业素有"尧王天子,舜王大帝,开窑祖师,奇宝大王"的祀神例会,奉尧舜为祖师爷。当地制陶艺人在上千年的制陶过程中,形成了一整套独具地方特色的窑王祭祀仪式。参与祭祀的主要有主祭人、赞礼师、窑工、旗手、乐手等。仪式包括叩拜窑王、诵读祭文、窑工上香、恭请窑王、窑王巡游、祭拜火神等流程。据区文化旅游委非遗保护专家廖正礼介绍,"窑王祭祀"活动是老百姓崇敬、祈求的一种心愿,并形成独特的文化。因此,安富街道的制陶艺人们在祭祀窑王的时候,还会拜祭火神。其他地方将窑王和火神分开祭祀,而荣昌窑工们把两者结合起来,形成了独树一帜的本土祭祀文化。作为一种传统文化和民俗观念的承续,历史上烧窑制陶、点窑火,甚至开窑门,都要祭祀窑王、陶神,其仪式庄重而有仪式感。使具体的"场所"凝固为仪式记号。在使用传统烧制方法烧制陶器时,这一民俗仪式迄今虽然已经简化，但仍然在老一辈制陶人的烧陶中传承，也体现出一种对祖先的崇敬，以及期望陶神保佑烧陶顺利的祈愿，从而保持族群与精神遗传的集体记忆。

第二节　陶工的匠人精神

从师父那里学到的，除了技艺，就是制陶从业者在劳动创造过程中所形成的精神。自安富制陶伊始，无数陶工以其吃苦耐劳、对文化的恭敬和坚守、孜孜以求地不断追求一个又一个的理想境界与创新精神，造就了安陶成为国家级非物质文化遗产的历史意义和精神价值。荣昌制陶手工业繁荣的背后，是无数制陶工匠的劳作与付出。如没有制陶工匠的付出，则犹釜底抽薪，成无源之水无本之木。制陶工匠既是陶器的生产者，也是安陶历史的创造者。

早在先秦时期，诸子就很重视这个"技"与"道"的关系问题，技艺一定是关联精神的。安陶人不仅世代传承了手工技艺，更是传承了民间艺人的专业精神和分工协作的合作精神。收藏家张天琚写的一篇《从荣昌高温素烧陶饭钵钵所想到的》文章中，提到了1958年至1961年间，伴随着全国城乡建立的公共食堂，在当时条件下，需要使用成本较低，保温性能较好的素陶饭钵钵，也叫"饭盅盅"，在四川，公共食堂使用素陶饭钵钵比较普遍，而荣昌生产的饭钵钵，使用上等矿料加工成泥精，再指派最好的修坯工和烧窑工烧制，产品质量最佳。时过境迁，生产条件和市场需求的变化，让作者感叹如今已经很难还原当年的所有工艺技术过程，更不用说要达到当年高超的工艺技术水平了。这一说法虽有一些悲观，但也从一个侧面说明了当时荣昌陶工精湛的技术水平。

工匠，《现代汉语词典》释义为"手艺工人"[①]。也有解释为"从事手艺的人"。实际上"手艺人"的定义是相当宽泛的，民间亦说"三百六十行，行行出状元"，只要娴于一技，都可以称为"手艺人"。而制陶的工匠，其定义则可结合制陶工序在工匠释义基础之上加以阐释。制陶工艺较为复杂，《天工开物》卷七《陶埏·白瓷》云："共计一坯之力，过七十二，方克成器。"[②]清蓝浦在《景德镇陶录》中就有："户有工：陶泥工、拉坯工……砂土工、彩之工。"[③]说明在陶器制作的每一个环节，都分有不同的工匠，是制陶工匠生产专业化的重要体现。宋蒋祈在《陶记》中写道："陶工、匣工、土工之有其局；利坯、车（拉）坯、釉坯之有其法；印花、划花、雕花之有其技。秩然规制，名不相紊。"[④]不同工匠，各有各的场地、各有各的手艺、各有各的技巧，术业有专攻，只有专一，才能专业；只有专业，才能匠心独造，推陈出新。安富镇千百年来形成的手工制陶体系，便是合作化生产的必然结果，有诗云："艰苦奋斗图生产，分工合作是良方，实践创新求进步，攻坚克难制美陶。"从原材料的开采，到陶器制作的分工合作；从制陶工艺的摸索创新，到陶器生产的攻坚克难，无不体现制陶工匠精益求精的完美精神以及敬业精神，在这种理念支配下，工匠们热爱祖辈传承下来的独特技艺，不断雕琢自己的手艺，享受着产品在双手中升华的喜悦或乐趣，其奋斗的目标就是打造本行业最优质的产品，也就是其他行业无法匹敌的卓越产品。

泥、水、火是制陶生产的三大关键要素。在一年四季中，原料的开采、淘泥、拉坯、烧窑等，其生产之苦，尚不能一言以概之，但足以窥见这个行业，乃艰苦职业。清代景德镇督陶官唐英在《陶人心语》中写道："陶为劳力之事，陶人劳力之人，其事其人概可想见。"[⑤]明代闽人温处叔在《制陶序》中云：陶事曲折，非一日之功，一器多次易手加工，如有一环节稍有不善，

[①] 中国社会科学院语言研究所词典编辑室编：《现代汉语词典（第7版）》，商务印书馆，2016年，第448页。
[②] 周銮书：《景德镇史话》，江西人民出版社，2004年，第136页。
[③] ［清］蓝浦、郑廷桂著，连冕编注《景德镇陶录图说》，山东画报出版社，2004年，第89—93页。
[④] 白焜：《宋·蒋祈〈陶记〉校注》，《景德镇陶瓷》1981年S1期，第36页。
[⑤] 熊寥主编：《中国陶瓷古籍集成·注释本》，江西科学技术出版社，2000年，第124页。

陶器便不完美。所谓"淘之先濯之，使定沦矣，尤必澄也，扰之欲调，而掣之欲坚，不然，恐其宛也。此数句盖言淘练泥釉之工。又云：作之力须均，扶欲啬；弗均则侧，弗啬则泐也，此是言拉坯之难。……"① 因此，只有了解作为主体的工匠群体，才能理解他们用心做人做事的基本态度，在平凡的劳作中，对技艺的自觉追求和认同自己的工作具有造福于社会的价值，是一种最朴素的理想信念。

▲ 陶工在刻花

▲ 上釉

而陶工的创新精神，也是"工匠精神"的重要组成部分，它源于制陶工

---

① ［清］蓝浦、郑廷桂著，连冕编注：《景德镇陶录图说》，山东画报出版社，2004年，第141页。

匠的每一个生产实践环节。制陶人既有共性的技艺，也有在长期的劳动中得心应手，凝结出个体技艺的独特性，有的可能还有自己的"绝活"。这些技艺通常会被植入社会关系，关联着深厚的民风、习俗，甚至信仰。安富陶业的传承人，如梁先才、刘吉芬、肖文桓、肖祥洪、向新华等传承人，不少是祖祖辈辈以制陶为生，不务他业，习得经法，薪火相传，这些都是工匠精神的真实写照。

第三节　乡村手艺教育——棠香中学

在荣昌的安富，历史上相关的教育体制与培训体系和中国现代乡村教育发展紧密联系。民国时期著名思想家、教育家陶行知先生提出"社会即学校，生活即教育"的思想，认为乡村教育应该涵盖"整个乡村生活"，并以培养学生的"生活力"为主要目标，从而达到改造社会之目的。而梁漱溟先生认为，中国文化的"根"在乡村，要想创新中国文化，必须开展乡村教育，以实现学校与社会的结合，实现学校与地方经济建设的结合，实现普通教育与职业技术教育的结合，提出在田野中找回民族精神。受此影响，在安富（时称"烧酒坊"），有识之士办起了棠香中学，一所乡镇学校，践行"乡村生活教育"的设想，在民国时期有着不同寻常的意义和业绩。在今天看来，这所中学的办学理念与实践，突破了传统学校教育的束缚，实现了学校与社会的结合，赋予了教育服务于农村经济、社会建设的职责，拓宽了教育的内涵和范围，为当地安陶的发展与重塑探索出了一条独具特色的乡村教育模式。

今天的安富中学就建在当年棠香中学的旧址。地址就在安富镇的中心位置。棠香中学是"烧酒坊"[①]建镇后，于1927年春开办的。创办人龙树芬在

---

① "烧酒坊"是清代旧称。这一称呼一直延续到民国二十三年（1934年）才改名为安富。

地方士绅余举贤、李铭山、林树人等人的支持和协助下，提拔寺庙庙产，捐赠祠堂租石和约集"田园会"等方式，筹集建校基金，成立校董事会，推举余举贤后推胡汉循为董事长，办理立案手续，聘请龙树芬为第一任校长。[①]作家王定天在《巴渝古镇——安富》一书中记述了这所学校的第一任校长："龙树芬字揖清，烧酒坊一普通农家子弟。少时贫穷，识得稼穑艰难，查民生疾苦。他勤奋好学，在本乡大灵寺高等小学堂毕业后，1914年即考入荣昌中学，四年制修满，在大观小学任教。一年后受聘到烧酒坊高等小学任学监。1922年考入成都工业专科学校，毕业后回家乡力主创办棠香中学。1927年春季，地方人士在丹凤书院的基础上建立荣昌私立棠香中学，在全镇成立的校董事会上，龙树芬被聘为首任棠香中学校长，全权负责校务。龙树芬生于乡间，有读书、任教、管理学校的独特经历，深忧家乡学子的文化学习，同时又受梁漱溟、晏阳初乡村建设学院和平民教育思想的影响，提倡教育与生产模式相互结合起来，让当地百姓精神充实、生活改善。"[②]

棠香中学的学生，既有富家子弟，也有放牛娃，小的十一二岁，大的有二十岁的"童子军"。除本地人之外，也有来自资中、内江、自贡、璧山、青木关的学童。龙树芬精明强悍，办学有方，除邀请到名师执教外，十分注重对学生进行职业技术教育。先是开办乡村师范班，创办了鸦口、何家庙、高庙三所附小，龙树芬兼任校长，选棠中优秀毕业生任教；二是加强日常的学识教育，创办职业班，由陶业场改为大规模的陶业工厂，发展民族手工艺产品。聘请郭士洪担任教习，此举既体现了平民教育的特点，又为"烧帮"[③]最大的产业——陶业注入了知识因素，储备了劳动力。凡棠中各班均授陶业课，以能作碗、盘、杯碟、水盂、笔筒、笔砚、画盘为标准。1937年，该校附设"窑业职业学校"，招收学生30余人，聘请专攻电瓷的留日生王世杰做专业教员，指导学生学习制模、雕塑、刻花等制陶技艺。董事长李乐斋专程去江苏购回宜兴陶器以资参照改进。棠中学生用红细泥土制作各式茶具、

---

① 黄维铣：《棠香中学与创办人龙树芬》，《荣昌文史资料选辑》第三辑（内部刊物），第96页。
② 王定天：《巴渝古镇——安富》，远方出版社，2006年，第55页。
③ 烧帮：清末民初，安富人抱团思想日益浓厚，逐渐形成了"烧帮"，与荣昌县城的"城帮"分庭抗礼。

▲ 紫泥素烧茶壶

▲ 款名：棠中级学生实习品

酒具，笔筒、碗、碟等不上釉，只注重泥坯打磨，成品色红而细腻光滑，胜过宜兴紫砂陶。这种制作工艺，后被称为素烧。而采用红泥制作的各式无釉茶壶、酒杯等，色腻光泽，样式精细，质地优良，胜过职业陶工作品而名扬四川，一时灿然称盛，风靡全国。棠香中学的师生有文化，懂美术，与鸦口陶工的技艺结合，便生产出了冠绝一时的泥精茶壶，带有天然光泽，古朴典雅。安富壶出窑后，必须先用冷水浸泡，才能冲茶，为泥质所致。故盛茶能隔夜不馊，自带清香，透气性好，是品茶的上等器具，也是荣昌细陶20世纪30年代的代表性器物，所制茗壶大者浑厚，小者精妙，以红如枣、薄如纸、声如磬的美誉著称。这种素烧茶壶广泛用于茶馆及百姓家庭，特别是老年人非常喜欢用安富素烧壶泡茶。曾在棠香中学任教务主任的黄维铣先生在《棠香中学与创办人龙树芬》的回忆文章里写道:"我曾购买一个暗紫色高颈八方花瓶,约五六寸高,八方显八卦图案,颈项左右两只耳朵,挂上能动摇的耳环,古色古香,颇为奇特,至今罕见。"①凡实习工厂的陶品上都押有款行,上刻有"古陶业棠香中学造"或"昌州实习工厂造"等字样。

与此同时,棠中学生不仅制作陶器,还更深入地介入商业流通领域。棠中为了学用结合,开办了鸦山商店,由师生共同打理,主要推销陶器产品,以繁荣市场。鸦山商店的陶器,销往东南亚、印度,慕名而来者络绎不绝。民国时

▲ 安富小学陶艺工作室学生陶艺作品

---

① 黄维铣:《棠香中学与创办人龙树芬》,《荣昌文史资料选辑》第三辑(内部刊物),第97页。

期棠香中学曾是重庆最具影响力的四个中学之一。这段史实说明当时办学主要是为"振兴工商各业,为富国裕民之本计",以"学成后各得治生之计为主"(《教育史册》上册,第202页)。由此可以看出,学校主张政教合一,从开展农村、平民教育入手,推动地方建设事业。[①] 棠中学生的学习从材料到制作器物,以及所需要的技法与技能,不仅可以让学生在劳动中学到实用的本领,还可通过"实验学校"的组织形式,以实现乡村教育运动"理论与实践"相结合的初衷。通过兴办教育,学风日盛,文人鹊起,这是荣昌陶能承载传统艺术元素的文化基础。这在中国是为数不多的真正实现了乡村建设平民教育理想的学校之一,可谓在荣昌当地,开创了通过知识教育传承传统制陶技艺之先河,对荣昌陶的发展起到了积极的推动作用。他们的作品迄今仍被珍藏在荣昌陶历史博物馆里。直到今天,安富中、小学仍建有陶艺工作室,学风依然,学生的陶艺实践课仍通过教育的传承方式得以延续和发扬光大。

第四节 校企合作协同创新的典范

20世纪50年代初,重庆刚解放不久,百废待兴。荣昌的手工行业亟须组织起来恢复和发展陶瓷生产,得到了重庆派去的专家组的大力支持。1953年,梁启煜教授从四川省立艺术专科学校调入西南美术专科学校实用美术系(后改为四川美术学院工艺美术系)任教。1955年4月,受四川省文化局美工室的委托,西南美术专科学校派出了梁启煜教授与重庆美术公司的程尚俊等组成专家工作组,深入到荣昌鸦屿村,在荣昌私营陶器厂、公私合营的地方合作社(陶厂)调查研究,指导当地陶业的改进工作,帮助恢复了许多传统产品。两位教授牵头拟定出以恢复改进为重点的试制产品计划,一方面由

[①] 田学诗:《私立棠香中学综述》,《荣昌文史资料选辑》第三辑(内部刊物),第88页。

当地群众选出 16 名传统手工艺人加入新产品试制组；另一方面，深入到群众中去寻访，把已流散的品种、造型、旧有图样花纹逐渐恢复并加以改进，传承和发展荣昌陶健康的造型、生动的卷草纹等朴素的装饰，设计出 50 多件新产品。梁启煜等人与老艺人合作的新产品被介绍到北京工艺美术服务部销售，并在 1955 年全国陶瓷工艺产品会议内部展览中被评为第六名。1955 年，西南美术专科学校（或简称美专）开始筹建陶瓷专业，梁启煜教授任筹建组组长。至 1956 年，又与罗明遥、程尚俊、毛超群等教授第二次被委派到鸦屿村的陶厂指导工作，两年间一共试制了 129 种新产品，一方面不仅恢复了将要失传的朱砂花罐、葡萄罐、鹭鸶壶和梅椿壶等，还利用荣昌陶的刻花、印花、粑花、刷花、雕花、镂花和浮雕等装饰工艺特色，吸取了我国唐、宋以来装饰图案的优秀传统，特别是借鉴了磁州窑的民间陶瓷艺术风格，使荣昌泡菜坛的艺术装饰在保持地方特色的基础上有了新的发展。如著名的"卷草纹菜坛""荷花泡菜坛""工字泡菜坛"等，之后，以传统的卷草、工字、折带、犬齿纹为基础，设计了大量新的富于地方特色的装饰图案，创作出大量既美观又实用的新产品，为荣昌陶的恢复、发展，以及在全国的影响都发挥了重要的作用，形成了荣昌陶独特的风格；[1] 另一方面，在陶器的品种、拉坯的尺寸、刻花的工艺、釉色的配制、烧窑工艺的改进、制作工序的研究等方面，提高了荣昌陶的技艺水平，产品陆续投入生产销售，普遍受到群众欢迎。与此同时，经过一系列调查、实验，西南美专筹建组的教师也为学校增设陶瓷美术设计专业和即将开展的陶瓷专业教学积累了丰富的实践经验。

1956 年，西南美术专科学校正式设立陶瓷美术设计专业，由罗明遥、程尚俊、邓道荣、毛超群等担任专业课教师，梁启煜教授担任陶瓷专业教研室主任，开始招收第一届学生。由于培养目标明确，很快建立起了专业课、专业基础课、工艺理论课和专业实习课的教学架构，实行学校、社会、工厂相结合的办学模式，而荣昌陶器厂成为学生最早的校外实习基地。学校为了结合自身特点还在校内建立了陶瓷实习工厂，招聘了荣昌著名制陶艺人杨学

---

[1] 参见大公报记者采访文章《丰富精良的荣昌陶器》，载四川省文化局、四川省手工业管理局《四川省工艺美术资料汇编》，1957 年，第 52 页。

礼、民间陶塑老艺人胡贯之、瓷器彩绘艺人蔡云山等人作为学生的实践指导老师。实习包括：陶瓷造型——拉坯、注浆、泥塑；陶瓷装饰——刻画花、陶瓷彩绘、施釉；陶瓷烧成——装窑、烧窑、出窑等专业实践课程。学生进入高年级学习阶段，再由专任教师带领学生到荣昌安富陶器厂实习，与陶工一起，深入地学习和体验陶器从设计到练泥、拉坯、上釉和烧制的完整过程。马高骧教授在川美70周年校庆时撰写的回忆文章里提到他作为第二届毕业的学生，参与和见证了陶瓷专业办学之初的情景。其中，有一段写教师带学生去荣昌实习的情景，为我们提供了这段史实的文字记录：在那个贫困的年代，经费紧缺，不论教师和学生都得打起铺盖并背上生活与专业工具用品，长途跋涉、乘车或步行到荣昌县安富镇十多里外一个叫鸦屿村（当地农民称垭口）的山沟，在一个十分简陋贫穷的陶瓷生产合作社（后来发展为中国有名的荣昌陶器厂——当地称安陶厂）扎根住下，进行陶瓷美术设计专业最早的下厂三结合式的教学实践。清楚地记得当时所谓的陶厂，其实就是几家私人土陶作坊，由当地政府出面组成的公私合营的陶器生产合作社。生产的产品是山村农民土法生产的大窑罐、泡菜坛之类的"窑罐""山货"。厂房是依山搭建的茅草棚，棚内光线全靠那低矮的土墙上打个小洞透进一线光，工作时仍十分暗淡。夜里干活或遇阴雨天，工人们就在木棍支柱上挂上一盏若隐若亮的小油灯照明，场景非常简陋。生产陶器的陶土原料就是山坡上采挖的泥土，风化晒干粉碎后，人挑牛踩，畜力人力同塘练泥，使之细腻可塑性增强。烧陶的窑有半山坡上土法泥砖砌起的龙窑（阶梯窑），似一条沉睡的长龙冒着烟。也有像大土包子一样的圆窑在田边山脚林立。窑场堆放着露天大缸钵、坛罐。每天都有牛车帮翻山越岭，把这些"窑货"运到镇上和县城出售。我们与工人同吃同住同劳动，学炼泥、拉坯、注浆、刻画花装饰、施釉、装窑和出窑的全部过程操作实践，不仅学到了陶艺技术，也与他们建立了深厚的感情。我还记得在工人师傅肖迪先指导下第一次成功地拿到了由我亲手拉坯造型、上釉装饰烧窑完成的陶艺作品时，心情是多么兴奋，该作品至今还珍藏在家里。[1]

在创办陶瓷专业实行三结合的创作教学实践中，梁启煜作为专业的开拓者和创建者，亲自带头，为荣昌陶业发展作出了不可磨灭的重要贡献。梁启煜、罗明遥、程尚俊、毛超群带领学生赴荣昌安富陶器厂与老艺人密切协作，创作了许多优秀的陶器产品，于1956年，先后送往成都、广州、北京等城市展览，被专家高度评价为"陶器精美、造型大方、图案朴实、釉色鲜艳协调、物美价廉"。1958年，作品被送去参加四川省工艺美术展览会，获得殊荣。当时设计制作的荣昌陶器品种繁多，以日用器皿为主，包括坛、缸、罐、壶等，同时也有供陈设布置等所用之花瓶、花钵、果盘和牛、兔、鸭、蟹等小玩器，神态逼真可爱。多种多样的陶器作品，釉色与土质相得益彰，主要有朱砂、西绿、蓝、黑、白等釉色，或全部上釉，或局部施釉，色彩斑斓夺目，富于地方特色。梁启煜教授的作品荣获陶器设

▲ 梁启煜教授在专家座谈会上介绍荣昌陶

---

[1] 马高骧、王兴竹：《沉甸甸的历史——回眸四川美术学院五十年代创办专业的岁月》，载黄政主编《我与四川美院》，重庆出版社，2010年，第86—89页。

▲ 川美师生在荣昌陶器厂设计的刻花产品（20世纪70—80年代）

计一等奖，罗明遥的作品获二等奖。1959年梁启煜教授获四川省国庆十周年纪念献礼展览陶器设计一等奖。

20世纪60—70年代，川美陶瓷美术设计专业在继续专业的建设和发展工作的同时，不断地拓展专业的知识结构和研究领域。梁启煜、罗明遥教授和毕业留校任教的马高骧、王兴竹老师等，多次带领学生赴荣昌陶器厂与制陶工人同吃、同劳动，将学习到的传统制陶工艺转化为创新的产品设计，用最简练的装饰手法，取得较高的艺术效果，从而形成了荣昌陶在产品装饰风格上的一个明显特色。可以说，他们在传承民间陶器原有风格的基础上，从造型、装饰、技术、工艺等方面对荣昌陶进行了大量改进和创新，先后研制出了上千种新产品，为荣昌陶由传统日用陶转型为工艺美术陶，保持和发扬优秀的民间传统风格，创作出了大量具有时代审美特征的新产品。

这些新产品，参加了北京全国陶瓷专业会议产品评比，获得了多项奖励。

曾代表中国著名工艺美术品赴日本、锡兰、智利、巴西、坦噶尼喀、埃塞俄比亚、阿尔及利亚展出并赠予外国领导人。同时，产品大量出口欧洲、非洲、拉丁美洲、东南亚等地区。20世纪70年代末，荣昌陶曾作为国礼赠予外国政要。邓小平出国访问，赠送了一只双色釉鱼耳罐给美国领导人，后被收藏于美国国家博物馆。该耳罐由四川美术学院工艺系第二任陶瓷专业教研室主任马高骧教授在荣昌研制，当时共制作了两只，另一只现收藏于荣昌陶博物馆。

在工艺制陶方面，梁启煜陶瓷作品中乌金釉与朱砂釉、自然贴花与镂空贴花的运用，罗明遥陶瓷作品中的化妆土刻花方法，采用贴花边缘流线形图案隔离的办法，解决朱砂釉流动

▲ 马高骧　双色釉鱼耳罐

▲ 从左至右：罗天锡、司徒铸、高万胜、查尔斯、马高骧、杨明贵、郭绍金、钟德江

性大、着色不稳定和上釉不均匀的问题等，丰富了荣昌陶的表现手法。在梁启煜教授看来，"改进陶器不仅是改进造型和装饰，还必须运用科学的方法，改进技术，改进工艺过程，才能使产品质量全面提高"。[①] 这些新工艺在川美教师的推动下，成为了荣昌安陶传承的代表性技艺之一。马高骧、王兴竹、张富先、朱晔等教授先后带学生去荣昌，采用当地的泥料和独特的釉料，融入现代艺术观念，创作了大量器皿和陶艺雕塑，品类较多，有人物、动物、植物，有具象的也有抽象的，还有很多壁饰和壁画，作品既具有创新性又有时代的审美特点。

总之，教师、学生、工人三结合的办学模式，是20世纪50年代以来陶瓷美术设计专业理论联系实践培养专业人才的一条新路子，以此形成了西南地区以高校为教学基地，以荣昌为实验基地的创作特色。与此同时，1977年，四川美院准备招收恢复高考后的第一届（1978级）陶瓷专业的学生，学校专门为陶瓷实习工厂招收了梁大等6名教辅人员，并安排到荣昌陶器厂分别学习了一年拉坯、刻花、上釉和烧窑等工艺技术，实际上是把荣昌陶的制作工艺再次带到了学校，使传统的手工艺在高校教育的传承中得到发扬光大。

川美后继的教师有唐英、许世虎、杨为渝、尧波、陈俊平等，为传统陶业的传承与发展作出了不懈的努力，他们创作出了大量有较高水平的现代陶艺作品。同时，在教学中注重艺术观念的创新，工艺表现语言的丰富，以适应社会发展对陶瓷专业的要求。

这段史实说明，四川美术学院师生，以荣昌安陶作为实习基地，多年来与当地制陶艺人三结合，协同创新，在不同的发展阶段，为荣昌陶的创作注入了新的设计元素，无论是造型、工艺和图案等，都已成为荣昌陶艺术特色的一个重要组成部分。从取得的成就来看，堪称是国内艺术院校中最早实行产、学、研教学模式与校企协同创新模式的一个典范。

---

① 薛小军编著：《荣昌窑》，黑龙江美术出版社，2018年，第27页。

第五节 手工作坊的回归

作坊，在日本称"工坊"。现在一般称为"工作室"。

在手工业时代，生产的方式与管理比较单一，对于一件物品的完成，从创意、设计到制作，都统一在一个工匠的手上，即心而想之，手而往之，所谓"心曲自来唱"，一切东西都是"得之于心，应之于手"。即便是当代陶艺，也是一种个体性、工艺性很强的艺术形式。所谓个体性，即要求创作者自己动手，从创意到制坯、工艺装饰、上釉、烧成，完全由自己操作。其巨大的吸引力正在于整个操作过程都具有当代陶艺探索和心理体验的意义，对陶艺家而言，就是陶艺工作室的设置。当下，无论是非遗保护领域还是文化创意领域，无论是手艺人还是设计师，都非常关注传承创新，积极探索与实践。然而，由于对手工生产力的特性及其人文价值认识不足，同时受到速成、逐利等取向的影响，人们容易自觉不自觉地用工业模式和规模看待传统手工艺，用机器制造的生产效率和规模来"改造"传统手工艺。于是，电脑程控、隧道窑烧、注塑成型一类工业化技术被引入传统手工艺领域，从根本上改变了传统手工艺的技术本质，截断了生产者直接把握产品的亲密关系。批量复制的产品表面上看起来很精致，但已失去传统手工艺的灵魂。手工工艺潜隐于物件上的温情与灵魂，难以在流水线复制的产品上嗅到、触摸到。后工业时代，卷土而来的手工工艺，因个性而显得奢侈，因亲善自然而让人迷恋。这种量身定制式的生产，在适应人民日益增长的美好生活需要方面，有高度的针对性和灵活性。其材料易得，工具简单，因地制宜，一般的技巧也不难掌握，适合本地化开展，大则可助力特色乡村、特色小镇的文化经济建设，小则可为就业创业者提供生计；生产过程少污染，原材料投入产出比高于一般工业，符合绿色低碳循环发展的要求，其制作如同艺术创作，手随心运，充满创造的快乐，适宜大众的参与；作品高度个性化，具有独一无二的原创性和审美价值，成为人的精神表达的重要载体；加之，其因地制宜、因材施艺的多样化实践，可发挥地方资源优势，增强区域经济协调发展的内生动力，也可形成促进文旅深度融合的地方人文景观。因此，在传统制陶的当代转换方面，面对市场化带来的冲击，如果仅仅为了满足市场的需要，过分强调商品化，必然会失去原有的特色，则文化遗产的地域性就失去一半以上的价值。这里既要以保持手工生产方式的诸多特点为前提，也要保持其时代相传的富有特色的关键技艺，保持其因地制宜、因材施艺的创作原则，保持其设计—制作的完整结构。

　　一般而言，一件陶瓷产品包括实用价值和文化价值，以及经济价值，而手工艺品比机械化产品更具有历史与文化的附加值，是因为手工艺品包含了工匠艺人个性化的情感因素，更多的时候是对品位的追求、对细节的执着、对传统手工艺的坚持，使手工产品日渐被重视。因此，要留住传统技艺，保其传承显得尤为重要，而传承的出路，就是回归手工作坊。在荣昌区政府的重视和政策扶持下，在安富街道的安陶博物馆对面修建了大师创业园，不仅免费为本地的代表性传承人和工艺美术大师提供工作室，还通过人才引进，吸引了一批外地的陶艺家到安富落户。许多传承人精心创作的富有文化创意内涵的陶艺作品荣获多项大奖，如罗天锡的系列龙瓶、凤形酒具；梁先才的刻花《连年有余》；张海文以重庆风物为题材的素烧剔刻花瓶；钟鸣的《憨哥憨妹》陶塑系列；熊宁的荣昌陶文博创意礼品设计等，使陶艺的设计与制作呈现出各种风格的融合发展，形成了安陶文化创意产业兴旺的一面。

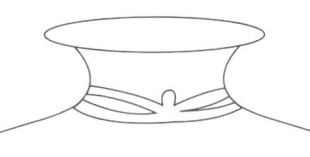

第四章
制陶术的生成

第一节 技术与技艺

最早的陶器成型是通过手工完成的,由此形成了陶器成型的手工技艺。有关制陶工人技艺的传承,需要区别技术和技艺两个概念,它们的载体是不一样的,一个是人,另一个是物。尽管技术和技艺都是解决问题的方法,但技术具备明确的使用范围和被他人认知的形式或载体,像原材料、产品、成品的工艺、工具、设备、设施,都可视作技术的载体,标示技术的信息。而技艺则属于经验性知识,或者说身体知识;技术属于理性知识或原理。而技艺的呈现则靠人的活动,一旦离开人的实践活动就很难被观察到,所以它是非物质的、以活态形态存在的。技术是可以量化的、很明确,有通用的标准,是一种可以用科学语言来描述的知识,它源于规范检验、理性分析和总结的升华。比如国内四大名陶的生产,所描述的陶器生产工艺流程、工艺标准有很大的共性,所使用的主要工具和设备也都大致一样,如研磨陶土的设备,拉坯成型用的辘轳,装饰用的各种小工具等,各式窑炉等,掌握这些共性的技术知识,是手艺人入行的一个基本条件,作为非遗承续与保护也容易记录和整理。但技艺却不同,手工艺的传承方式在于它是手工劳动,是依靠身体表现出来的创造力,即使使用相同的材料,手持相同的工具,遵循相同的工艺流程,不同的人来做,结果也会不尽一致。这是因为每个传承人在劳动中,都注入了自己的心智,在实践过程中,共性技术有一个内化为主体能力的过程。正是这个内化过程,因人的身体条件、认识能力、人生阅历、创作能力有差别，都会在他的手上产生作用力。所以手艺人的劳动体现出技能、技巧的差别，是一种差异化的劳动。手工生产过程中个体技艺的发挥仍然有许多说不清、道不明的东西，需要近距离的观察、领会，才能发现手艺人之间技艺的差异和丰富的多样性。这点与工业化生产的工人在流水线上的劳动是不一样的，工业化的生产由数学模式设定，工人的劳动已然成为机器生产的一部分，所有的劳动都程序和规范化了。而手工艺则不然，其魅力就在于它的差异性。比如，陶器的拉坯成型，有的人拉坯时身体四肢很协调，拉得又快又好，有的人则看似在辘轳车上熟练地操作，全身使劲塑形也不到位。两个肘关节怎么找支撑点？双手怎么配合？腕关节怎么使劲？几根手指的力道如何？哪实、哪虚？长颈大肚小口的花瓶为什么难拉？诀窍是什么？这些完全依靠匠人的手感和经验。[1]

制陶工艺之成立取决于材料、作者、制作、作品。在这里，器物必须是人与物相结合的产物，产生工艺的先决条件是用途，怎样使用是目的；从材料到制作器物，是用工具来完成的，对操作而言，需要技法与技能，由此可以产生出巧拙之别；而劳动，特别是劳动的形态，即需要民族的睿智隐匿于此。

陶工也分工种，拉坯和刻花都要讲究巧艺与方法。韩愈所说的"术业有专攻"，是将技术作为某种专门工作来理解的，也可以理解为"道"，就是应该掌握的"方法"和"手段"，如果没有正确的技术，是不可能制作出正确的器物的。只有长时期大量的制作和琢磨，才会成就完全熟练的技术。技术是经验，在制作时积累的经验是非常重要的，没有技就没有艺，超越技术的某种自由，只有通过反复的操作，心与手的统一才能得到。如果制陶人不知道在手艺中存在着最适度、最自由的生命之美，就难以达到一定的高度和境界。

---

[1] 邱春林：《传统手工艺传承人技艺的挖掘和整理》，载国家图书馆中国记忆项目中心编《国家级非物质文化遗产代表性传承人抢救性记录十讲》，国家图书出版社，2017年，第19页。

第二节　陶泥在手

恩格斯指出："手不仅是劳动的器官，它还是劳动的产物。只是由于劳动，由于和日新月异的动作相适应，由于这样所引起的肌肉、韧带以及在更长时间内引起的骨骼的特别发展遗传下来，而且由于这些遗传下来的灵巧性以愈来愈新的方式运用于新的愈来愈复杂的动作，人的手才达到这样高度的完善。"[①] 解剖学家认为手的构造是永远令人惊愕的，手有三个关节，五个指头，特别是在造型活动中，手的敏捷与准确，被赋予了不可思议的技术。

中国古代文献中将塑泥成型叫做"抟埴"，意思是指"团捏泥巴，使之成型"，因此，它离不开双手的运用。据考古发现，原始陶器的制作方法主要有三种技法：捏塑法、贴筑法和盘筑法（轮制、模制等方法出现较晚）。这三种制作方法，手对器形的控制起到决定性的作用。言说陶是泥与火的结晶，更是心与手灵动配合而成的艺术品。制陶只有通过手才能施行巧的技能。"巧"，即"巧妙"，起源于"安排、计划"，意思为灵活的手。"技"可解释为"手艺""本领""技巧"等，用来说明手的作用，含有"施行""从业"等意。优良的技术常用"高明"来形容，而拙劣就用"笨拙"来形容。"能手"可解释为"手很灵活"，把熟练的技术说成"拿手好戏"，都是在说明手的作用。

"手"与"腕"有着不可分割的关系。如果说成"手腕"，就产生了技巧，可解释为"有本事""能力强""能手""自信"等词语，意味深长。因此，工艺一开始就是手工艺，在行业中，往往使用"踏实""漂亮""技艺精湛""巧夺天工"等词来形容做工。

陶泥在手，它合不合手，得不得劲儿，只有拿捏泥土干活的人才能切身感受。制陶者倾其身心来体验他的"泥土"，比如手拉坯，要心手互动，手是制陶的基础，手艺人是用手来感知陶土的性格，再辅之于相应的工具，使

---

① 《马克思恩格斯选集》第三卷，人民出版社，1972年，第509—510页。

工具成为手的延伸，彼此间的关系是全面的，同时涉及身体感受、知识、经验、风俗习惯和审美情趣等各个方面。在徒手活动中发生的"我"（目的性）和"手"（手段性）的生存本体论关系，一开始就内蕴着结构性张力，它不断把这种关系从"我"向"物"、从"心"向"手"、从"身体"向"物体"延伸。被人种学家称为移情动作的手势，明显表露了这种内蕴结构性张力。①

"手在我"的生存本体性质，以及因此奠定的手工劳动方式的人文特性和意义，终究要表现在手工劳动方式的技术形式上。

灵动美妙的手指穿越于泥土之间，厚实宽大的手掌托起整件作品。手标志着造化之妙，手的力量，或推、或拉、或握、或叩、或抚、或扬、或撑、或强、或柔、或快、或慢，应物应事极其自如。器物在这动与静之间完美呈现；手的背后，则是一个一个平凡的民间艺人在演绎他们的手作故事。这双手，或许长满干茧，也许弯曲不直，却缔造出属于中国匠人的荣耀。

《说文》云："工，巧也，匠也，善其事也。凡执艺事成器物以利用，皆谓之工。"制作就是工作。又云："工，巧也。""工"与"巧"，此意相通，含有考虑、计划的意义。实际上包含了意匠之巧和技艺之巧，而意匠之巧更为重要，并成为中国典型的造物思想观。东汉许慎在《说文解字》中对"工"字的解释是："巧饰也，象人有规矩也"，这与我们所见到的手动转盘一样，是制作陶器所必备的工具，操作者右手拿着的画圆的工具称为"规车"，但实际上圆形的制作要靠转盘的转动配合来实现，而转盘的侧面很像一个规整的"工"字。在早期甲骨文中，"左"和"右"都是用手的象形来表达的，只不过有方向的不同。多数人左手的特点是稳定，右手的特点是灵活而准确，所以如果有一个人制作陶器的话，扶着转盘的多半是左手，而在上边制作的多半是右手。因此，"工"字左手下，带口的陶器在右手下，这就是左右手分别的依据。②古代把制陶人称为"陶工"，"工"字在这里与"匠"字的意思相同。意味着"巧妙""工艺""工匠""匠人"等。在《魏书》中，有"百工技艺"的记载，其中有技艺、艺术、技能、艺能、技巧、

---

① 吕品田：《动手有功》，重庆大学出版社，2014年，第29—32页。
② 王之平：《论"工"字的初始参照物及一些相关字的本义》，《装饰》2006年第8期，第20页。

才艺、才能等词语，使其具备了专门的制作方法的意义。《说文》解释"支"是"手拿竹枝"之意，表示手的动作。① 这里"技能"就是"能力"，是"高明"还是"笨拙"，由手的"灵活"与否来决定。如在制陶时，用辘轳车拉一只碗坯，如果不熟悉辘轳车的性能，就不可能出色地进行回旋操作，完成素胎的形体，也许会产生各种各样的程度之差。在这里，为了出色地拉坯就必须练

▲ 拉坯前授泥

▲ 拉坯成型

习手上功夫，如果没有经过一定岁月的磨炼，就不可能成为最出色的匠人。古籍中有"才练艺技"之说，优秀的工艺是熟练的产物。即便是不灵巧的人

---

① ［汉］许慎：《说文解字》"支"条，曰："支，去竹之枝也，从手持半竹。"

087

也会惯于重复进行的工作,也能掌握难以置信的技巧。在看到匠人熟练地用辘轳车来制陶胎时,也会让人感觉到眼前进行着的是一种奇迹。[①] 因此,手艺人在提供美物的同时,也用真实的生活方式提供了一种可能性,让我们知道,生活也可以在自己手里变慢、变美,像酷暑里的一阵凉风,让人舒服而清爽。他们创造的不经意的美,却有着打动人心的力量。因为那不仅是好看的器物,更是手艺人传递的人生哲学。

第三节　手的延伸——工具

"工欲善其事,必先利其器。"工具是技术的产物,是手的延伸。对人类文明而言,工具无疑是重要的。比之现代工具,"手工具"最重要的特点不在于结构、机制和形态上的简单,而在于它需要"在手"并且是"在手的"。就像制陶拉坯,刻花上釉,所谓"在手"就是"手工操作"的意思。"在手"作为手工劳动现象,平常而朴素,所提示的不仅仅是某种工具的使用状态,重要的是人和工具的一定关系,且工具的技术性可以内化为传承人的技艺水平。

对人来说,手的力量是有限的,可是,人类以其智慧创造了这些工具,被看作是手的延伸,增添了不可思议的技巧。手要驾驭工具,需要身体力行、匠心独运。手与工具有着密切的关系,越是合手的工具,它的结构、机制和形态也必须是便于手工操作,且没有什么危险性。因此,手工具往往结构单纯、机制明确、形态简洁,操作起来简便实用,而且,越是合手的工具就越是简单,而越简单越合手的工具越能胜任复杂精细的工作,手工的顺应性与创造性,被看作是保障作品之美的内生动力。这是手工劳动别于现代生产方式的一个本质特征。正因为如此,手工劳动在工业化持续发展的今天才显出

[①] 柳宗悦著,徐艺乙译:《工艺文化》,广西师范大学出版社,2011年,第140页。

特别的意义。

传统手工艺行业有句谚语，"三分手七分工具"。在陶器制造历史的长期演化中，发展出制陶常用的附加工具，像研磨陶土的水碓、拉坯成型的辘轳、装饰用的各种小工具、各式窑炉等，技艺的实现离不开这些技术载体。机械的工具、注浆、模印、隧道窑、电窑的普遍使用，这也是无法回避的事情。

一、辘轳车

也称陶轮或陶车。明代的宋应星在《陶埏·罂瓮》里记有："凡陶家为缶①属，其类百千。大者缸瓮，中者钵盂，小者瓶罐，款制各从方土，悉数之不能。造此者必为圆而不方之器。试土寻泥之后，仍制陶车旋盘。工夫精熟者视器大小掐泥，不甚增减，两人扶泥旋转，一掐②而就。"这里的陶车就是指一个固定在矗立的短轴上的圆盘，其功能和作用是使泥坯旋转，以便拉坯塑形。根据构造和动力系统的不同分为手动辘轳车、脚踢辘轳车（后发展为电动辘轳车）。民国之前均采用手动辘轳，即利用手转动辘轳来拉坯。而民国以后的辘轳车已经半机械化了，即用脚踢蹬来带动辘轳转动拉坯，并能用于制作大型陶器。

二、小转盘

用手可左右转动的圆盘，操作自如。用于修坯、雕塑等情况。多为木制。

三、小型工具

在修坯、刻花、塑形等工艺中都要用到一些工具，有专用工具也有通用工具。其中专用工具陶工一般就地取材，自己制作。其常用的专用工具有：

---

① 缶：腹大口小的瓦器。
② 掐：捏的意思。

大头刮刀：修坯用，多为不锈钢制成。根据不同用途有不同的形状和大小。

雕刻刀：雕刻花、修坯或陶塑用。有木制、竹制、金属制作等，有各种形状和多种规格。

双头尖刀：多为泥塑使用，金属制作。

半圆打孔器：多为胎艺作品打孔之用。金属制作。

卡尺：测量作品尺寸，特别是测量圆形器的直径，有卡规和游标卡尺等。用金属、塑料等制作。

擀泥滚：泥板制作工具，多为木制。

四、匣钵

烧制细陶时，需要装在匣钵里，用于装匣的匣钵多为耐火陶土烧制而成，是具有一定热稳定性、透气性和高温强度的保护性容器，其结构分为上下两个部分，相当于一个底座一个顶盖，由于其外形既像"匣"，又像"钵"，故被称之为"匣钵"。制匣时，须保证匣钵的形制与器物的形制相适应。若同一种匣钵烧制同一种器物时，可反复使用，但要保持其内部干净无尘。匣钵的使用，一是为了装窑的需要，层层叠摞不易倒塌，可以充分利用窑内空间增加装烧量；二是可以避免烟火与坯体直接接触和窑顶落灰的侵扰，使坯体受热均匀，釉面洁净。

第四节　凝土以成器

路易·艾黎在《瓷国游历记》一书的前言中写道："形成一件美好的陶瓷器，要经过原料的精选加工，制作者的精工细作和恰到好处的炉火温度。"[1]

---

[1] 路易·艾黎著：《瓷国游历记》，轻工业出版社，1985年，第4页。

因此，制陶传统智慧的形成，是一种理性分析和综合的结果。即把器物各个部分、各个方面，各种因素的各个特点都连接起来，对原材料的选择、配置、烧制温度的控制，对吸水性的处理等，也包括对审美要求加以全面考虑，这些都是影响器物功能的因素，在器物总体目标的统摄下取舍、综合、创造、化合。这是一个包含着面对自然外界的条件和已有的人造物的经验寻求优势的思维过程，使群体的发明也像个体的创造一样充满机趣。亚里士多德在《形而上学》一书中说："关于制造的过程，一部分称为'思想'，一部分称为'制作'——起点和形式是由思想进行的，从思想的末一步再进行的功夫为制作。"[①] 有了理性的指导，陶器制作的原料选择、拉坯技术、施釉工艺和烧制温度的控制会越来越成熟，从而形成了系统的知识体系。其中，总结出的生产工艺包括采集原料、粉碎、沉淀、揉泥、拉坯、修坯、阴干、刻花、印花、施釉、烧制、磨光、验收产品等数个环节。兹列表如下：

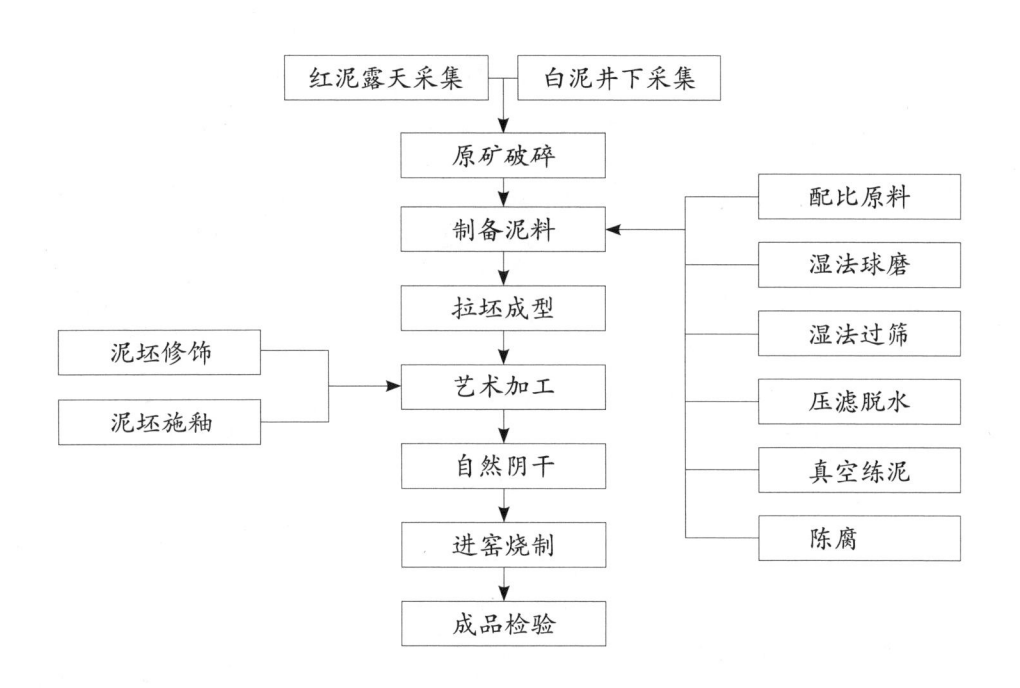

```
红泥露天采集    白泥井下采集
        ↓
      原矿破碎
        ↓
      制备泥料  ←——  配比原料
        ↓              湿法球磨
      拉坯成型          湿法过筛
        ↓              压滤脱水
泥坯修饰 →  艺术加工       真空练泥
泥坯施釉 →              陈腐
        ↓
      自然阴干
        ↓
      进窑烧制
        ↓
      成品检验
```

---

① 亚里士多德著，吴寿彭译：《形而上学》，商务印书馆，1991年，第137页。

一、制备坯料

要制作出优质的陶器，原料的采集很重要。包括：选泥、晒泥、碾泥、搅泥、过浆、踩泥、揉泥。选泥采集时，须采掘地表往下深约 1.2 米左右的泥层，分别剔出杂质、草根。在晒坝经过半年以上的露天风化时间，起到分散崩裂和增加腐殖酸的作用，使泥内盐质溶解，这个过程称为"陈腐"或"陈化"。经过露天风化后，再通过水簸淘洗沉淀除砂，即成细泥。传统的淘洗方法是将原矿放入大缸中，加水浸散，再用木棒搅拌成泥浆，利用泥浆与砂的沉降速度不同，使泥、砂分离，进而除去砂质。第一步淘浑，让粗渣沉到水底，再将悬浮在水面的杂质与细颗粒泥浆漂出，并将水倒入桶中搅拌、沉淀，如此反复操作数次，几经淘洗，将沙子和石头等杂质全部过滤掉，所留下的一层泥即为细泥，手感细腻柔滑。然后，再把细泥倒出晒 1~2 天，直至含水量为 20% 左右，以不粘手为准。这个工艺也被当地人称为"淘浆"或"过浆"。这种细泥可塑性好，烧制范围宽，不加其他配料便可制作各种细陶产品。

之后为了增加产量，改为在较大的泥塘里，经过三级淘洗后沉淀出细泥。由于泥料经过水簸精选，可塑性强，成型性能好，如果手工制坯艺人的技艺精湛，用"水簸"淘洗沉淀制出的陶泥可拉坯出厚度仅两毫米的胎薄质坚的陶器。上述淘洗工艺，在我国古老的制陶技术中，早已采用，而荣昌细陶继承了我国的这种传统工艺技术，使粗泥变成了细泥，成为有别于粗陶的"泥精"，可以达到 200 多目（目，物质粒度或是网孔大小的单位。10 目大约等于 2.00mm，200 目大约等于 0.080mm——编者注），使制陶的工艺技术和生产发生了质的飞跃。由于传统制泥法劳动强度大，产量小，仅适用于个体手工业使用，难以适应批量化的生产。

坯料制备，包括矿物石料和泥料。对矿物原料长石、石英的破碎，康熙年间普遍采用踩碓（石碓），光绪年间普遍改为槽碾。故历史上一直沿用脚踩手练，人工淘浆工艺。

1972 年以后，荣昌制陶业引入了机械设备制泥。即用打浆机将红泥矿喷水打成泥浆，使泥浆经过钢筛过滤，经除砂后，在沉淀池中沉淀浓缩。如制注浆料，则可自然脱水后加水玻璃稀释；可塑泥料经压滤脱水，真空炼泥后，即可用于塑形。而白泥处理时，为了避免在打浆机中带入铁质影响白度，需要在球磨机中细磨后，再经淘洗除砂和脱水处理。但现代工艺制备的泥料，因粗细颗粒被统一粉碎成泥，故可塑性稍差，不能像传统精湛的手工拉坯一样，制作出"薄如纸"的细陶。

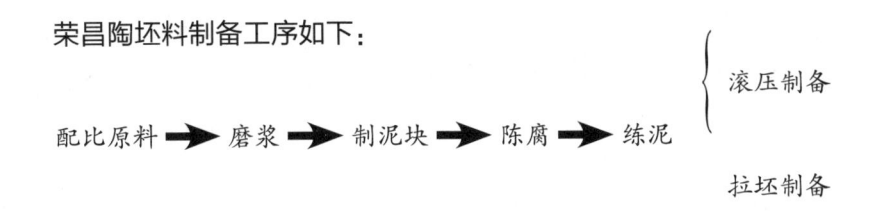

荣昌陶坯料制备工序如下：

配比原料 ➡ 磨浆 ➡ 制泥块 ➡ 陈腐 ➡ 练泥 ｛ 滚压制备
　　　　　　　　　　　　　　　　　　　　　拉坯制备

首先是配比原料： 用可塑成型法制作陶器，大多沿袭传统的制陶工艺，原料主要从当地采掘，泥土按挖掘的深度分为表层、中层和底层，并按照2:3:5或3:3:4的比例配置，釉料多为含铁量较高的红色矿物质。

二是磨浆： 泥料的磨制与注浆成型差不多。釉料采回后仍需磨制，研磨细度可从10目达到200目以上。安陶博物馆馆长刘守琪解释说："经西安科大检验，荣昌陶泥料细孔达240多目，比国内排名第二的高出100多目，可以说是中国最好的陶泥。"这里所指的目数越高表示颗粒越细、越好，这样的泥料柔性和硬度统一性好。

三是制泥块和陈腐： 这个工序在釉料磨浆时可以同时进行。采掘回来的陶土打碎后成20目细度的陶土粉，再兑水用搅泥机搅成泥块。泥块制好后需经4~5天的陈腐。

最后是练泥： 将陈腐好的泥料通过人工练泥或机械练泥，以做不同的塑形工艺之用。

荣昌高瓷陶器厂的袁心权厂长说，制作粗陶的泥料加工采用对滚机（原矿加工成碎泥）➡ 搅拌机（将发酵的泥料加工成型）➡ 送制坯车间工人使用。

金堂土釉的加工，用球磨机将釉料加工30小时使用，可达200多目的细度。

传统的人工练泥也有采用脚踩踏的方式,俗称"脚踏泥"。即将碾细的黏土直接浇上适当的水,用脚反复地踩,直到将泥和匀为止,再用于做成泥团。如此反复进行四次,做出的黏土便适合于做粗陶。

▲ 对滚机

▲ 搅拌机

▲ 球磨机

二、揉泥

揉泥就是在以上的基础上使可塑泥更加有利于成型,其目的就是为了排除可塑泥中的杂质和气孔。陶工在制作产品之前,必须经过揉泥这道工序,因为揉泥可以令黏土致密,不仅增加黏土的柔韧性和可塑性,降低收缩率,还会直接影响陶艺的烧成率与收缩率。

如果揉泥的方法不恰当，令泥团中有空隙、气泡，不仅收缩率增加，而且烧成时表面会鼓起气泡，甚至会炸裂。揉泥的过程主要是把不同干湿度的黏土揉匀，令黏土干湿适度，如果黏土太硬，在揉压的时候需要加水。反之则需要脱水。揉泥的意义就好像做面点之前要揉面一样。

三、成型工艺

传统制陶是手工的，手工是一种身体行为，手工技艺是人的情感和生命行为，因此手工处处直接体现着艺人的生命情感。这点，机器制作是没有的，在进入工业化时代，手工技能本身也成为了一种重要的文化遗产。现在荣昌陶器的成型工艺有注浆、机压、印坯、手拉坯、开片等成型方法，其中以手拉坯法、泥条法和雕塑法为传统手工技艺，兹介绍如下。

（一）轮制成型法（拉坯）

据陶瓷史记载，早在"周代以后，陶制成型就逐渐发展为轮制，至春秋时，几乎全为轮制成型了。轮制，由快轮拉坯成型，到用慢轮修坯，是一个大的突破。其方法是先将泥料置于陶车盘上，用手将轮盘向顺时针方向拨动，借用快轮转动的力量，用提拉的方法使之成型。其产品厚薄均匀，器形规范，内壁多有平行而密集的轮纹，器底往往有线割的偏心纹"。[1]

手工拉坯，由于泥料的可塑性强，陶工采用简单的"地辘轳"，设备简便灵活，得心应手，易于发挥陶工们的创作特性，创制新产品或小批量生产，适应性强。1976年，荣昌陶器厂的技师们将手摇脚蹬的地辘轳改为电动摩擦传动辘轳，并在一定范围内变速，既改善了劳动条件，又提高了工效。

"拉坯"又称"走泥"。工序可分揉泥、抱泥头、开坯、拉筒身、扩坯肚、修筒口、割底座七个部分。拉坯实际上就是利用拉坯机旋转的力量，配合双手的动作，将转盘上的泥团拉成各种形状的成型方法，也叫轮制法。主

---

[1] 陈丽琼：《四川古代陶瓷》，重庆出版社，1987年，第29页。

荣昌陶器

▲ 花瓶拉坯

▲ 茶壶拉坯

要是利用拉坯机快速旋转所产生的离心力，结合双手控制挤压泥团，掌握泥巴的特性和手与辘轳之间相互的动力规律，将泥团拉制成各种形状的空腔薄壁的圆体器形。拉坯的第一个环节在于抱泥头，泥头正不正就决定了能不能拉成坯。抱泥头指的是把揉过的泥摔在轮盘上，用双手把这块泥给抱正，所谓抱正就是泥和轮盘是同一个圆心。之后开始拉坯，重点是要找中心，双手均用水沾湿，并使泥巴与辘轳紧密贴合。当泥巴在辘轳上找好了中心后，便可使用左手（或右手）大拇指指腹，向下倾斜45°角往里扣，过程中一定要稳，速度要适当，根据你心中所想的器物线条，转换成手法使手上的这块泥能运用自如，随后便可出现器形的雏形。在开口时，一定要感受坯体部位的厚薄程度，以便通过双手的挤压，将泥巴由下往上拔高，上下均匀，厚薄一致；在拔高的过程中，用脚控制转速，速度缓慢可以提高拔高的成功率。

当利用辘轳转动的惯性拉坯时，辘轳转动的速度，手指的轻重，力道的把握，对最后陶器的成型极为重要，需要凝神聚气，眼准手稳，才能做到心手合一、一气呵成。不难看出，就成型工艺而言，无论是捏塑还是盘筑以至轮制，成型的过程都是将泥料向上延伸，由内向外翻转，构成塑造技艺的运动空间，成型时手指和手臂对泥料的捏、压、按、挤，促使坯体绞转多姿。而塑造运动的快、慢，沿弧线上旋或沿直线上提，按压或捏挤，使器物的形态或端庄圆浑，或挺拔秀丽，或节奏鲜明，或韵律柔美，显示出技艺之美与形态之美的融合。

很多陶器在成型粗坯之后，还要进一步修整，为的是让陶坯外形更加准

▲ 修坯

▲ 雕刻花

确、对称，器胎薄厚均匀。整形主要有切削、刮、擦抹等手法，过程中有的还会用到慢轮辅助。这些工序也会在器物表面留下或多或少的痕迹。仔细观察这些痕迹，就可以了解到陶工修整陶器的手法。也就是说，在坯体内壁上下修形，外部则可借助工具——刮片，使得泥坯外表更加光滑，侧面的弧线造型更加圆润，器形由小向大的方向修整。最后在坯体的底部以下用一细线把坯体割下，即成毛坯。手拉坯成型要求手工技术水平高，劳动强度也较大。这种方法适用于制作圆形、弧形等浑圆的造型，如盘、碗、洗、樽、壶、罐、瓶等产品的成型，尤其是传统茶壶、陶瓶，非手拉坯不能得其神韵。手拉坯产品一般手感较重，一些胎体较薄而分量较轻的陶器，由于是手工制作，即使是同样的产品，其高低、大小、轻重和形状也不可能完全相同。故在陶工眼里就有"七分拉，三分修"的说法。

毛坯干燥到一定程度时，再在转轮上进行旋削修整使其达到精坯的要求。修整毛坯这一过程称为旋坯，即用铁皮角质工具出光。过去有"三分拉七分旋"之说，说明旋坯在手拉坯成型中扮演着十分重要的角色。旋成的坯达到的标准是：造型准确，线条流畅，表面光洁，厚薄适中。有的坯旋好后，还要进行黏结饰件的操作，如壶类黏结嘴和把，瓶类黏结耳饰、粘贴花朵等。

包括转盘、切割、镂空、剔刻工具及修整工具匣钵等。事实上，那些最精美、最复杂的陶艺作品，在拉坯成型后，就是靠诸如一把雕刀那样简单的工具制作的。

（二）泥条法

也称"泥条盘筑法"，是人类最古老的陶瓷成型方法。早在新石器时代，人们就会用这种方法来制作各种陶器，应该说是陶瓷成型的技法之中最为方便、造型表现力最强的技法之一。它几乎可以制作出其他任何成型方法所能做出的作品，如圆形、方形、异形乃至雕塑等，通过泥条的错落排列、互相穿插垒积而产生微妙的变形和细小的皱裂。古人创造出在辘轳上拉坯以前，泥条盘筑法可以制作较大型的器物，比如大缸、罐子等，荣昌做粗陶的大缸就是用的泥条工艺，用于储藏和发酵白酒、食醋等。国外常常将泥条盘筑和手捏成型一并通称为"手筑"（Handbuilding），指不借助任何工具纯粹用手制作。现代陶艺家之所以喜欢用泥条盘制法制作陶艺，一方面是由于泥条可以自由地弯曲与变化，方便制作一些比较复杂的、不太规整的、较随意的陶塑；另一方面是他们更倾向于保留泥条在盘筑时留下来的手工痕迹，具有随意、古朴、粗放，富于变化的特点。

（三）雕塑法

主要运用雕刻、捏塑使坯料成型。古代的陶塑之类，除少数模制和一部分捏制之外，大多数是雕塑方法成型的。最早的手工捏塑是初级的、简单的雕塑形式，在原始雕塑中较多使用，如汉代的陶俑等，生动传神。这里所说的陶雕，吸取了雕塑艺术的常用技法，是比捏制要进步和完备的美术造型方法，它使用了雕塑工具，采用了塑、雕、刻、镂、贴等艺术手法相配合，主要用于制作人物、动物以及一些异形器物等，可称为独立的雕塑艺术陶，如清代的"梳毛货"等动物造型，写实细密，具有鲜明的民间雕塑特点。也有些在器皿的造型上兼用了雕塑的方法，如凤鸟壶、双龙罐等，使陶塑具有较强的表现力和艺术价值。

（四）开片法

利用陶板机或是以泥搭子敲打陶泥制成陶板，在陶板稍干时，将陶板组合成形。陶板可以是平面的，也可以是任何造型的。陶艺家利用各种形式的容器，或是利用石膏模型制作陶板。特点是简洁、明快、富于现代感。

（五）印坯法

首先做好各种石膏模型，再按各种器物体态，拌好适度泥料，在拌好的陶泥两侧夹上若干分板，用铁丝工具，依次取材，每取一方，撤去两侧各一夹板，循环取材。取好泥料，放置于印模上，盖上坯布，然后用布团均匀捶打，坯模分单一坯模、双合模、三合模等。用模型制作器物时，必须在合缝处，先将泥条刷水合拢，然后用布团将泥条按平，又依次作另一模具后，才取出前一坯形坯品，以便在一定时间内石膏模吸水后，再取出坯品为好。俟取出的坯品半干后，依次括、填、刷、配，达到光滑完整。宋应星在《天工开物》里描述为"先用黄泥塑成印模，模具或左右两半，或上下两截，抑或者是整体模型"[1]。据当地传承人介绍，传统制作的工艺中，如椭圆形、方形等异形器物都用模印法来制作，还有壶嘴、壶把和瓶耳等都是模印成型，即取适量坯泥置于阴模和阳模两块模型之间并用力压实，然后刮去旁边的余土即可。一般分为左右两半，印制后再黏结到一起，待其干至可脱模再修坯完成。如壶、瓶、杯的模印，各部分完成模印后，嘴、把、耳的黏结处需要一定弧度，便于和壶、瓶、杯坯体的弧度相吻合，在进行镶接时，要在黏结处刷水、拉毛并涂上泥浆使之更加牢固，然后用竹签把黏结处的合缝按捺平滑，修制成形。此法适于制作不规则的器坯，如人物、动物、茶盘等。

（六）注浆法

注浆成型是基于多孔石膏模具能够吸收水分的物理特性，将陶瓷粉料配成具有流动性的泥浆，然后注入多孔石膏模具内，水分在被模具（石膏）吸

---

[1] ［明］宋应星著，潘吉星译注：《天工开物》，上海古籍出版社，2008年，第200页。

入后便形成了具有一定厚度的均匀泥层,脱水干燥过程中同时形成具有一定强度的坯体。这种方法,是先用泥土制成各种坯形,接着用石膏翻成模型,再用硫黄熬溶,注入模型内,翻成整体母模,然后在此基础上,翻成所需模型,送交注浆工序。注浆工序根据模型制作坯体,再将坯体送交制坯工序处理,制坯工序将送来的坯体进行修坯涂浆,然后在器体有关部位走线纹、贴花、刻花等工作。注浆法大大提高了胎体的产量和质量,有利于陶器生产的发展。①

(七)红陶模具

红陶模具,陶艺工人称之为"母模",俗称"陶模子"。早在明、清时,陶坯上遂开始使用红陶模具的模件,至民国时,陶坯上的模件装饰,已达到很高的水平。红陶模具选用上好的红泥精,加上一定比例的铁矿石粉精制而成,成型后,色泽、比重、硬度才能达到母模要求,一件母模能用上几十上百个年头,当时的制陶业,能制作母模的工匠,工价为最高。从明代起,荣昌陶品上的精美图案多为红陶模具制成,大花瓶上的龙纹图案、怪兽图案、文字图案,小花瓶、杯、盘、笔筒、茶壶、酒壶上的人物、动物、植物图案,

▲ 红陶模具(张富涛收藏)

---

① 张英才:《荣昌的陶器》,载《荣昌县文史资料》第5辑,第291页。

再加上厂号、厂主名字的款识，以及上百种的儿童玩具模件，至民国时期，荣昌红陶模件种类已达近千件，选择一款用在相适应的手拉陶坯上，精美的陶器才算完成。陶模装饰件立体逼真、动感、流畅，色泽艳润，一直延续到20世纪50年代中期，陶模模件才被低成本的石膏模具所替代而退出了历史舞台。①

第五节　装饰之艺

有什么材料，就会形成与之相应的工艺形式。工艺装饰主要以寓意吉祥的图案为主，可分为刻花、剔花、贴花、耙花、堆花、画花、点花、雕填、镂空、绞泥等，尤以雕、刻、耙、堆等技法极具地方特色。根据器形特点，可巧妙运用二方连续、四方连续、单独纹样等各种表现形式，变化丰富，加之彩釉装饰，使每一种工艺手法都各具特色，风格明显。以下分别详述之。

一、图样题材

民间文化离不开团圆、祥和、平安和富裕这些概念，常使用与语言相关的谐音图像，并形成了自己独特的审美体系。荣昌陶的装饰纹样大多采用传统题材，最有代表性的是用寓意吉祥的花卉纹样和动物纹样装饰各种器物。用得较多的是缠枝卷草纹。纹样多取忍冬、荷花、兰花、牡丹等花草，经处理后呈"S"形波状曲线排列，构成二方连续图案，花草造型多曲卷圆润，统称卷草纹。因盛行于唐代故名唐草纹的纹样，造型多取牡丹的枝叶，采用曲卷多变的线条，花朵繁复华丽，层次丰富；叶片曲卷，富有弹性；叶脉旋转翻滚，富有动感。总体结构舒展流畅，饱满华丽，生机勃勃，婉转自如。

---

① 张富涛：《荣昌红陶模具》，未出版。

其装饰风格简练朴实，节奏感强，在波状组织中以单片花叶、双片花叶或三片花叶对称排列在主干两侧，形成连续流畅的带状花纹。牡丹花，被誉为花中之王，形容雍容大度，花开富贵，象征圆满祥和。连续的卷草纹，象征生生不息，人们对它寄予了茂盛、长久的吉祥寓意，一定程度上与它符合中国传统文化中的有无相生、长短相形的规律，表达了与自然和谐共生的关系有关。莲花也是荣昌陶常用的装饰纹样，莲花纹的出现与佛教在中国的传播有关。从古至今，莲花以其品质高洁、花形美丽，气质淡雅的高洁品格而受人喜爱。出淤泥而不染，象征纯洁，莲子有多子多福、吉祥如意的含义。梅花，古代又称"报春花"。中国人视梅为吉祥物，以为吉庆之象征。梅有"四德"之说："梅具四德，初生为元，开花如亨，结子为利，成熟为贞。"又说梅五瓣，象征五福，即快乐、幸福、长寿、顺利与和平。梅在冬春之交开花，耐寒开放，"独天下而春"，是传春报喜的象征。兰花，为"淡泊""高雅""美好""高洁""贤德"的象征，因为兰花品质高洁，又有"花中君子"之美，孔子曾云："芷兰生幽谷，不以无人而不芳，君子修道立德，不为穷困而改节。"动物纹样的应用也较多，主要有三种：一是具有象征意义的，如龙、凤、孔雀等。龙凤：在中国传统文化中占有重要地位，有尊贵、神圣、祥瑞的象征，所以有关龙凤的图案比较常见。孔雀：孔雀是善良、聪明、热爱自由与和平之鸟，是吉祥幸福的象征，还有优美和才华的寓意。二是家禽、家畜及其他家养动物，在重庆地区民间陶器上动物纹样多表现。如鱼、鸡、鸭、猫、狗、牛、羊等。这类动物人们比较熟悉，能够生动地抓住它们的特点来表现。如：荣昌陶多为鱼纹与水纹，这种纹样象征着年年有余、丰收和喜悦，受当地人喜爱。三是山野鸟兽，如梅花鹿、熊猫、松鼠、鹰、山雀、狮子、老虎等。这些动物形态或可爱，或威猛，也是常见的题材。抽象装饰纹样在重庆陶器装饰中也经常出现，大都作为配合主要图案的辅助装饰。具有代表性的为："弯形萝卜丝"，"狗牙巴"又叫犬齿纹，"荷叶瓣"又叫叶状纹，工字纹。另外还有回纹、折带纹、如意头、水波纹、漩涡纹等。这些纹样大部分是通过生活中的事物提炼、抽象而来。这些纹饰，体现了民间对美好生活的一种期盼。

　　此外，表现时代特征的人物纹样也比较多。还有以文字题材为装饰纹样的。如在文具上有篆体字，茶壶上用釉点写的文字，花瓶上少量有草书、篆体字装饰，有一个"十二泰"六方瓶上就有文字装饰，非常雅致。在现代生产的酒瓶上有较多文字装饰，表现了制陶艺人出众的匠心。这些都是民间美术中，最具文化内涵与审美趣味的艺术形式。

二、坯体的装饰方法

工艺的装饰之美，可以说是传统之美，只有深知传统，才能把握工艺的发展方向，只有见到传统中积淀的美，才能够激发创作的欲望，带来令人惊奇的作品。如果没有悠久的传统，就不会有令人惊叹的技术，而支撑安陶持续发展的，是器物上呈现出的诚实、健康、简朴之美，隐含着传统持续而深沉的力量。这些传统的装饰技法，在其他名陶的产品中也多有体现，如平定窑的黑釉刻花瓷、邯郸磁州窑的黑白剔刻花等，历史上的移民文化，加之解放后与专业院校的密切合作，使荣昌陶成为集大成者，广泛汲取各种技法，使独有的泥土材料呈现出特有的风貌。荣昌陶早期多用单纯刻画花装饰，后来发展为用化妆土刻花和剔花相结合的方法，再后来又发展为剪（刻）纸贴花和刻花；早期荣昌细陶采用"土子"（一种铁矿石）画花，后改用单色泥浆画花，再后才产生用不同色调泥浆画花的方法，不仅丰富了画花的表现力，也发展出了釉画法。就整体而言，施于不同器物的刻花、剔花、贴花、耙花、堆花、画花、点花、雕填、镂空、绞泥等各种装饰手法，巧妙地应用了二方连续、四方连续、单独纹样等各种表现形式，这些装饰方法是形成荣昌陶最具工艺特色的组成部分。

陶器的装饰皆因材料因工艺而异。主要有用化妆土、釉作表面装饰，也有使用剔刻花、点画花、耙花、剪纸贴花、雕填、镂雕等方式作装饰。所谓化妆土早在原始陶器上就有使用的实例，实质上是一种无玻璃水的泥浆，具有质地细腻、色泽均匀、遮盖力较强、耐火度高、表现力丰富等特性。化妆土装饰，就是使用化妆土来改变器物外观的一种装饰形式。运用化妆土，可以改变胚体表面的颜色和质地，掩盖因胎质粗糙而产生的缺陷，使釉色显得更加鲜艳，能够以有限的材料表现出丰富多彩的装饰效果。

（一）剔刻花

在荣昌陶刻花中，化妆土有红、白两种，都是本色泥浆，是在淘洗陶器坯料过程中，被分离出来颗粒极细的泥料，用水调和成的泥浆，测量浓度一般在45~50度，使用极富特色。一般刻花采用较多的是在陶坯表面浸上一层化妆土，厚薄均匀。这种色浆，在制陶工艺技术上称为"陶衣"，俗称"澄泥浆"。白泥和红泥，同质不同色。素烧不施铅釉，较多采用的是以红泥为坯体，化妆土以白泥为多。也可以将红、白泥浆调和成金黄色泥浆。作为化妆土可以一起烧，温度都一样。红坯用白色化妆土，反之白坯用红色化妆土。刻花后再在器物上涂一层铅釉（透明釉），可起到素烧的淡雅和釉色的光泽相互对比的艺术效果。

工艺有刻线和剔花两种。在荣昌陶的历史上，一向以铁线刻画花著称。传

▲ 陶工在陶钵上刻花

▲ 刘吉芬　微型剔刻花泡菜坛

荣昌陶器

▲ 卷草纹剔刻花罐 　　　　　▲ 素烧线刻泡菜坛 　　　　　▲ 剔刻泡菜坛

统的线刻，主要通过线条来表现。线条清晰简练，灵活运用粗与细、深与浅、疏与密的对比，突出主题纹样。具有中国画中线描或白描效果，风格古朴素雅。

剔刻花是在半干陶坯适当部位施一层化妆土，当坯体达到七八成干时进行刻花装饰，以刀代笔，按纹样造型，用刻刀剔洗去与纹样无关的化妆土，红底呈白色纹样，或白底呈红色纹样，使花纹凸起具有浮雕感，形式多为二方连续，线条流畅生动，坚柔并用。在刻花中要把坯体上剔的部分剃平整，线条流畅，无锯齿出现，图案较为写实，清楚明快。也可施以熔块透明的铅釉，再以1200℃左右的温度烧成。充分展示了陶瓷本身的材质美、装饰过程的技巧美、装饰形象的简洁美以及与造型相依的整体美，从而形成"拙朴厚重、拙中见巧"的艺术特色。故刻花又常与剔花同时使用，专业术语称"剔刻"。说明两者虽同属刻花工艺，但略有分别。剔刻可以说是荣昌陶最具代表性的装饰方法。

（二）土子（化妆土）点画花

沿袭磁州窑铁锈花装饰风格，结合本地原料特点而形成的一种技法。它的装饰特点是用毛笔在陶坯上画出图案的一种釉下装饰。在点画中，毛笔就像画中国画一样，用化妆土在陶器坯体上画出花纹，点花也需要有一定的绘

▲ 清代点花茶壶（安陶博物馆藏）　　　　　　　　▲ 点花黑釉茶罐（安陶博物馆藏）

画艺术功底，需要注意构图上的主次、虚实、疏密、聚散、开合、参差、纵横等形式美的运用，才能掌握好点花的技能。传统的点画花，是在白泥中加入"土子"（一种铁矿石）来画花，故名"铁绣花"。后改良为用白、红泥浆，或混合泥浆绘制在修光的坯体上，施透明釉烧成后，呈现为黄底黑花或赭底黄花。用的泥浆以白泥为牙白色，红泥为紫赭色，红白混合泥为金黄色，瓷泥浆为乳白色，不同色料的调配，可形成多种颜色。采用毛笔醮化妆土泥浆，使泥浆在笔上容易流动，绘制时，以较快的速度，胸有成竹，一气呵成。因此，画出来的画面有一种中国画的写意画效果，花草主要有兰、竹、菊、牡丹、月季、小点散花等，风景为大写意山水画，人物为大写意古典仕女等。点画工艺，讲究运笔简练，泥浆厚薄，会产生浓淡的变化，使其纹样生动活泼，丰富多彩，是荣昌细陶常用的装饰技法。

（三）剪纸贴花

荣昌细陶早期多用单纯的刻划花装饰，后来发展为刻花和剔花相结合的方法，再后来又发展为剪纸贴花的方法。所谓剪纸实为镂空刻纸。最早的方法是将油印纹样、图案与20~30张打字纸钉在一起，用刻刀在蜡版上镂空

▲ 剪纸贴花水壶　　　　　　　　　▲ 剪纸贴花钧釉盘（20世纪80年代）

即得。用时取一张贴在陶坯上，刷上化妆土或釉色，稍加雕刮或填以釉彩即成。因此，剪纸贴花，实则是在刻花基础上发展而成的。其操作方法是：将刻成的花纸贴在陶坯上，浸涂化妆土，然后撕去贴纸，显出纹样，再配以适当的刻画，即获得所需的图案花纹。贴花工艺，使产品装饰简便，图案统一，有印制效果，可大量生产，提高人工效率。

（四）钧釉贴花

是在剪纸贴花工艺基础上又进一步发展的一种钧釉贴花，用于罐类和茶壶装饰。首先，将剪纸贴在半干的陶坯上，再浸涂上化妆土（也叫底釉），待化妆土稍干后，撕去花纸，纹样显出，再在纹样上施以面釉，最后烧成有浅色金酱或蓝绿

▲ 蓝钧釉贴花壶（许世虎收藏）

等色的斑花。纹样边缘色晕柔和、新颖别致，另具一格。

（五）雕填

是用铁钎在车光的陶坯上刻出花纹，然后在纹样的刻痕中，填以不同于坯色的色泥，实则是在坯体上用雕刻或填充的方式表现出阴阳的浅浮雕图案。一般做雕填的陶坯要适当地厚一些，且需要手工拉坯，注浆的一般不适用。在陶坯上刻线条，通常用刀尖把线刻得略深，线条粗会显得图案清晰，刻完线条然后涂泥浆，红泥坯就用白泥来填，白泥坯就用红泥来填，把刻凹的部分涂平，适当晾干后，

▲ 清代雕填花坛（荣昌陶历史博物馆藏）

将其抹平，待干后再把面上多余的泥渣刮掉，图案就会显现出来。在陶坯上雕刻图案，需要一定的绘画和雕刻功底，以二方连续为主要构图方式，器型多以罐、缸、瓶、壶为主，雕填之后多为施釉装饰。

（六）堆花

是利用各种色泥在陶器坯体上堆贴出所要的图案，或山水风光，或花草树木，或飞禽走兽，无不刻画微妙，形神兼备。这种装饰立体感强，花纹图案更为突出。

堆、填是利用各种色泥在陶坯上堆、填出所需图案，而一般情况下，

堆、填花采用的色泥为泥的本色或在泥土中添加各种少量的釉色，所以堆、填花需要陶工有一定绘画和雕刻基本功，以人物、动物、花鸟为主要题材。在宋、明、清时期的高堆填或浅堆填的图案，画面主要出现的是龙凤；20世纪70年代末和80年代初，堆填图案十分丰富多样、饱满，多为吉祥喜庆的图案，如兽头、龙纹、凤纹、虎纹、鱼纹、花鸟纹等。

▲ 堆花凤凰罐（安陶博物馆藏）

（七）耙花

耙花亦称模印贴花。具体做法是用含水近于坯体的化妆土置于陶质模具中，用捶打压制成浮雕纹样，粘贴于坯体表面的装饰部位，干燥后施以各种

▲ 马高骧　耙花朱砂坛

▲ 杨剑夫　朱砂黑釉耙花罐（荣昌陶历史博物馆藏）

色釉，突出纹样即可，具有较强的立体感。如耙花孔雀纹朱砂坛中的孔雀纹，就是由模具印模而成耙花图案，是将花纹图案耙于陶坯上，然后施釉烧成的一种装饰技法。

左页下两图所示两件作品，其四面贴有单独图案，是具有荣昌朱砂釉、朱砂黑釉耙花特色的艺术精品，釉色光亮、纹饰突出、美观大方。

（八）釉画

是用色釉绘制图案的一种装饰方法。指在陶坯上，用多种色釉做颜料，用绘画技法绘制图样，运笔简练，讲究笔画生动，富有韵味，然后再上釉入窑烧制。荣昌陶中常采用钧釉、朱砂釉为彩绘色釉，常用于挂盘和较大的花瓶装饰，用色自由，色彩斑斓。

（九）绞泥

是安陶的一种特殊工艺，即将红泥和白泥混合随意揉捏在一起，然后通过旋转拉坯成型，在半干时，于表面再修坯。此工艺最早出现于清代，此后历代都有产品出现。主要产品是花瓶、茶具、罐类，产品花样不多。现代工艺在绞泥方面有了一些新的突破，有全绞、半绞、部分绞。而采用手拉坯、

▲ 绞泥镂空菜碟（民国）　　▲ 马高骧　绞泥作品《美丽的太空》

开片、泥条和开片、定点绞等工艺手法，由于泥坯比例和绞揉方式不同，纹理变化亦无穷，形成木纹、鸟羽纹、云纹、流水纹，有的如老树缠绕盘根错节，有的如层山叠嶂起伏不定，两种泥料混合自然形成的大理石般的肌理效果，具有偶然而神奇的独特面貌。

（十）雕刻

是将图案刻在陶器坯胎上形成凹凸图案。凹凸得有深有浅，形成浮雕图案，深浅由设计方案的构图需要来决定。刻穿了的就形成镂空雕刻，立体感更强，更具艺术价值。雕刻好后还要进行修补，使图案圆润清晰。根据构图需要点缀一些不同色釉起到画龙点睛的作用，使作品更完美。

▲ 双耳关公水壶（民国）　　　　▲ 梁启煜　民族舞蹈酒坛（20世纪60年代）

（十一）镂雕

亦称"透雕""镂空"。纹样穿透器壁的为"全镂""通花"，只刻去一浅层或刻到器壁一半的称"半镂"。两者结合使用可使作品层次丰富，是

▲ 镂空寿字纹签筒（清代）　　　　　　　　　　▲ 镂空刻花麻线篓（清代）

荣昌陶基本技法之一。这件清代的麻线篓具有代表性，它使用红泥做坯，白泥做化妆土，运用镂空装饰方法制作而成。

三、质地与釉色

荣昌陶分紫砂（素烧品）和釉陶（釉子货）两大类。釉子货主要是红泥和白泥的陶胎上，施一层或多层釉料装饰烧成，在中国"四大名陶"中，唯有荣昌陶才有上釉这道工序。梁启煜教授在《四川陶器工艺》一书的前言中说道："在多种多样的陶器制品中，釉色和土质相得益彰，构成千变万化、五光十色、绚丽夺目的艺术品。如釉色之主要原料铁、铜、锡、铅、锰、钴和玻璃碴等，可制成朱砂、黄、绿、蓝、黑、白釉等，其中以红丹和锡组成之朱砂釉和铜砂、黄丹、玻璃碴混合构成之西绿釉为当地特色。"[①]

清末至民国时期的传统色釉有：初级朱砂红釉、棕黄釉、绿釉、黑釉、钧釉等；到20世纪70年代末80年代初，釉色装饰有很大发展，品种有天然红釉、多种朱砂釉、多种钧釉、黄釉、西绿釉、铜釉、砂金釉、乌金釉等，鼎盛时达一百多种。根据色釉特点又分为生铅釉（朱砂釉）、琉璃釉（绿釉

---

① 沈福文编：《四川陶器工艺》，四川人民出版社，1958年，第1页。

▲ 罗天锡　松鼠钧釉茶壶（安陶博物馆藏）　　　　　　　　　▲ 黑砂红釉泡菜坛

等）、石灰质釉（红矿釉）三类。在这三类釉中，生铅釉使用最早，沿用时间最长，釉面光泽好，红绿对比鲜明，釉质透亮莹润，对荣昌细陶风格形成起了重要作用，多为民间日用品。

据文献记载，荣昌色釉起源的最初说法是：由肖赞秀引入红丹釉，不久引入西绿釉；唐幺师自外地学回引入朱砂釉，杨登云从彭县桂花场引入西绿釉；1930年陶工艺人创作白釉点等。民国二十三年（1934年）十二月《四川月报》五卷六期所载《荣昌烧酒房之陶业》一文记有："清末有省外来川陶业家戚某始制造色釉流传该地，于是乃有朱砂、西绿、黄丹、白玉釉各色出现。"由此可见，荣昌土陶色釉，是受外地影响，并结合本地泥料的特性，烧成特点，在琉璃釉的基础上，吸收其他窑口的瓷釉经验逐步形成的。[①] 其中最具代表性的是朱砂釉、钧釉、黑釉、西绿釉、砂金釉等。

朱砂釉： 是荣昌独具地方特色的红色釉，尤以樱桃红为名贵，常用于装饰花瓶、罐类产品。其色调与景德镇的祭红釉有所不同，它的红色乃是铁的氧化，有别于红瓷之铜的还原。朱砂釉十分讲究窑炉的温度和窑炉的气氛，有高、中、低温度区别，一般都在1100℃到1200℃。在红泥和白泥陶坯上施釉，

---

① 田学诗：《鸦屿岑秀土陶红》，载《荣昌文史资料选辑》第二辑（内部发行），1986年，第193页

▲ 梁先才　朱砂釉窑变花瓶　　　　　　　　　　　▲ 梁先才　朱砂黑釉坛

烧制过程中自然窑变为不一样的色彩，有的呈樱桃红，有的呈橘黄红，有的呈黄色。传统的配方是：红丹50%、黑锡粉35%、白汲15%，其显色原理是：$Pb_3O_4 \rightarrow 3PbO_4+O_2\uparrow$放出氧气，使釉从红泥坯中的铁呈高价的$Fe_2O_3$状态，并由锡之载色而显美丽的红色，同时生成锡的小结晶，均匀地分散在釉中，形成所谓的朱砂，因而得名。"朱红"为我国民族传统色，在历史上，红釉较为名贵，如古人称"具有五色，红若胭脂，朱砂为最"，这不仅因为色红喜人，还因为红釉难以烧成，具有独特的地方风格，所以红釉在国内享有很高的声誉，素来为人们所珍视。

钧釉： 钧釉始于宋代河南禹县的钧窑，以松林古木的窑变釉为特色。古钧窑一般采用花釉，早期仿钧有宜兴的宜钧，广东广钧，景德镇的炉钧。荣昌的仿钧是从1972年开始，比较晚，经过几年的努力，研制成功以廉价的铁为主要着色剂，不使用价高的氧化钴和各种色料，在有氧化焰的条件下烧制成具有荣昌系列风格的钧釉，其品种有蓝钧、紫钧、绿钧、黄钧、鳝黄、赭红、深棕、虎纹、茄紫、黑灰等系列钧釉。主要用于花瓶、茶壶、雕塑等产品，与全国仿钧釉完全不同。[①] 荣昌钧釉具有几方面特点：釉面光润，无棕眼和针孔；色泽明快，斑纹清晰；釉色非常丰富，品种较多，成本低廉，适合于工厂大批量生产。

黑釉：荣昌传统黑釉是以玻璃为基釉，土子（一种锰铁矿）为着色剂配制的黑棕色釉，其稳定性和光泽度欠佳。20世纪80年代，荣昌陶器厂改良后以熔块釉为基釉，钴、铁为着色剂，使黑釉乌黑光亮，效果更佳。在此基础上发展了电光黑釉、显流纹的流纹黑釉，用来装饰雕塑、花瓶之类的产品，泡菜坛也偶有使用，与暖色的朱砂釉撞色，效果独特。黑釉在光亮、黑度，以及稳定性方面，都大大超过了历史水平。

绿釉：是荣昌陶的传统釉，以乳浊釉为基釉，铜为着色剂配制而成。其色因基釉的成分不同而在绿色与蓝绿色之间变化。而以透明釉为基釉配制的绿釉称西绿釉。在红坯上显示泛绿光的褐色，在白坯上显示的是类似唐三彩的墨绿色。传统的西绿釉配方跟唐三彩一样，有的开片，釉色呈翠绿色或翡翠色，似玉石，色泽温润。当地人称"鹦哥绿"，常用于装饰罐类产品。

砂金釉：又名"金砂釉"，是一种特殊类型的氧化铁结晶釉。即将适量的氧化铁色料加入釉料内，高温烧成后期冷凝时析出许多微细氧化铁结晶粒，形成金砂状、极细微的金粒悬浮在釉玻璃体内，在光线照射时，能反射出类似沙金的熠熠光彩。砂金釉是荣昌陶研所在民国金砂釉的基础上研制成功的，故荣昌的砂金釉有自己的配方，烧制时温度控制在1250~1280℃，以形成细小的闪光晶体为特点，主要用于雕塑、陶瓶等产品的装饰，具有一定的代表性。

仿铜釉：仿铜釉在20世纪30—40年代就开始使用，宜用于装饰各类雕塑产品，曾小批量投产。到了20世纪80年代，荣昌陶器厂在研制新釉的过程中，对这一配方进行了创新，进而不断试验，改进配方，终于研制出具有独特艺术效果的仿铜釉。如罗天锡的仿铜釉《飞马》，上部分采用仿铜釉，带有历史的厚重感；下部分以黑釉为主，兼具仿铜色调，色彩和谐而统一。

[①] 重庆市荣昌区文化委员会、荣昌陶文化创意产业园管委会编著：《荣昌陶器》，重庆出版社，2015年，第59页。

▲ 罗天锡　仿铜釉《飞马》　　　　　　　　　　　　▲ 刘大华　仿铜釉　宽肩双耳梅瓶

铜釉一般采取浸釉或笔涂施釉，釉层厚薄对成色效果有一定影响：釉层偏薄，虽然具有仿铜效果，但结晶密集细小，光泽较差；釉层过厚，晶体稀少，仿铜效果差。在烧成方面，若温度低，则晶体密集，釉面粗糙。若温度高，则晶体稀少。

透明釉：传统的透明釉是一种生铅釉，以红丹、柴灰、白泥配制而成，配方简单，光泽好，但含铅量高，毒性大成本高，20世纪60年代研制出低铅的硼铅熔块釉，取代了红丹釉。至80年代又研制了一种无铅釉，提高了质量，降低了成本，主要用于花瓶、罐类产品的刻花、点花装饰。

此外，安陶厂1950—2002年陶品釉名还有：熔块釉、灰釉、紫钧釉、无光釉、蓝釉、龟黄釉、孔雀蓝釉、瓦黄釉、红紫砂釉、西绿釉、潮泥釉、裂纹釉、马磷釉、锡白釉、乳白釉、玫瑰红釉、棕釉、宝石蓝釉、出口陶绿釉等等。各种釉色，丰富多彩，对比鲜明，釉理自然，还可通过两种或两种以上釉色的结合，产生效果各异的撞色。如朱砂绿釉、朱砂黑釉、蓝黑釉、仿铜黑釉等。

荣昌陶器

▲ 西绿釉凤冠扁壶（民国） 　　　　　　　▲ 马高骧　双色釉瓶

▲ 窑变釉花瓶（安陶博物馆藏） 　　　　　▲ 马高骧　砂金釉瓶

施釉，也就是通常所说的"上釉"，是根据各种产品的类型，上所需的釉色。其主要作用是防止渗漏和装饰陶器，荣昌陶的传统施釉工艺主要有：

浸釉： 又称蘸釉，是传统施釉的工艺方法之一。一般中小型的陶品直接用手拿在装釉的缸中反复滚动，利用陶坯的吸水性使釉浆附着于坯上。待釉均匀于陶品上再拿出晾干，釉层厚度由坯的吸水性、釉浆浓度、浸渍时间来控制。

刷釉： 用软毛刷或棕刷蘸上釉浆刷于陶坯表面。大、中、小的陶坯均可采用，刷釉后阴干，干后便成半成品。

吹釉： 亦是荣昌陶传统的施釉法。蓝浦在《景德镇陶录》里也有记载："今圆器之小者，仍于缸内蘸釉，其圆琢大件，俱用吹釉法，以竹筒蒙细纱吹之，俱视器之大小与釉之厚薄，其吹之遍数，有三四遍至十七遍者。"①即用竹筒蒙上细纱，蘸釉后用口吹于器上，视陶坯大小可重复操作3~17遍，此外，还有浇釉、点花、画花、喷釉等方法。陶窑炉温约900~1200℃，烧成温度常为1100~1180℃。因此，荣昌陶器具有陶和瓷的双重性。烧制时，随温度变化，烧制方式不同，会产生"窑变"，釉色又有了偶然的、意想不到的万千变化。

窑变釉花瓶，包括了荣昌陶独特的朱砂釉和西绿釉，经过烧制两种不同釉色自然融入一体并产生窑变效果，釉面光亮多变化，含蓄而生动，别具特色。

此外，还有镂空、黑釉描金、雕塑、喷釉和素烧等工艺装饰手法。

---

① [清]蓝浦、郑廷桂著：《景德镇陶录校注》，江西人民出版社，1996年，第17页。

荣昌陶传统经典色釉的配方表

釉名	产地	呈色特征	配方（%）	烧成气氛	烧成温度（℃）	工艺要点
朱砂釉	荣昌	朱砂釉透明度强，流动性稍大，施于红泥坯体，烧后呈樱红色；施于白泥坯体，烧后呈浅灰色	红丹 44.2 氧化锌 1.8 黑锡粉 31 硅石 8 方解石 1.8 白泥 13.3	氧化	1140～1170	黑锡粉：用废合金锡，在铁锅中加热融化，在冷却中捣碎，其外观呈灰黑色无粒粉末。
黑釉	荣昌	系呈色较深的透明釉，施于红泥坯体，烧后呈蓝黑色；施于白泥坯体，烧后呈墨绿色	红丹 20 熔块 38 氧化钴 2 玻璃碴 20 红泥 20	氧化	1110～1170	熔块配方： 长石 27.7% 硅石 13% 红丹 18% 方解石 5.6% 硼砂 4.7% 熔块烧成后，研磨时外加： 白泥 13%
西绿釉	荣昌	系绿色透明釉，施于红泥坯体，烧后泛绿光褐色；施于白泥坯体，烧后呈墨绿色	红丹 20 熔块 17 氧化铜 5 萤石 3 1#白釉 35 白泥 20	氧化	1150～1200	1#白釉配方： 熔块 4% 黄锡粉 5.8% 硅石 32.8% 方解石 8.2%、 白泥 5.2%、
绿釉	荣昌	系乳浊状色釉，施于白泥坯体呈绿色	熔块 10 氧化锌 2 氧化铜 4 萤石 13 1#白釉 35 白泥 5	氧化	1150～1200	
黄釉	荣昌	金黄色透明釉，施于红泥坯体呈深褐色；施于白泥坯体呈黄褐色	红丹 10 熔块 47 方解石 4 长石 13 铁粉 9 红泥 9	氧化	1100～1200	黄锡粉：用废合金锡，加热至暗红色状态，使之氧化成黄色或黄绿色状物，在冷却中捣研粉末。

荣昌细陶的传统色釉，通常在柴窑中烧制完成，烧成的产品特色鲜明。1958年全国柴窑改革之后，荣昌陶器厂也开始烧煤。煤烧不同于柴烧，其窑变气氛变差，釉色不够稳定。据司徒铸在《荣昌细陶艺术釉》一文中回忆，"60年代后期开始，陶厂着手对传统色釉进行了脱胎换骨的改造，所有的配方完全是重新配制了一遍。现在使用的传统釉之所以比较稳定，能烧制出良好的产品，得益于研发人员的不懈努力。包括新的钧釉、红釉、砂金釉、条纹釉、翠红釉等，都是后来研制出来的，这些研究成果，将荣昌陶的艺术釉提高到一个新的水平，构成了不同于其他名陶的装饰特色"[1]。

第六节　入窑烧成

"入窑烈烧"是制陶生产中最后一道工序，也是整个工艺中的关键。传统烧窑的工序包括：装窑、祭窑、点窑、熏窑、烧窑、观窑及出窑。

荣昌陶传统的烧制方法需要在陶器烧制时将其装在一个匣钵里，一是为了使陶器逐渐而均匀地受热；二是为了让陶器和染料隔离，以免烧制过程中的灰尘污染器物。这个过程称为"装匣"，当地人称为"装坛"。

烧成前将陶生坯装入窑炉内的操作称为装窑。装窑工序与窑炉形式和产品形状尺寸直接相关。即将陶器装入窑内，摆放要均匀，高低搭配得当，保证升温均衡。然后将陶品固定好，再封好仓两边，方便加煤，此口称为"添龙眼"。装窑品的叫仓，也叫窑仓。

在安富，按当地传统，在烧制每一批陶器之前，窑主与陶工都要举行比较复杂的祭祖仪式。因为烧窑凭经验，也要靠些运气，成败全在开窑验货的那一瞬间，求行业神保佑也就成了当地传承的一种民俗文化。新

---

[1] 重庆市荣昌区文化委员会、荣昌陶文化创意产业园管委会编著：《荣昌陶器》，重庆出版社，2015年，第60页。

中国成立后，逐渐简化了这种仪式。一般用祭窑王烛点燃窑门前的木柴，木柴上的火燃旺后加上煤块。点火燃烧后，火不能大。烧窑师傅凭借精湛的烧制技术，通过24小时到几天几夜的烧制使密室温度上升，陶坯在窑室温度1100~1180℃时，通体红亮的坯体会吸收松柴和煤的有机成分，使釉色发生自然变化，也叫"窑变"。相对而言，荣昌陶在煤烧之前，主要是用青冈树和松树为煅火料，油脂含量重，陶器在烧制过程中，青冈炭的油气在窑炉里慢慢地挥发，氧化物高使得陶器天然着色，色釉会产生意想不到的变化，这种自然天成，更能体现出"土"与"火"的特殊魅力。为观察窑内陶器烧制的好坏，烧窑工人要用竹片从看火眼伸入窑内中央，竹片迅速燃烧，借燃烧之火光观察窑内陶器的釉色是否普遍熔化为亮色。待所有的窑仓都烧完后，冷却两天，再打开窑门，将烧成品搬出窑仓。烧窑是陶器生产中的最后一道工序，也是整个工艺中的关键之一。

传统的烧窑过程中，要经过水分蒸发、杂质氧化分解、高温烧成三个阶段。烧成温度一般在1100~1200℃之间，因泥料成分不同，比其他有些地方的陶器烧成温度要高。"装烧工艺一般分为三种：一种为叠装覆烧，有的用匣钵，有的不用匣钵，器的内底存有不上釉的涩圈，外底圈足也不上釉，装坯时将碗沿向下，内底涩圈扣于支托圈上；第二种是将碗涩圈落于器足底圈上，或用一匣一器装烧，凡茶盏等精品皆用此法；第三种是大件套小件装烧，并以三叉形支垫为垫具。"[①]

窑炉的烧成制度包括窑的升温速率、烧成温度、保温时间、窑内气氛、压力分布、传热速率、物料运动速度及停留时间、冷却速率等。烧成制度的波动，将直接影响到产品的产量和质量。如今，随着科学技术的发展，采用电窑烧陶可以按照选定的烧成制度，通过仪表和计算机自动控制，以达到稳定生产和提高陶品质量要求的目的。

总之，只有泥土、工艺、烧成都达到上乘，产品才会达到理想的效果。尤其是针对企业生产的陶制品，荣昌陶器厂还制定了企业的技术标准。负

---

① 陈丽琼著：《四川古代陶瓷》，重庆出版社，1987年，第60页。

责编写的是时任质管科长、技术副厂长的司徒铸。该标准获四川省标准局优秀企业标准科研成果三等奖。同年，参加轻工部召开的"全国陶瓷标准审定工作会"，会上将"荣昌细陶"列为专用标准，纳入轻工部标准分类目录。（见附录）

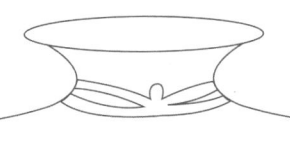

第五章

作为"器物"的造型特征

第五章 | 作为"器物"的造型特征

第一节　形乃谓之器

　　陶器是具有一定形态的物品。《说文解字》中云:"器,皿也。"《易·系辞》中云:"形乃谓之器。""器物"如果从类型上来讲,一方面可以理解为可以拿来使用的、有功能性的东西;另一方面功能性的器物也可以是存在于某一个空间里面的陈设品。空间中的陈设品也是一种宽泛意义的器物。一个器物,如你在使用"茶壶"的时候,它是处在一个被"用"的状态下,这个"用"是一个具有功能性前提的,但换个角度,你没有使用它,摆在一个空间里,它又是一件具有审美功能的陈设品,所谓器物就是一个形态的东西,就是造型艺术。不管它是一个杯,一个碗,一个花瓶,或是一个具象或抽象的陶雕,它都可以称之为器物。越是接近我们就越发显出亲切之美,日复一日的共同生活,产生了不能分离的感情。识器者,喝茶时利用嘴唇的接触,来体会这样的温情。品位、情趣、滋润、雅致、温馨以及亲和都是人们反复用来赞美器物之美的语言。因此"器物"涵盖了我们生活的方方面面,既可以是功能性的"实用"之物,也可以是装饰性的,在空间中供陈设观赏之用。

　　荣昌陶作为"器物"的造型丰富多彩,工艺精美,近千年的历史洗礼赋予了它深厚的文化底蕴,其物化形态中凝聚着鲜活的"亲密性",是实实在在的"民用陶",产品所具有的材质,以及粗犷、朴实的审美风格,具有显著的民间工艺之特点,体现了民间制陶人的智慧和创造力,在漫长的历史进程中，给历代民众的社会生活带来了便利与愉悦。作为最贴近民间生活的荣昌陶，自明清以来发展成为我国最具代表性的陶器类型，也是我国民窑陶器中宝贵的文化遗产。

从造型上看，因为黏土有很强的可塑性和稳固性，容易造型，这就使陶艺的造型具有相当大的自由度和结构性。荣昌陶成型工艺多样，以手拉坯成型为主，传统采用手摇脚蹬的地辘。器物形式的设计，特别注重比例法则。如大型的碗通高和底径比为1∶1左右，盏的口径与底径比多为3∶1左右，瓶的比例除梅瓶之外，口径与底径比为1∶1左右。器物主体的重心部位上下移动，形成有弹性的曲线。瓶的形式，无论是侈口、细颈、鼓腹、圈足瓶、敞口深腹圈足瓶、敛口丰肩喇叭足瓶、直口丰肩瓶、小口丰肩瘦足梅瓶，均使器体盛物的最大径置于上腹部位，到足部即收小，使其与主体形成强烈对比，构成一种饱满而不臃肿，挺秀而又雍容大方的体态，是造型艺术中使用功能与审美观念高度统一的范例。如泡菜坛的造型就极为讲究，强调"柳、直、卵、胀"的风格特点，要求陶器的造型灵巧、端庄、饱满而富有生命力。所谓"柳"，是指器形要像柳条般轻盈好看，如弱柳扶风，却又风折不断，雨打尤韧，且富于弹性，这就要求掌握好"曲"与"直"的配合，当挺则挺，具有挺拔灵秀的感觉；所谓"卵"，即蛋形，指陶器造型要像蛋一样圆润饱满，一气呵成，这就需要掌握好"胀"，即鼓胀或腹部曲线的变化。为此，匠师们非常重视陶器的口部和底部，在保持稳定的情况下，尽可能缩小底足，使之接近口部的尺寸，从而显得形体丰满却挺拔灵秀，其造型和装饰非常单纯，曲线变化和器体各部分直径比例配合得恰当而协调，构成了简朴而耐看的地方特色，这与北方陶粗、大、厚、重的风格迥然不同。这种朴素的美，可以看出民间不尚浮华的美学原则。各种日用坛罐是荣昌细陶产品的主要门类，在造型上有一个共同的特点：器形饱满。口径与底径大小相近，底脚较小，体态匀称自然，巧雅秀气，无不体现出这四个字的风格特点，在贯彻这四字操作法时又总结出"造型美和丑，看看底和口"的口诀，即是说制作坛形器物的重要部位是底和口的大小，会直接影响腹部曲线的变化，底大失其灵巧，底小又欠稳定；口与底必须比例适当才符合器形整体的要求，收到美观大方的效果。

第二节 器以用为功

陶器的功能效用不是指狭义的"实用"，而是指广义的"功用"。器物有多种功用，有用于陈设欣赏的，有实用与欣赏兼而言之的，也有主要为了使用的，重要的是每件器物造型，都应该具有明确的目的性和结构形式的合理性。功能合理的器物，为人们生活提供方便的同时，很自然地会引起心理的愉悦，这种器物造型蕴含着一种理性的形式美感，是构成陶器整体特点的主要因素。在荣昌土生土长的安富人张富涛，在概括安富陶器的品类时，用了"五壶四海"一说。"五壶"指的是：酒壶、油壶、大烟壶、茶壶、尿壶。"四海"则指可盛水的几种陶器：瓶、筒、笔洗、陶砚（墨盘）。"五壶四海"当然不能概尽安富陶业古往今来生产的陶品，但可以采用归类的方法，将荣昌陶器分为以下几个大类，体现出荣昌陶制器尚用的造型特点。

（一）坛类陶器

从几何结构的科学性来看，圆形是以最小面积获取最大容量的空间形态。几何学的法则证明，作为圆球形，它的外表面积相对于它所取得的空间容积来讲，是最节省的。如泡菜坛的造型，就是利用圆形创造最大有效容量的范例。坛，是荣昌陶器中造型体量较大的器物，多数配有外包盖，部分配有盖顶，底部直径与口部尺寸基本相同。坛之主造型是"卵"形的变化，皆无系把，造型曲线产生一种自然流动的美，器体比较安定、稳健。品种有百余种，如泡菜坛、宝珠坛、高足酒坛、狮舞坛等为代表性产品，在20世纪70—80年代连续三届获国家轻工部颁发的优质产品称号。

在日用坛类陶器中，荣昌的泡菜坛甚有名气。出自《汉书·郦食其传》的"民以食为天"，是说饮食的重要。"人之饮食，既有获得生存物质的功能，也有着对味的享受的作用。"[1] 古代先民在巴蜀地区特定的自然环境下，在生活实践中"创造出容器泡渍新鲜蔬菜进行储藏的工艺"[2] 方法，名曰：四川泡菜。是川菜中最不可或缺的调料之一，在民间就有"川菜之骨"的说法。而泡菜的容器泡菜坛，这一设计也可谓一大发明。新石器时代的"敛口罐"及秦、汉时的"双唇罐"，被认为可能是泡菜坛最早的雏形。但在川渝地区，泡菜坛的设计和生产尤以荣昌最负盛名。早期的荣昌刻花泡菜坛，是在粗陶泡菜坛的基础上发展而来的，后又演化出一种比较粗放的红泥细陶菜坛，俗称"中菜坛"。其规格比一般粗陶泡菜坛小，其造型直接承袭粗陶泡菜坛而略有改进，适宜用辘轳法手工拉坯成型。

出于实用性的要求，泡菜坛的造型比较特殊，整体由盖、身、沿三部分组成。其口颈下方有一圈凹形水槽，用作盛水以封闭坛口的"坛盒"（或称"坛沿"或"龙口"），坛盖由外盖和内盖组成，结构十分严谨，坛身为卵形，饱满圆润，匀称自然，雍容大方，为一次性拉坯成型，体现了荣昌陶高超的拉坯技术，常用刻花、贴花和色釉等多种手法装饰坛身和坛盖，既实用又美观。

"中菜坛"的装饰方法和当地其他细陶产品相同，即在器物的适于装饰部位涂以白泥化妆土，用竹签或铁签在坛肚上刻画出一种二方连续的"卷草"纹样。这类纹样，刻画流畅、洒脱、奔放。同时还较多采用局部施釉的办法，在化妆土装饰部位用毛笔涂一圈黄丹釉（施半釉），使产品在色调上增加对比和变化，富有民间陶器的特色。随着生产的发展，成本低廉的熔块釉（透明釉）取代了黄丹釉，这种"施半釉"的传统工艺也随之废止。

20世纪50年代中期，在西南美专（四川美院的前身）师生和艺人的共同努力下，荣昌泡菜坛的艺术装饰在保持地方特色的基础上有了新的发展。代表性的产品如"卷草纹菜坛""荷花纹菜坛""工字纹菜坛"等，后期相

---

[1] 聂凤乔：《老凤谈吃》，广西师范大学出版社，2007年，第54页。
[2] 陈功、夏有书等：《从中国泡菜看四川泡菜及泡菜坛》，《中国酿造》2010年第8期，第5—8页。

沿成习。经过长期的实践和总结，荣昌刻花泡菜坛的装饰遂形成了自己的一套经典范式：在坛身腹部最丰满处装饰主体纹样；盖子上部和坛沿下方配以简单的犬齿纹或叶状纹；盖的平顶上和坛身下部的适当部位饰以线纹。纹样的装饰适应器形，常用刻花、贴花和色釉等多种手法装饰坛身和坛盖，美观大方，主题突出，层次分明、色彩和谐。20世纪60年代初期，泡菜坛被选作出口豆瓣酱的包装罐，其规格要求小型化。虽然坛子的功能发生了改变，但因其造型别致，风格独特，故引人喜爱。既可作为日用品，亦可作为案头陈设以供欣赏。为了适应日益发展的国内外消费者的需要，除传统造型的泡菜坛外，后期还试制了各种类型的菜坛，如高型菜坛可少占位置，扁肚菜坛便于夹取皿内之物，直型菜坛适于采用剪纸贴花装饰等，以满足消费者多种多样的欣赏喜爱和不同的使用要求。

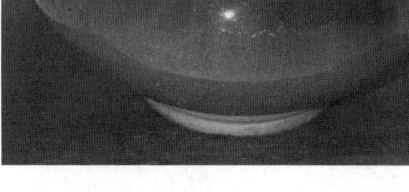

▲ 红黑釉扁肚泡菜坛　　　　　　　　　　▲ 肖文桓　卷草剔刻花泡菜坛

除采用传统的化妆土刻花装饰外，又以化妆土画花装饰逐渐发展为泡菜坛的主要装饰方法之一。"此外各种色釉泡菜坛，如：'朱砂黑釉双色菜坛''黑釉洒红扁肚菜坛''钧釉弦纹扁肚菜坛'，并利用不同颜色的色泥，制成白泥菜坛或混合泥（也称绞泥）菜坛等，配合以各种装饰，使泡菜坛的

荣昌陶器

装饰、工艺和形式随着时代的步伐，荣昌细陶泡菜坛的装饰也在不断地发展。"①从陶质和结构上讲，泡菜坛的造型设计科学合理，在上坛口下配一圈盛水的坛沿，坛盖倒扣插入水中，一方面使坛

▲ 剔刻荷花纹泡菜坛（肖文桓工作室藏）

内储存物与外界的空气隔绝；另一方面发酵产生的气泡也可以通过水槽排出去，使之能较长时间储放泡菜而不变味，具有保质保鲜之特殊功效，实为设计之一大特色。

　　1964年6月，荣昌陶器厂受四川省轻工厅委托，由杨学礼用红泥手拉坯成型，肖德森以化妆土剔刻荷花纹装饰，为邓小平同志制作的泡菜坛。其质朴而典雅的造型和刻花装饰，反映了荣昌制陶艺人高超的手工技艺。复制品收藏于肖文桓工作室。

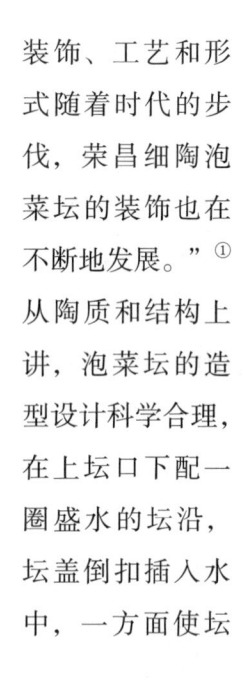

▲ 梁启煜　鹿鹤同春高脚酒坛

① 朱红林、杨剑夫：《试谈荣昌细陶制品造型与装饰的发展》，《中国陶瓷》1979年第4期，第10—12页。

常见到的高足酒坛为荣昌经典传统造型，造型皆为矮颈高足式，高足下部往往镂空装饰，规格多种，容量从 500 毫升到 1000 毫升不等。如梁启煜先生设计的"鹿鹤同春高足酒坛"，既是富于地方特色的一种矮颈高足酒器，又是综合运用传统耙花、刻花技法装饰的经典产品。酒坛曾是中国古代的宴饮器具，被用于婚庆祭典等重要场合，故其造型十分考究，装饰纹样精致生动，主体纹饰多为鹿鹤纹、牡丹纹等寓意吉祥美好的纹饰，辅助纹饰则为

▲ 肖文桓　缠枝牡丹高足酒坛

回纹、犬齿纹、卷草纹等，装饰手法多综合运用刻花、浮雕贴花、镂空等，造型挺秀，装饰高雅，作品既具有浓郁的民族民间风格，又具有端庄典雅的美学气质。

"狮子饼干坛"，是极具荣昌陶特点的产品。采用民间常见的"狮子滚

▲ 罗明遥设计　狮子耙花饼干坛

绣球"图案，用的是荣昌陶盛传了一百多年的浮雕耙花法进行装饰，并在马锣式盖顶上配一个装饰性圆雕小狮子，修胎精细，釉面光润，狮纹清晰生动，显得古雅朴实，庄重大方。"狮舞坛"是受"狮子饼干坛"的启发而设计的。采用群众喜闻乐见的"舞狮"为装饰题材，造型也由盖、身两部分组成，一般高26厘米，腹径22厘米，口径11厘米，口沿高约1.2厘米，方便存储和取用物品。有采用耙花进行装饰的，也有采用剪纸贴花与刻花相结合进行装饰的，坛身饱满圆润，装饰朴实大方，盖顶配以一个刻花"绣球"，和"狮子饼干坛"有异曲同工的效果，具有鲜明的民族民间特色。

宝珠坛造型简练流畅，形体丰满优美，为荣昌陶的经典产品之一。宝珠坛由盖、身两部分组成，平盖上配有珠状盖纽，故名宝珠坛。宝珠坛分高矮两种，高宝珠坛一般高34厘米，腹径23厘米左右，矮宝珠坛一般高30厘米，腹径23厘米左右。多以樱桃红的荣昌朱砂红釉装饰宝珠坛，端庄典雅，优美雍容。

另如，"高颈荷花坛""矮颈荷花坛""高颈牡丹坛""耙花松鼠葡萄坛"等都是从同类传统造型中演变而来。

（二）罐类陶器

罐类一般容量较小，包括生活用品中的油罐、盐罐、糖罐、酒罐、茶叶罐等，多为中小件，比坛尺寸要小，高度低一些，腹径小一些。罐也由盖与身组成。盖多为平盖和落颈盖（内凹盖），为增加密封性，有的还配有内盖。罐造型变化多端，品种繁多。其中酒罐、油罐敞口、小颈、大肚，口部为碗形，其造型甚至可以追溯至宋代。明清以前大部分罐都有系有把，方便拴绳子提挂，实用性都很强。近现代荣昌罐类造型变化趋势是由"卵"形趋向"柳"形，并且在实用的基础上，更加注重对传统题材的挖掘和创新装饰手法的运用，创作出很多优秀的作品。

长期作为包装出口的"刻花高脚牡丹罐"，直接沿用了"高足酒坛"的造型，并吸取了传统产品的优点，在底脚部位装饰以镂空纹样，民间风味很

▲ 罗明遥设计　红釉方形耙花罐（安陶博物馆藏）　　　　　▲ 肖文桓　荷花茶罐

浓。很受市场欢迎的"点花牡丹纹罐"（容量分为半公斤和一公斤两种规格），融合了当地传统坛罐造型和民族形式的"鱼尾瓶"的特点，显得体态优美，雍容大方。"鸡鱼羊纹罐""熊猫罐""腰鼓罐"等在运用传统造型和装饰方法的基础上，兼取了北方民间陶器的朴素风格，但仍保持了浓厚的地方特色。其同类型的大规格产品"两公斤罐"曾用刷花、刻花相结合的方法装饰各种现代戏曲人物，也别具一格。20世纪70年代初，还开创了"高矮套罐"的配套设计。如"高矮牧牛罐""高矮鹿纹罐""高矮钧釉罐""黑釉洒红高矮罐"等，打破了常规的"配对"习惯，而采用一个高罐和一个矮罐相搭配，在使用上便于识别所装不同东西。这些高矮罐的造型运用了不同的处理手法，赋予它们不同的个性，如有的庄重浑厚，有的俊俏挺秀，有的丰腴圆润，有的大胆吸取了工业器皿的造型特点，富有鲜明的时代感。

"三花罐"分三面开光。用刻花和点花两种方法结合起来进行装饰，边框和角花用刻花，即先用剔花法刻制出纹样，开光内用化妆土画花法分别点画出三种不同的花卉。这种把刻花和画花结合起来的方法以前也曾有人用过，"三花罐"将这个方法加以发展和提高，表现了比较完美的艺术效果。

其他特色产品还有梨花罐、洒红罐、辣椒罐等。梨花罐鼓腹矮身，为传统的"卵"形造型，饱满圆润，灵秀可爱，优美实用。其盖、颈、腹三处皆饰有精美的二方连续刻花纹样，如梨花纹、卷草纹、鱼纹等。洒红罐多为平盖，腹径小，罐身高，为典型的"柳"形造型，采用黑釉洒红法装饰，具有较高的观赏性。辣椒罐造型灵感来源为自然的灯笼椒、牛角辣椒的造型，融合荣昌陶的造型特点，由盖与身两部分组成，用作厨房调料罐。一般装饰以"鹦哥绿釉"和朱砂釉或蓝釉，釉色变化过渡自然，是实用与美观完美结合的范例。钟德江先生设计的"红绿釉辣椒罐"经过反复提炼，形成明快简练、直中有曲、圆中见方的造型，形态饱满圆润，同时又清秀挺拔。采用高、矮变化配套，考虑到一物多用，去掉罐口"子檐"，不用盖时，亦可作花插、笔筒之用。在盖纽的处理上，既突出辣椒"把"的形态，又使其使用方便，美观大方，故设计成三角形的扁方盖纽。由于"鹦哥绿釉"在烧制过程中流动性较大，易粘脚，故在罐身下部分施以朱砂釉，经高温熔融窑变，两色釉间产生出十分艳丽的过渡色阶，层次分明，对比协调，

▲ 钟德江　红绿釉辣椒罐　　　　　　　　▲ 钟德江　鹦哥绿釉辣椒罐系列

给人以晶莹丰润、青翠如玉之感。这件作品既不失传统，又合乎现代审美观念，实为一件高水平的荣昌陶设计作品。

（三）瓶类陶器

荣昌传统瓶类多为陈设器，成型主要有手拉坯和开片围合两种方式。瓶的造型格外注重肩颈的结合与变化，线条流畅且富于变化。代表性造型有蒜头瓶、长颈瓶、宽肩瓶、孔雀瓶、礼花瓶、虞美瓶等。瓶类造型规格较多，高度从10厘米到150厘米的都有，常用尺寸为20厘米至60厘米。

▲ 罗明遥　孔雀刻花瓶（安陶博物馆藏）　　　　　　▲ 镂空凤瓶（安陶博物馆藏）

由四川美术学院罗明遥教授设计的孔雀刻花瓶，体量较大，采用独特的开光刻花装饰法，中心部位装饰以孔雀纹，肩颈及边角都装饰以繁复的卷草纹，刻花技艺精湛，风格典雅精致，为荣昌陶高档陈设品，外贸出口很受欢迎。

另有一种宽肩瓶的造型，特点为小口大肚、宽肩、超高足，肩上饰双耳。高32厘米至42厘米，直径20厘米至30厘米，造型端庄大气，具有古典美，一般装饰以各种色釉，也有以卷草纹刻花装饰者。

荣昌陶还有一种独特的捏塑装饰花瓶，即在传统瓶形之基础上，以浮雕

荣昌陶器

或圆雕的方式在瓶上装饰各种动物或植物形象，如蟠龙瓶、双凤瓶、梅桩瓶等。荣昌陶龙形瓶的历史可追溯到明代，传统龙形瓶上装饰的龙纹多为浮雕或捏塑，龙形不重细节而重体势。现代龙瓶一般以高敞的瓶体与之形成鲜明对比，非常生动传神，其尺寸为 36~46 厘米，腹径 20~26 厘米，多以蒜头瓶、敞口瓶为基础，在颈腹结合之处，手工捏塑圆雕龙形，龙身顺着瓶身蟠卷向上，起伏变化，造型简练流畅，曾被作为国礼赠送外国贵宾。梅桩瓶系列，是由梅桩与敞口瓶分制组合的瓶形，高 38~68 厘米，宽 20~36 厘米。瓶底部分由穿插起伏、苍劲有力的老梅桩和梅枝塑造而成，约占总高的五分之一，体现出雕塑手法与瓶形的完美结合。最有代表性的朱砂釉大花瓶，是荣昌陶中难得的佳品。司徒铸在《荣昌细陶艺术釉》一文中回忆：1977 年，重庆荣

▲ 罗天锡　双龙瓶

▲ 张俊德　镂空彩釉花瓶

昌陶器厂为毛主席纪念堂制作的高 1.6 米、纯手工拉坯朱砂釉大花瓶，是荣昌独具地方特色的红色釉。现安陶博物馆仅有一件陈放在大厅中。[①] 笔者在

---

① 重庆市荣昌区文化委员会、荣昌陶文化创意产业园管委会编著：《荣昌陶器》，重庆出版社，2015 年，第 58 页。

张俊德家中,看到一件三层镂空彩釉花瓶,是其探索实验制做的一件小花瓶。他把镂空、绞泥、彩釉、套烧几种工艺结合在一件作品上,大陶里面套小陶,还要镂空,不仅工艺复杂,且十分美观。

张海文近年来创作的刻花陶瓶《东边日出西边雨》,很有特色。在器形上,突破了荣昌传统刻花陶瓶的造型,创新性地引入了四方瓶器形。四方瓶的瓶颈、瓶顶部位采用了圆形造型,方与圆结合赋予了刻花陶瓶造型一种新的形态。我们知道,方与圆是最基本的几何图形,圆由曲线构成,具有柔美、曲滑、流畅的美感,方由直线构成,具有刚直、工整方正之美。这种方圆结合所形成的对比关系和特有的形体语言既韵味绵长,又提升了陶瓷器皿造型的审美品质,表达了天圆地方的哲学理念。四方体形成的四个面整齐、方正、平直,像四块不同方向展开的画屏,十分有利于画面图像的表达,既确保了画面连续性和完整性,又保证了每个单一画面的独立性。画面中创造出红、

▲ 张海文　方形刻花瓶　　　　　　　　　　▲ 张海文　方形刻花茶壶

白、灰的空间感、层次感，需要陶艺师具备完整的设计理念，并在坯体的四个面上剔刻出点、线、面的疏密聚散所构成的重庆山地民居的景观图形，从而创造出黑、白、灰呈现的空间感和层次感，既丰富又不失简约，极具当代的审美意趣。

（四）壶类

荣昌陶优质泥料适宜制壶，烧结温度较高，透气性较好，是品茶、品酒的上等器具。在国内外享有声誉。荣昌陶壶的品类繁多，从大型的单体共用壶到小型的个人专用壶，从普通家庭使用的壶到高档陈设品的壶都有。壶类的成型手法多样，包括手工拉坯、开片和注浆成型等。

1. 茶具

史称茶始于汉兴于唐而盛于宋。因此，唐宋两代可以说是中国饮茶之风走向巅峰的时代。这一阶段的茶具也基本上达到了完善的阶段。明代许次纾在《茶疏》中云："茶滋于水，水籍乎器，汤成于火，四者相须，缺一则废。"由此可知，茶、水、器、火四者对于整个茶事起了非常关键的作用，其中茶具的作用显而易见。荣昌传统茶具分为软耳壶和硬把壶两种。

软耳壶多为大容量单体共用型，容量在2000~4000毫升之间。造型多为平肩鼓腹、双耳双孔、平盖。把为铜质或藤质，跨度适宜把握。小型软耳茶壶一般为套装，一把壶配四个杯，容量在500~800毫升之间，把手亦为藤编，造型圆润饱满，方便使用。

硬把壶则多为小型茶具，容量在200~600毫升之间。这类茶具造型多元，品类十分丰富，如小手壶、桃形壶、竹节壶、根雕壶、方肩壶、点花壶、三足提梁壶、凤形壶等，壶身上往往配以各种动植物纹饰的装饰，注重传达文化内涵。壶嘴、壶把以及盖纽的处理方式也多样，如窑变朱砂黑釉金瓜执壶。小手壶是典型的个人单体壶，容量在250~400毫升之间，壶体为扁肚形，嘴与把造型合理，与壶体前后呼应，十分协调，如仿紫砂刻花卉纹执壶。

还有一类开窗点花壶，为配套茶具，容量500毫升左右，壶体为梯形，嘴与把造型较直，与壶体呼应，整体造型硬朗大气，多采用点花和刻花等装饰手法，常装饰以梅花纹、兰花纹等。竹节壶为配套茶具，容量500毫升左右，取材竹子的造型特色，壶体、壶嘴、壶把均为竹节形，采用偏黄色的深色钧釉作为装饰，色调与造型融为一体，非常实用且美观。

20世纪80年代初，杨剑夫设计的获奖产品"开窗点花茶具""卷草茶具"将荣昌陶杯、壶互不相干的单件茶具发展成配套茶具。全套多为一壶一盅、四杯碟，还加一茶罐。"开窗点花茶具"造型峭拔，转折肯定，嘴、把直中带圆，显得洗练、工整、有力，富有时代感。它的装饰特点是用中国画的技法，以图案构成的形式，巧妙而生动地绘制在器物上，既有图画写意花卉的笔墨情趣，又有图案变形之美，注意花叶及布白的宾主、虚实、疏密的构成关系，形成有秩序、

▲ 素烧点彩壶（民国）

▲ 点花鸡嘴壶（20世纪70年代）

有条理、有节奏、有韵律的形式感。"卷草茶具"造型端庄周正，饱满圆浑，嘴、把匀称，虚实得当。其装饰纹样与铁线刻花手法发扬了荣昌陶的传统特色，在用笔刀法上柔中有刚，线条婉转流畅，舒卷如云，由于剔刻部分窄小，线面对比强烈，其卷草花纹顾盼生姿，气韵生动。这两套茶具的造型与装饰浑然一体，色彩对比强烈，艳而不俗，沉着典雅，富于变化与统一，故而双双获奖。①

2. 酒具

酒具是荣昌陶器中历史悠久的大类产品，造型多样，品种繁多。在清代安富镇不仅称为瓷窑里，也叫烧酒坊，道明了酒与盛酒的陶器之间的紧密联系，民间就有"陶因酒而尊贵，酒因陶而醇香"的说法。

传统单体微型酒具为偏把酒壶，即嘴与把呈约九十度直角，手工拉坯成

▲ 刻花蒜头酒壶（20世纪50年代）

▲ 罗天锡　凤形酒具

---

① 韩治国：《留取忠魂化彩陶——记陶瓷造型美术设计助理工程师杨剑夫》，《河北陶瓷》1988年第1期，第19页。

型，主体为蛋形，细颈敞口，手工嘴把。造型小巧玲珑，容量在200毫升左右。酒具作为盛酒的容器，其储酒的实用功能对器物造型有着主导意义，小口、颈短，既便于倾倒，而酒香又不易散发，并衬托出瓶身的挺拔和修长。20世纪60年代产生了一批兼具实用性和艺术性的酒具，造型多采用仿生形态，如葫芦酒具、蒜头形酒具、犀牛尊酒具、凤形酒具等。

葫芦，在古代又被称为"匏瓜""壶芦""瓠瓜"等，而壶又与葫同音。在古代文献典籍中，还有很多将葫芦与作为盛储器的陶器混用的例子。如《礼记·郊特牲》载："器用陶匏，以象天地之性也。"就是把陶器叫做"瓠"的。20世纪70年代，荣昌陶器厂生产的葫芦形酒具为套装，酒壶、酒杯皆用泥条四等分隔出不同区域。装饰采用黑釉与朱砂两种，产生黑与红的鲜明对比，造型新颖别致，装饰别出心裁，是一件具有地方特色的创新产品。蒜头形酒具是以蒜形瓶为主体的酒具，酒具嘴把造型与主体线条相呼应，流畅生动。装饰采用黑釉洒红法，朱砂釉与黑釉相交之处，形成美丽的红黑色，过渡自然，典雅端庄。凤形酒具是扁形配套酒具，以凤形来组织杯与壶的整体造型，构思巧妙，线条流畅简练，造型上风格协调，相得益彰。釉色装饰形式多种，主要以黑釉洒红与西绿釉洒红为主，前者装饰的酒具称黑凤酒具，后者装饰的酒具称彩凤酒具，两种装饰的酒具都曾作为国家礼品赠送外国元首。

20世纪80年代至今，为适应市场需求，包装酒瓶兴盛。荣昌不少陶器厂在生产陶器工艺品的同时，也大量生产陶器包装酒瓶。一般用注浆方式成型，表面用贴花、耙花、印花工艺装饰，上彩釉。陶艺酒瓶不仅具有良好的装酒功能，更能够通过其各具特色的造型和不同的装饰图案，表现不同酒品的特点、性能、优点。因此陶艺酒瓶具有不同于玻璃酒瓶的特殊优势。

荣昌是在全国范围内最早开发陶器酒类包装的产区之一，与国内很多名酒厂家如泸州酒、茅台酒、习水酒等皆有合作。这类酒具造型多样，品类有千余种之多，更新快，且产量高，装饰以素烧和色釉为主，各类陶器包装酒瓶支撑了当代荣昌陶器的半壁江山，在国内酒类包装界具有较高知名度。

（五）钵类

　　荣昌陶套烧钵类陶器制作历史在千年以上，具有代表性的品种为蒸钵和蒸鼓，手拉坯成型，胎薄质坚，钵类造型的拉坯和修坯技术为荣昌独有。为了让陶钵传热速度快，使用轻便，其烧成厚度不到 2 毫米，故坯体轻薄，套叠可达 10~15 个，皆为无釉素烧品种，非优良的陶土和精湛的技艺难以完成。蒸钵造型大口小底，口径 16 厘米至 26 厘米，口部有 10 毫米至 12 毫米高的护圈，既可控制变形且可套叠；另一种钵外形为扁圆形，形似鼓，俗称蒸鼓。钵类陶器底口径基本相同，高 6 厘米至 10 厘米，口径 12 厘米至 24 厘米，可套叠。

▲ 清代素烧陶钵（安陶博物馆藏）　　　　　　▲ 向新华　素烧鼓钵

（六）灯具类

　　荣昌陶器灯具的历史悠久，品类丰富，富于民间生活气息。

　　陶灯大都是清朝、民国时期的器物。在那个时代，家庭照明多用油灯，所以陶灯盛行。荣昌陶灯，素烧的少，釉彩的多。因为油灯使用时容易沾污，上了釉彩便于擦拭。釉色分为红、黑、青、白、绿、黄、棕等。胎泥分黑泥、白泥、红泥。这些陶灯多为手工拉坯，也有手捏，精巧而比例匀称，形制颀长，亭亭玉立，有高双盘立式、高双盘单双把立式、平高单把立式、灯高单把立式、低双盘挂式、地盘式、单把壶式、无把壶式、单火口、双火口、三火口（手提式）等十几种式样。立式灯盘用于盛油置芯，灯座用于站立，提把用于执在手上照路。

▲ 西绿釉油灯（民国）（许世虎藏）　　　　　　　　▲ 西绿釉灯盏（民国）

　　荣昌传统灯具的形制主要以带盘高台灯和无盘有嘴式两种为主。其历史已逾千年，直到20世纪70年代末才退出历史舞台。带盘台灯规格品种较多，曲线与直线对比协调，具有一定的形式感。带盘高台灯的台灯盘径8厘米至12厘米，盘深1.5厘米左右，台柱高12厘米至20厘米，台柱上盛油碗（敞口式），碗口直径8厘米至10厘米，深3厘米左右。也有带嘴的盛油壶（收口式），台柱中央带有方便移动位置的把手。盘可起稳固油灯，摆放灯芯，接收滴漏油以及灯在燃烧过程中的残留物等作用。有嘴式灯具在古时候称"亮

145

壶",有带盘和无盘两类,盘深1厘米至1.5厘米,带盘是防止灯油滴落,无盘的为单嘴。腹大颈小,可拴绳。带盘的可为室内作吊灯用、无盘的拴长杆作行路照明用。灯具主体为手拉坯,嘴为手搓式,造型纯朴,釉色丰富,使用方便,极富民间特色。

现代荣昌陶灯具则以台灯、壁灯为主,多以人物、动物为题材,如孔雀台灯、变形人台灯、熊猫台灯等。也有日用器形加刻花的造型,兼具实用性和美观性。

(七)雕塑类

荣昌陶雕塑品类丰富,雕塑所用的题材,皆是广大民众所熟悉的人物和动物,它们生动可爱,贴近民众,贴近生活,为民众所喜爱,是荣昌陶器的重要组成部分。

荣昌陶器雕塑以出现于清代中期的梳毛动物雕塑最为有名,所谓"梳毛货",即是在动物造型完成时,依毛发长向浅刻出似毛纹理。多以农家家畜为题材,如牛、羊、狗、猫等,其中"卧牛"最具代表性,全身浅刻水牛毛发实际长向,毛发处理深浅有度,体现出精湛的民间雕塑技艺。

荣昌陶也有大型园林建筑雕塑"屋脊龙""喷

▲ 清代素烧财神(荣昌陶历史博物馆藏)

第五章 作为"器物"的造型特征

水鱼"等，高可达150厘米，长可达600厘米以上，造型手法采用传统技法与现代元素相结合的综合表现形式，气势宏大。也有装饰性摆件动物雕塑，以马和飞鹰为主，融民间雕塑特点与现代雕塑审美于一体，写实与夸张并用。人物造型多以历史文化名人为主，如唐代诗人李白、杜甫，药王孙思邈，茶圣陆羽等，也有仕女、民国女郎、关公、观音、飞天女、吹笛女等。动物造型有马、鹰、鹿、熊、虎、豹、松鼠、蛙、鱼、鸟等，造型形式多样，讲究形神兼备。

荣昌陶马形雕塑，变形优美，体态传神，在国内外具有一定的知名度和影响力。其中以罗天锡创作的跃马、变形马、立马

▲ 罗天锡　三面鱼形瓶

等最具代表性，身体结构采用变形夸张的艺术处理，头颈躯干十分雄健，体块大而有张力，结构简练而生动，有很强的雕塑感和动感。常装饰以厚重的黑釉、朱砂红釉或仿铜釉，造型装饰配合得体，作品充分展现了陶瓷雕

▲ 罗天锡　黑釉飞马陶雕

▲ 钟鸣《彝族一家》

塑技艺和高超的工艺技术。另有飞鹰、展鹰、猎鹰等系列品种，造型十分注重头部与足部的艺术处理，勾嘴尖锐、目光犀利、足爪雄壮有力，高张巨大的羽翼，形态矫健，常装饰以黑釉、朱砂釉、黄釉等。此外，在早期的荣昌陶器厂，应用雕塑、剪纸贴花、耙花等工艺装饰陶器的人物图案较为丰富，如《凤形酒具》《憨哥憨妹》等，大多反映出传统文化主题或当时的时代风貌。

20世纪90年代，受当时兴盛之抽象审美思潮的影响，荣昌陶塑家们也尝试创新，创作出一系列具有时代特色的作品。尤其是川美师生在荣昌陶厂创作的人物和动物作品，在造型方面多有突破，题材广泛，时代感强，引入几何形体，既有突出人体流畅曲线美的作品，也有突出棱角分明的几何体块的作品，装饰釉色有朱砂红釉、黑釉和砂金釉等，对荣昌雕塑陶的发展起到了一定的推动作用。

在荣昌本地，做人物陶雕的艺人较少，重庆市工艺美术大师钟鸣曾在荣昌陶器厂做设计，熟悉制陶工艺，后到艺术院校进修学习，打下了很好的造型基础，创作了大量的陶器雕塑，在荣昌具备了个性鲜明的艺术特色。其中以彝族、土家族等少数民族人物陶雕系列作品颇具代表性，如《憨哥憨妹》《我的一家人》《土家人的心声》《赶集》《土家汉子》《彝族父子》等，采用荣昌粗泥，施以各种釉色，以手工塑造的形式，不仅造型写意、夸张，突出表现了人物的内心世界，而且件件都别出心裁，种类甚多，曾获多项大展的奖励。

（八）玩具类

陶器玩具是一种小形雕塑，多为印坯成型和手工捏塑成型，是较有特色的陶瓷种类。品种较多，题材以动物、飞禽、水禽为主，也有骑马人物等。造型多用夸张手法，注重形象特征，简朴可爱，以口哨、小鸭系列、鸡、狗、龟较为突出。

口哨是一种比较特殊的玩具，多用边角泥料印坯成型和手捏成型，已有

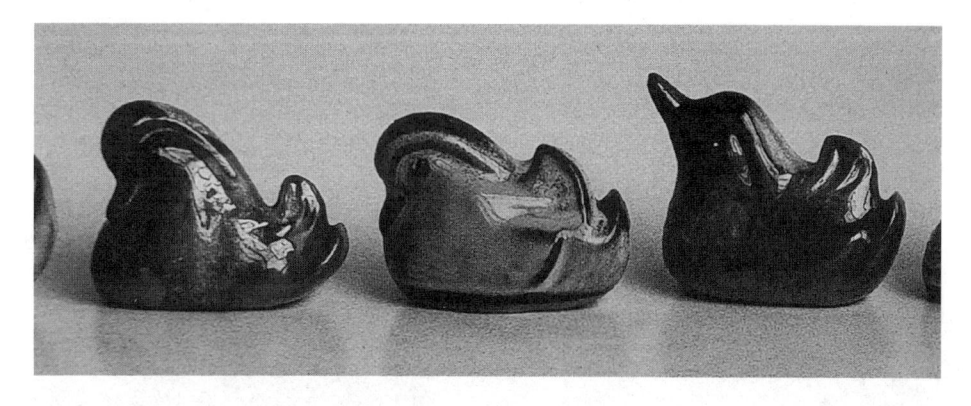

▲ 马高骧　小鸭系列

▲ 小动物系列

近千年的历史。其造型生动雅拙可爱，口哨题材多用各类飞禽，以其吹哨的功效为主。小鸭也是花色较多的玩具，虽造型简练却形神兼备，背上似有一片羽毛造型，形似鸳鸯背羽，上有一穿孔可拴绳，用短杆连绳，儿童手持连绳鸭，可在水盆上把玩嬉戏。可活动的陶器小鱼、小龟、小猫也是一种备受儿童喜爱的微型玩具。造型时将龟的头、尾、四足，鱼的四个腹鳍分开造型，然后用高于陶器烧制温度的耐温材料组合吊挂装配，烧制后可活动。放在鱼缸内鱼、龟的头尾四足等可随波摆动，非常有趣。

（九）其他品类

荣昌陶还有盆、盅、碗、盘、筒、笔洗、文具、盒、鼎、炉、凳等其他品类。盘类的特征是采取了横向展开的扁平状造型，径大腹浅，四周有斜向围起的边缘。主要用途是盛装菜肴、水果、点心之类物品。其造型面平大，规格一般在6寸至10寸之间，适合艺术装饰，故在日用品的概念上，产生了以陈设为主的挂盘与台盘的功能。尤其在近代，盘所能承载的艺术文化因素，

▲ 清代点彩镂空高足盘

▲ 清代素胎点彩"富贵双全"赏盘

得到重视和新的发展，尺寸也有所加大。荣昌陶盘常用的装饰方法有：用色釉直接完成图案装饰之"釉画盘"；用浮雕装饰之"雕塑盘"；用化妆土刻花来完成图案装饰之"刻花盘"；用泥浆点画装饰图案的称之"点花盘"，具有很高的艺术性和观赏性。

也许是因为文人雅士皆神往自然、喜好恬静，所以凝聚着自然之色的文人笔洗成为荣昌陶器中的佼佼者。笔洗属于文房四宝笔、墨、纸、砚之外的一种文房用具，是用来盛水洗笔的器皿。多为扁圆形，比盆薄，比碗大，极富朴素、文雅和庄重感。在安陶博物馆里陈列有一件"五彩水潭"的外素内釉笔洗，是陶洗中的精美之作。盆外素烧刻花，里面上釉，并在绿釉上点加黑釉，形成宛如五彩水潭的奇妙效果。达到这种效果很难，是在烧制过程中由于特殊气温火候燃料产生的一种窑变，人为难以控制，是偶然得到的唯一的佳品。

荣昌陶器文具制作技艺高超，具有浓郁的地方特色，在国内有较高的知名度。它有多种配套形式，常用的有两种，仅用笔筒、笔洗为一配套，在此基础上加笔架、印泥盒为一配套。文具多以手拉坯成型，此外还有融合雕塑造型的文具，如四方形文具、六方形文具、虎形笔架、龙形笔架、蟹形印泥盒等。文具装饰主要采用刻花和点花技法，装饰纹样多采用汉唐的饕餮纹和

▲ 外素里釉笔洗（安陶博物馆藏）　　　　　　　　▲ 鸟形釉变笔洗

卷草纹。此外还创新有特色绞泥文具。

综上所述，陶瓷器皿在从古至今的民众日常生活中，具有广泛的覆盖率和深入的渗透力，几乎存在于民众生活的各个方面，与每个人的生活息息相关。往深处说，日常实用陶瓷器承载着造物文化所蕴含的人文思想和审美力量，并通过器物的造型和装饰，把这些人文思想和审美力量潜移默化地影响到了几千年来中国民众的精神积淀之中，成为华夏传统文化中不可忽视的一部分，这是人类造物思想的伟大力量所在。

第三节　匠心冶陶

作为工艺美术品的重要类别之一的陶瓷艺术品，在陶瓷造型的形态中，包含着功能效用、材料技术和形式美感三种主要因素，三者相互交融，相互渗透，相互作用，构成了完整的造型统一体。不同的艺术美凭借不同的物质材料来表现，而不同的物质材料的特性及作用，自然要影响或制约它的表现内容和形式。正如英国学者约书亚·雷诺兹所言："艺术的全部的美和伟大，就在能够首先获得非凡的形式，地方性风格，各种各样的特征和细节。"[1]荣昌陶的设计与其他艺术的不同之处在于它要受到功能、材料、经济、技术、工艺条件等制约，同时它要利用材料，通过器形的形状、质地、肌理、色彩、装饰、烧成等艺术处理所表现出来的气氛、情调、意趣，给使用者以美的享受。之所以说荣昌陶具有独特的审美特征，是因为民间生活用器和陈设器，实用大方，品种多样，形式上端庄稳定，釉色光洁美观，所以深受民间喜用。当然，构成整体艺术效果的因素是多方面的，这里既有功能效用合理因素，也有材料和技术的运用与发挥是否得当的因素，更重要的是形式美感处理的

---

[1] ［英］雷诺兹著，王宏建译：《艺术演讲录（选译）》，载中国社会科学院文学研究所文艺理论研究室编《美学论丛 6》，湖南人民出版社，1984 年版。

多样化特点的突出，才有了"工"与"艺"的完美结合，令人叹为观止。如果将荣昌陶与其他名陶相较，荣昌陶在长期的发展过程中以其独特的艺术特色和丰厚的文化内涵，独树一帜，成为了我国陶文化的重要代表之一。

　　陶器是技术与艺术结合的统一体，材料是结构、成型的基础，没有材料就不会产生与之相应的工艺，而工艺技术则是材料与人的理想实现的中介，没有工艺技术就没有工艺造型，也就不可能有工艺美术的存在。可以说，在工艺中，技术是一种艺术化的技术，也是艺术技术化的表现，在这个层次上，工匠对技术的把握实际上就是对艺术的把握，对艺术表现方式的把握。就荣昌陶所呈现出来的地域性风格特征而言，必然涉及对陶器产品的评价，应该说是一个复杂的多因素系统，它可以从各种不同的角度进行解读，而每个特性又分别与其他因素紧密联系，构成了互相关联的，具有丰富文化价值的陶器。因而荣昌陶器的美是独特的，它具有浓烈的乡土气息，表现了原始的生命力度，粗陶的纯粹、朴拙、粗犷和厚重，细陶的润泽、意趣、文雅、气韵，让人感到大自然的亲近，其器形充满了理性而又富有情感的韵致，是陶土原本的朴素品质和人文精神的内核在物质层面的集中体现。荣昌陶的造型既单纯又丰实，既生动又严谨，是凝聚了手工之美和人文精神的艺术，凸显着工匠自身的艺术修养和人生理念。肇于自然，成于人工。尤其是昌州紫泥茶具的"清水出芙蓉，天然去雕饰"的意蕴似又带着些许禅意，在今天看来也是具有活泼的生命力的。

　　总之，蕴含着无尽话题的荣昌陶器，不仅给了世人一种勃勃生机的美，也给了世人不禁叹服的形态之美、色彩之美以及不熄的艺术生命之美。作为冶陶的能工巧匠，人才辈出，在承续这种工艺中，精益求精，大胆创新，一件件都以奇思妙想，幻化出匠心独运的陶器精品，反映了特定时期的文化内涵和审美风尚，所有成功的陶器作品，都不是自然界单方面的赐予，只有以"匠心之美"进行艰辛的劳作，才能和谐、互动、美美与共，永葆天人合一，以及对祖先劳动美德的一种继承，只有触摸到荣昌陶，并以平淡、真诚、朴素之心与它相处，遂可能体悟到生活之美和人生之善的妙处，自有其遵循自然之道的人生境界。

（一）陶器的材质之美

陶器的基本材料是泥土，又称陶土。中国古代把和泥制作陶器称为"埏埴""挍埴"。以水和土称为"埏"，土黄而细密曰"埴"。《庄子·马蹄篇》有"陶者曰：'我善治埴'"，《老子·十一章》有"埏埴以为器"，《管子·任法篇》有"埴之在埏也，唯陶之所以为"的记述。《周礼·考工记》有挍埴之工的记事。土能给人带来亲切感和自然的味道，是具有风格的自然物。因产地和质料之差异，高岭土与黄黏土、紫砂泥、山土与田土粗细色质都有分别，因而导致不同肌理不同风格的产生。粗质的泥料常富有生命的粗犷和率真，细腻的泥料则显得温柔、淡雅，有时为了改变泥料的质地，加入一些配方土，可形成不同的表现风味。荣昌陶的原矿泥土为白泥和红泥，土质优良，可塑性强，细腻致密，胎薄质坚，高温不龟裂，通过素烧的陶器，由于复杂的化学成分与火焰中的一氧化碳发生化学反应，器物表面呈现出丰富的细砂状肌理。红泥因火温高低而呈现深浅不同的暗红色调，白泥，呈现深浅不同的牙黄色，故有粗细、明暗之别。荣昌陶器沉着古雅、朴素自然、清新冷隽、明秀柔和，无须上釉，烧成后就具有原生态的质感，自然而然。

所谓质感又可称为"质地"或"肌理"，为多孔、不透明的非玻璃质，包括粗陶、细陶泥胎成型时的人工肌理，能充分表现泥的品质，一个手印、一道指纹无不记录着人的情趣意志而同时表现着泥本身。如手工拉坯的陶胎，红、白化妆土刻花，绞泥和施釉，烧成等形成的肌理等，在单纯的两色套用中，凸显出动态的、意匠的、灵动的、智慧的审美特点。可以说，不同的物质媒介决定了艺术的不同手法和艺术产品的面貌。关于"视觉质感"这一术语，法国视觉美学家德卢西奥迈耶在《视觉美学》一书中认为："它就是我们所能看到的质感，这种视觉质感吸引我们亲手去触摸，或至少与我们的眼球很'亲近'，或者换言之，通过质感产生一种视觉上的感觉。"材料表面的组织构造不同，所具有的光泽度也不一样。荣昌陶器视觉质感的范围既依赖于欣赏者对陶器真实质感的视觉选择，又依赖于触觉，诸如粗糙光滑、坚硬光亮等相对的具体经验。泥质的表现力为当今众多的陶艺家所关注，多样化质感的艺术形式表达成为一大趋势。尤其是现代陶艺的烧制重在形态与肌理的变化，不同的陶土由于成分不一，就会产生不同的色泽，而不同的手工制作方式又会产生不同的肌理变化，还有不同的烧成曲线、不同的水质、不同的燃料、不同的窑温气氛等，这些因素使陶坯产生了不可预计的质地变化，导致陶器烧成后出现的偶然之美，成为当代陶艺所追求的审美方式。

陶器的胎土材质有精有粗，由于原材料和烧制温度的限制，一般陶器胎质较软，吸水透气性强，而接近瓷器烧制温度的胎体则是坚实致密的，轻轻敲击可发出清脆悦耳的金石之声。即使是质地较为粗糙的陶器，工匠们也同样努力呈现泥土自然的材质之美，在当代陶艺中，运用粗陶创作的工艺陶，更呈现了泥土烧成后所带来的粗糙枯涩的手感和绝不耀眼的晦暗光泽，正体现了简约美学中那种清高静寂、俭朴古拙之美；而素烧的细陶又有温觉、光洁、湿润、娇嫩和雅静的快适之感，突出原矿陶土的本体表达和艺术表达。在日用陶器的使用中，触觉的直接感受与心理感受是交互进行的，当我们看到一件陶器产品首先是心理有感应，进而产生触摸的意愿，可以说从这两方面来看，陶艺带给人的愉悦是双方面的，既满足生理上对自然物质的亲近感，同时又满足人们视觉上的审美要求。如用红泥素烧的茶壶色泽红而不艳，温润含蓄，充满了沉静素雅的色彩和深邃的质感，令人赏心悦目，而且触摸起来

▲ 吕玉成　素烧茶具

▲ 向新华　素烧茶具

细腻温润，沁人心脾，它不仅是视觉上的观感，更是触觉上的深度体验，在使用和把玩的过程中，陶壶的质地还会慢慢发生变化，因之有宜养、宜玩之性。

（二）器形之美

清代蓝浦在《景德镇陶录》卷一里云："圆器之制，其方、棱者，则有镶、雕、印、削之作，而浑圆之器，必用轮车拉成。大者拉一尺以上坯，小者拉一尺以内坯。坯车如圆木盘，下设机局旋转甚便。拉者坐于车上，以小竹竿拨车使疾转，双手按泥随拉之，千百不差累黍。若琢器其浑圆者，亦如造圆器法。其方棱者，则用布包泥以平板拍练成片，裁方粘合，各有机巧。幅中两拟其状。"由此可知，要制成陶器首先要把坯体转变成需要的形状，有着神奇的结构和变幻的空间。陶器产品是借"土"这种基础材料来实现的，通过加工与塑造转化为新的造型形态。根据地区不同，陶艺家所使用的黏土性质也不同，这样常常有助于制造出有本地特色的陶器。所谓形态，即造型和神韵。陶之神韵，要在形态中流露出。陶之有形者，未必有神，无形则神无所附，神须在形中求，韵须在态中见。形者，点、线、面也；大、小、高、矮也；厚、薄、方、圆也；曲、直、转、折也。差之毫厘，则谬以千里。形态学揭示了它们的比例、它们的颈部和器身扩大的程度、最大直径和高度的比例、颈部的相对高度、最扩大处部位、轮廓的特性等等。

形态者，神韵之体也。形和态分别有"三形"，曰：筋纹、几何、自然。所谓"筋纹"，犹如植物叶中之叶筋纹。在陶器壁面有类似折痕并有折棱隆起，筋与筋之间隆起部分有圆浑感，且隆起部分不是外贴附而出，有的花瓣形陶器也类似筋纹形，应视为筋纹与自然结合的陶形。如梁启煜先生设计的朱砂黑釉金瓜茶具，隆起的折棱分为四瓣，在罐体上制作出浮雕状的纹理，类似筋纹，增强了形态的立体感和层次感，各部位比例协调，线条柔和，造型优美，放置平稳，红黑釉对比强烈，表现出全新的视觉效果。

陶器的造型自身具有一定的装饰性，即使是以实用为主的日用陶器的造型，在符合功能效用的前提下，形体的张力、线条的变化、比例关系的调整、

第五章 | 作为"器物"的造型特征

▲ 梁启煜设计，张俊德制作　金瓜茶具　　　　　　　　　　▲ 缠枝牡丹陶罐

口和足的局部处理、构件的形态塑造、纹样的主次等，诸多方面的因素都可以构成对比与统一的装饰效果，丰富造型整体的视觉效果。而陈设性的艺术陶设计更注重造型本身的装饰性，特别是以颜色釉为装饰工艺材料的造型，没有纹样装饰，就更应适当强调造型的装饰性效果。比例尺度原则同样是陶器艺术形态设计遵循的重要的美学原则。只有比例尺度搭配处理得恰到好处，才能使陶器在整体结构造型上呈现出特有的美感。如缠枝牡丹陶罐，基本就是运用几何曲线形体和圆柱形构成。主体部分的曲面球体圆润饱满，具有向外伸展扩充的视觉效果。曲面向上延伸为柱体至口部，在罐口部停顿形成口沿，外翻的口沿既强调了陶器的特征，又增加了口部的强度。曲面球体和圆柱体交会处设计有粗细对比的装饰线，形成了以球形曲线面为主，圆柱直线为辅的造型对比关系，直线形劲挺，曲线形柔美，两种形态互相衬托，相得益彰，设计中最具特色的是罐体的纹样装饰为配合造型的对比关系，在罐体上剔刻出浮雕状的纹理，使得纹样突出的表面与光洁平滑的表面形成了极富特色的装饰效果，为荣昌陶典型的器形特征之一。

所谓"几何形"，即以几何之形为造型，如立方体、长方形、棱形、球形、扁圆形、筒形或其他几何形状。所谓"自然形"，即摹写自然界中南瓜、竹节、

157

寿桃、荷叶等，以及飞禽走兽之类的动物等，这种造型方法为"象形取意"。

态，也有"三态"，曰：静态、动态、平态。"三态"具三美，曰：静美、动美、平淡美。如茶壶、茶杯、茶叶缸、花瓶等，有的静中有动，有的动中寓静，有的动静兼有，既有行云流水之动态，又有空灵纯净之静谧。

形态中又有柔感、刚感、刚柔相济感，也有圆中寓方、方中寓圆，方圆共济，或形态端庄、线条挺括，或饱满圆融等，由是观之，"态"的一半乃属神韵，但又微有别，正如佳人，由态而生韵。在造型手法的处理上"巧而得体，精而合宜"，和谐自然，恰到好处，是"道"与"器"的一体显现，凝聚着民间造物观念与文人艺术之精神。

仿生设计用于茶壶造型在荣昌陶的历史上，是一个亮点。无论仿植物或仿动物的形态都体现了来自自然的生活气息，各种桃形、瓜形、竹节形、蒜头形、树根形、龙形、凤鸟形等茶壶的设计，构思巧妙，制作新颖，令人见之能生美好联想或某种高雅之趣，为文人雅

▲ 清代朱砂桃形把壶

▲ 清代竹节壶（梁先才藏品）

玩之物。

　　传统的拉坯造型的陶器，都是由曲线与直线构成，因此线在陶器造型设计中的作用是十分明显的，主要体现在两个方面：一是通过造型的轮廓线来构成形体；二是处理造型上具体的直观的线来加强造型的形式感。这种线对于加强造型的形式感，起着非常重要的作用。如分析碗、盏、盘这三种器具，其形体结构都比较单纯，在器型的形制上就有其合理性所在。最早的碗多是圆底，类似切开的半球形，在这一基本形态基础上不断演进，最终碗类所发展出来的造型样式丰富而具有形式美感，在尺度的把握、比例的协调、细部的表现、整体的处理等方面，都是独树一帜的，而仅以碗沿半径代表碗口变化程度，

▲ 刘吉芬　黑红釉泡菜坛

▲ 外素内釉盖碗（民国）

碗侧边轮廓曲线的曲率变化等，就可以判断各个时期碗的主要用途以及其几何外形的美学意义。

受儒家中庸思想的影响，中国传统陶瓷造型在外形轮廓线运用方面，多采用缓柔的自由曲线，很少采用生硬的直线，故在形体上给人以委婉曲折、自由生动之美感。

历代生活用的器型都是经过陶工们在长期的实践中不断修改、反复推敲而形成的，总体上都给人以形态匀称、比例适度、整体和谐之美感。就荣昌陶的精品佳作而言，器体光洁，缘线挺括，自然流畅，大方舒展。组成器物造型的面与线或丰腴或瘦劲，或粗犷或清秀，或稳实或流畅，或和谐或变化，正所谓"方非一式，圆不一相"，以强调产品的体量感，丰富产品的表情，突出其产品的审美特征。荣昌陶艺明显表现出两种趋向，一是在传统的基础上发展起来的品类，仍具有实用价值和功能，是艺术性与实用性统合的产物，这类产品以容器为代表；另一类是非实用的纯艺术欣赏品，造型趋于雕塑化结构化，作品具有较强的前卫性

▲ 管永双　《火舞》

▲ 钟鸣　残缺的泡菜坛

和实验性。

（三）色泽之美

荣昌陶的色泽可分为土质本色和釉色两种。土质本色就红、白泥烧制出的颜色，单纯而质朴。庄子曰："朴素而天下莫能与之争美"、"淡然无极而众美从之"，由此构成了"朴素淡然"的美学命题，开创了艺术以追求自然、朴素、清新为最高层次的美的一代风气，成为东方美学的一大特色。所以从哲学高度来概括，单纯而朴素的色彩才是最精美的色彩。荣昌陶只有红泥和白泥，粗陶可做日用陶器，粗犷豪放，细陶烧制后能呈现出两种颜色，红泥呈枣红，白泥略偏黄，呈现出天然的光泽。这种鲜明的特色不同于其他种类的陶器艺术，极度简练，两种色彩形成了强烈的对比关系。就表现方式而言，创作者运用化妆土剔刻花、雕填、绞泥等装饰手法，令两种颜色在质朴、单纯中求变化，在变化中求丰富，始终保持着自然的生命原色，入于素而出于雅，体现出对自然和谐追求的审美与境界。

▲ 钟鸣　素烧刻花《憨哥憨妹》　　　　　　▲ 张海文　素烧雕刻《山城印象》

▲ 张俊德　朱砂釉陶罐

▲ 绿釉酒壶（安陶博物馆藏）

此外，荣昌陶的釉色也独具特色。对陶器来讲，器形是骨，陶釉是肉，二者融二为一，浑然一体方称佳品。就荣昌陶而言，在几大名陶中颇受关注的就是极富个性的釉色，有五彩斑斓、变幻莫测的色釉之美。较为常见的釉色有朱砂釉、西绿釉、钧釉、黑釉、酱釉、土子釉等，其中最具代表性的是朱砂釉。荣昌陶的釉色多种多样，琳琅满目，形容其有"红如樱桃、黄如纯金、绿如翡翠、蓝如宝石、青如松烟、黑如梦幻"等特色。又有"朱砂如彩霞，典雅喜庆；西绿釉如池水，浓淡葱郁；蓝釉如宝石，耀眼夺目；砂金如繁星，深邃悠远"的描写，生动形象，可谓以釉见长，因釉生彩，或单独使用，或混合使用，务使其色不艳不俗，而见其沉着古雅、朴素自然、清新柔和。荣昌陶通过釉色显现出了深厚的文化底蕴，陶釉重新赋予了普通陶器生命的光彩，陶釉成为荣昌陶富有表现力的象征。

所谓釉，指覆盖在陶器表面的无色或有色的玻璃态物质。将矿物质原料（长石、石英、滑石、高岭土等）和化工原料按一定比例配合（部分原料可先制成熔块），经过研磨制成釉浆，施于坯体表面，经一定的温度煅烧便使其获得一层光泽、坚硬、不吸水的玻璃表面，产生的高光点和高光带，在视觉上具备一种天然的装饰性和美感。因此，釉色的装饰对陶器质感的形成有重要的影响。由于釉料分量多少不同，泥料及施釉方式、烧成温度的不同，釉色会有深有浅，这些都要经过反复试验，了解高温色釉中的流动性大不大，亮度透明度如何，与别的釉搭配是什么效果，以便寻找最适合的操作方式。按工艺学可分为：铅釉、乳浊釉、有色釉、有光釉、结晶釉、砂金釉、金属釉等。荣昌陶的釉色不但种类丰富，而且装饰手法也多姿多彩。传统的施釉通常运用吹、蘸、涂、浸的手法进行装饰，而现代陶艺还运用剔、淋、多釉罩喷等技法，创造性地运用多种特殊技法进行处理，既可以烧出各种金属、翡翠等单色釉质感，又可烧出多色釉质感亮丽的陶艺品，大大丰富了陶器质感的视觉面貌。1975年，荣昌陶器厂为北京毛主席纪念堂制作的1.4米高的朱砂釉大花瓶，采用传统的将军瓶造型设计，当年一共只烧制了4件，器呈侈口、颈部较短、圆折肩，肩下弧线内敛，线条舒展流畅，至底部外撇，浅圈足，瓶体纤长，比例恰当，端庄挺秀，雍容大方。釉色呈朱红、橙黄色的细砂花纹，使奇妙的朱砂釉在光照下产生一种天然的流彩效果，釉面莹润透亮，看上去虹彩熠熠，晶光闪闪，具有引人入胜的魅力；还有为川美校庆赠送的蓝钧釉

▲ 朱砂釉花瓶（熊宁收藏）

163

大花瓶，釉色瓶颈有棱角，双耳装饰仿青铜的龙纹，曲直对比和谐，庄重大气。面釉如银星般的花斑互相渗融，由上往下渐变，呈现出一种或隐或现，微微闪烁蓝白色的晶状纹，创造了极佳的表面肌理效果，是荣昌陶釉的代表性作品。而钟德江设计的系列大小辣椒罐，也是极富特色。他从自然中获取灵感，将自然中辣椒形态的美，通过设计表现在实用品的造型上，柔和的曲线、饱满的形体，使人感受到大自然的气息。用荣昌鹦哥绿釉与黑釉做装饰，经高温熔融窑变，两色之间产生出十分艳丽的鲜蓝色阶，它的流釉工艺就像中国水墨画般晕染开来，层次分明协调，宛如澄湖碧透，有一种高雅明丽的莹润之感，堪与传统的朱砂釉媲美。

▲ 钟德江　鹦哥绿黑釉辣椒罐

（四）装饰之美

英国著名艺术史家 E.H. 贡布里希在《秩序感：装饰艺术的心理学研究》中指出："所有装饰艺术的形式构成规律都是人类对秩序感的一种追求。"[1]很多陶器上的装饰，包括各种纹饰和彩陶都反映了这种秩序感的心理动因。

从装饰的角度讲，彩绘应当算进来。从工序上看，彩绘和其他形式的绝

---

[1] ［英］E.H. 贡布里希著，杨思梁、徐一维译：《秩序感：装饰艺术的心理学研究》，浙江摄影出版社，1987年，第11页。

大部分装饰不同，要放在烧成之后。不过这不是什么关键问题。彩陶图案，是美化器物的，是装饰。山东龙山文化的那种漆黑发亮的素面磨光处理，也应算在装饰之内。但其他我们一概称为纹饰的，如绳纹之类，未必都是装饰，或者说未必都是出于美化器物的目的做上去的。拍打成型的陶器，器表会布满陶拍子的痕迹，陶拍子上缠绕了细绳，器表就有绳纹，陶拍子上刻成几何形的方格，器表就有方格纹，以及篮纹、曲折纹等等。这些和那些纯粹装饰性的纹饰是有区别的。也就是说，纹是纹，饰是饰。看日本的文献，它们称"××纹"的时候，就是指前者，而称装饰性纹饰的时候，会说"××纹样"或"纹样带"，日语的"样"，有图案的意思，也即他们把两者分得很清楚。细想起来，纹和饰，个中区别还是很明显的，它们分别是不同工序上的产物，是不同目的的产物。我们对此一直没有特别留意过。但要把纹饰当个课题研究，应有所区别。当然，还有部分纹饰，是两种目的兼而有之的产物，分不太清楚，也是实情。如在北方的一些粗陶器作坊看到的大缸，口沿下有一圈云雷纹，用的是锤子一样的陶拍，专门烧成的，面口上做出云雷纹，是在整个陶坯做好后，紧接着就用它沿口沿下方捶打一周。缸口处有泥条接茬，捶打一周有紧固器胎的作用，所以是成型的最后一道工序，但缸腹部的拍打，陶工用的是条纹拍子，唯独这个部位换了工具，做出一周云雷纹，显然也有装饰意味。类似的情况，在其他有印纹陶器物上也能经常看到。还有些纹饰，可能另有其他意味。

由是而观，人由主观情意而见于物。物奇则生趣，趣又见意。在宋应星的《天工开物》第七卷《陶埏》中记载："人工表异陶成雅器"，指人工表现出奇异技能，可制成优美之陶器。中国艺术历来讲求意境、讲究境界，作为生活之用和文化环境的设计，人们最终寻求的实质上是生活的艺术化。故在陶器设计的视觉方面，通过利用人们的视觉经验制造材料表面的不同纹样或色彩变化，以产生视觉的文化意趣与内在张力，将自己的人格与精神追求物化于陶器的设计之中。陶器者，其体并非实有，形态由感而生，然器形之成，又能见作者的思想意趣。所谓观物移情、神与物游，思与趣接，感与意通是也。如器之小薄者，以见玲珑之趣，厚重者，以见古朴之趣，如陶壶之作竹、根、梅状，以见其高风亮节、孤傲不群之意趣；菜坛之圆润，以见其和谐美满之意趣；受文人所欣赏的茶壶，红土砂质，自然天成，平淡随和。即便是那些朴素至极的坛、罐、瓶、盆、碗之类的器皿，亦都在朴素之中精神化了，自然化了，这一切与其说是"物性"，不如说是人性，见之能生美好之联想或某种高雅之趣。此外，陶器能释放和张扬人的智慧，创造浪漫与个性。在器物上装饰各种纹样早在原始的彩陶艺术中就有丰富的范例，可谓源远流长。而荣昌陶的器形主要是通过化妆土刻花、贴花、耙花、雕填、镂雕、绞泥等工艺装饰，集中在器形的盖子、口沿、器肩和上腹等醒目的部位，主次分明，从而在视觉上产生丰富的层次感和情趣感。其题材反映了民间务实的审美理想，蕴含着大众喜闻乐见、吉祥如意的文化寓意，以及伦理的道德观念。梳理荣昌陶的历史，有一个亮点，就是从荣昌陶器厂建立之初到其辉煌的发展时期，无论是陶器的造型设计，抑或是工艺装饰、上釉烧造，都留下了一笔极为珍贵的历史文化遗产。

就装饰纹样而言，利用装饰面本身的形而造型，被称为"以面为基形"的适形造型，为了化单调为变幻，创造了应物象形、气韵生动的装饰结构。如受传统图案影响设计的就有龙凤纹、折枝牡丹、梅花、莲花、蓝草、卷草纹、缠枝纹等，尤其是几何纹饰如回纹、工字纹、折带纹、锯齿纹、水波纹等在圆的形体上装饰，不仅可以衬托主体纹样，还能体现圆中有方的视觉美感。其次还有丰富的动物和人物图形，其绘画意趣最为明显。陶器的造型与装饰是同时进行的，其纹样之多，不胜枚举。

荣昌陶中以二方连续的卷草纹和缠枝纹最有代表性。卷草纹又称"卷叶纹""卷枝纹"，由忍冬纹演变而来。图形和线条比较注重概括和简练。盛行于唐代，故又称"唐草纹"。缠枝纹，构图机理与卷草纹相同，不同的是缠枝纹在切圆中间或波线上点缀了花卉、叶子，形成枝茎缠绕、花繁叶茂的缠枝花卉纹。寓意连绵不断、生生不息的卷草花纹，构图繁巧，线条婉转流畅，粗犷豪放，典雅大方，形成了一个时期荣昌陶器特有的装饰风格。总体来看，不同的传统图案线面对比、严整生动、疏密有致，神采飘逸，极富装饰意味，充分体现了匠师们高度的审美和独特的表现力，在荣昌陶装饰艺术中起了承

第五章 作为"器物"的造型特征

▲ 钟鸣 绞泥《憨哥憨妹》

▲ 素烧刻花瓶

▶ 钟鸣设计 范鸣刻花《荷韵》

▲ 金钩豆瓣刻花罐

167

上启下、继往开来的重要作用。近年来，以重庆本土文化为创意主题的吊脚楼、山地民居、黄桷树、三峡景观等装饰图案出现在陶器上，让人耳目一新，无论是器形抑或是刻花装饰纹样都体现出传统工艺与当代审美融合的视觉特征。这些创作与诗人创作诗歌有着太多的相似，即都是经过内心的悟性使对象转化为想象的。由于审美知觉中存在着各种感觉的相互渗透、互相补充的关系，从而引起各不相同的视觉美感，使得陶器作品显示出五彩纷呈的奇特景象。陶艺家正是通过造物的形态和陶坯的装饰表现相结合，借助于视觉审美来传递作者的审美观念及精神追求的。

无疑，陶之趣出于人意，作者有思想，有修养，方可致之，而览者亦需要有思想，有修养，方可知之。

▲ 张海文　素烧圆形刻花盘

▲ 张海文　素烧刻花圆瓶

第四节　技艺之美

　　日本著名美学家竹内敏雄在《论技术美》一书中写道："技术加工的劳动，是唤醒在材料自身之中处于休眠状态的自然之美，把它从潜在形态引向显性形态。"[①] 人工之美就是技艺之美，技术之美。技艺之美的存在形式与装饰之美的存在形式不同，荣昌陶技艺之美是制作之美、手工之美、过程之美，是由技近艺、由艺近道的综合之美。如何通过手工技艺来创作器物是需要身体来实现的，手工艺的创作需要身心的协调一致，手工艺尤其体现出人的身心之间存在的密切关系。"心想事成"指心中所想必然能在手中实现，手中的功夫来自心灵的直觉。庄子哲学之所以将"心斋""坐忘""虚静"等视之为技艺的根本，是因为庄子发现，在身心合一的"虚静"状态中，心手才能相应，心始能以其"凝神"虚静的状态运行身体，并通过肌肤的触觉直观，感觉与接收手工器物在制作过程中的分寸感，其美学意义在其心性功能展现的同时自然地显露出来，手工创作的过程能够成为修养的途径，这点中国传统的道家美学对此进行过深刻阐释。我们知道，一件荣昌陶作品的完成，需要经过二十余道复杂的工序，比如长期拉坯的循环性操作，会使陶师对传统器形产生独特的肌肉记忆，拉出的器形差之毫厘，即便是行家不细看也难以察觉。"肌肉记忆"是一种职业能力，而像陶艺大师具备这一能力的拉坯工匠在荣昌也是屈指可数，也正是由于具备这种精湛的手艺和熟练的经验，对坯体的厚薄、轮廓线与形体的匀称，以至神韵的把握，使之成为安富拉坯工匠中的"佼佼者"。再如"剔刻"技艺的运用，不仅使荣昌陶红泥、白泥具备了可绘制、可刻制的特性，也为文化审美顺利转化为荣昌陶装饰艺术提供了技术支持。荣昌陶的刻花技术，是在半干的陶坯适当部位施以化妆土，待其干燥到一定程度，按照图案结构的分布，用刻刀在化妆土上，按纹样轮廓刻出细部，剔除与纹样无关的部分，再施以光润的透明釉，入窑烧制才可完

[①] 李砚祖：《造物之美：产品设计的艺术与文化》，中国人民大学出版社，2000年，第342页。

成。对于图形复杂的纹样，则需要剔刻技术展现其细节的变化和层次感，因此对匠师的工艺技术和审美修养提出了更高的要求。荣昌许多陶师的技艺或源于家族传承，或从名师，都有着数十年的积累和磨砺，承得技艺精髓。其作品或于工艺，或于形制，或于材料，自觉融入当代的气息，因此既具有传统的根基，又重视"手"作为当代审美创造的主体意义，由此，呈现传统手工艺的当代活性。技艺之美需要表达一种思索人生的心灵层次，而这种心灵的表达，必须透过不断的手艺修习、以心领技、对土与火悟性，才能在当中创造出深度的美感与感动。

科学技术的飞速进步，现代机器的广泛应用，在解放人类双手、延伸人类智力的同时，也让人们前所未有地意识到带有鲜明个性特征和民族情感的手工艺品所具有的无与伦比的人工魅力。

第五节 烧成之美

《礼记·月令》："（仲冬之月）陶器必良，火齐必得。"宋应星曰："水火既济而土合。"[1]指水火交互作用，将黏土拢合烧成陶器。据史载，宋金时期，金人南侵使得北方窑工南逃，为南方窑场带来了不少新技术，从而加快了南方各地陶瓷业的发展。四川是南北陶瓷业技艺的交会之地，相互影响，曾有大量的古窑场淹没在历史的迷雾中，在陶瓷考古史料中普遍收录的就有华阳琉璃厂窑、广元磁窑铺窑、成都青羊宫窑、彭州磁峰窑、邛崃窑、巴县清溪窑、荣昌窑等。窑炉就是这一烧成的热工设备，有什么样的窑炉，就能焙烧出什么质量的陶瓷，而装烧工艺又是陶瓷烧成工艺中必不可少的辅助工艺。因此，窑炉和装烧工艺的发展，是陶瓷研究领域里的重要课题之一。荣昌陶采用的

---

[1] 潘吉星：《天工开物导读》，巴蜀书社，1988年，第137页。

窑炉有最早的馒头窑、甑子窑、龙窑、阶级窑等，烧制的陶瓷，被认为是介于陶和瓷之间，专业术语称为"炻器"，故烧制温度约在1100℃至1300℃之间。但陶瓷器在窑的烧成方式除了受所达到的最高温度影响外，亦受到烧制时间的长度影响。所以窑中的最高温度通常会维持固定至一定时间去"浸泡"陶器，以达至陶器坯体所需的烧成时间。由于大多数陶器的坯、釉、肌理、综合装饰、窑温气氛等，在烧制前色彩、质感是未知的，是依赖前期试验和经验进行预见，因而质感的形式也存在着无限的可能性。窑温的缓急、高低及内部的气氛，在窑炉内放置的位置、胎和釉的性质、窑炉的类型和结构等都对陶器品相的形成起着关键的作用。在这个过程中，烧窑的前期试验和经验就显得非常重要。

▲ 柴烧陶器

素烧陶器的成色往往随进氧量变化而变化，缺氧则偏黑，充氧偏红，还原窑烧在电烧高温段控制进氧量，使红陶坯体呈现黑色，观之如铁，叩之如磬，陶器因而产生难以言表的沉稳之美、内敛而大气。

▲ 柴烧产品

而荣昌陶的窑变之美得益于独特的釉色配方以及高温烧制，以色多变而有名，在高温的灼烧下，釉层缓缓流动，在高温烧制过程中，其他釉色相互融合，自然流淌，呈现出各种釉色交融的斑驳陆离的效果，这种独特的美感就来自于荣昌陶的窑变，而往往因为这种不可控的窑变，产生了很多的传世精品，显得格外珍贵和稀有，体现出窑火鬼斧神工的魅力。古时亦有用"入窑一色，出窑万彩"的诗句来形容神奇的窑变和釉色的奇妙韵味。如今，复古性的柴烧陶再次成为陶艺家创新的新形式，在土、火、落灰的混合中产生的似乎是永远的不等式，意外、变化、无限、不可捉控、神奇而抽象的艺术语言，是大自然的造化与人的创造灵性完美结合的产物。那种温润、敦厚、沉稳、内敛、朴拙的柴烧之美，是需要你用心去感受的。

第六节　适用之美

器物之"用"是器皿之所以为器物的本质属性。陶之制，其始唯在适用。所谓适用，也指"适度""适时"的造物理念，但凡生活适用的碗、盘、钵、碟、盏、罐、壶、盂、笔洗、香炉、瓶、盒、玩具等，无不应有尽有。历代器形的演变主要体现为陶器本身的实用性、观赏性两个方面，又谓之生活之美。以茶壶为例："壶之制，即：进水、泡茶、倒茶、置放、把拿（持握）。壶用于泡茶，因之须有口，用于进水，放茶叶，有口即须有盖，有盖须有纽和孔，纽便于持拿，孔用于透气，否则壶内产生气压，则盖揭拿不起。泡茶为了饮用，则须有嘴，壶不能终日拿在手中，总要置放，因之须有圈足，或以底代足，壶要能持在手中，因之，须有把扣。盛水，则壶须有腹。或无把而代之提梁，便于提拿。"[①] 故以"适用为基础，组合之，以匠心使之美，进而重在观赏。

---

① 陈传席：《品壶"六要"》，载张夫也、孙建君主编《传统工艺之旅》，辽宁美术出版社，2001年，第42页。

然壶之所以为壶者，适用不可废，若壶之嘴低于口，水不满而溢出，则不适于用，或壶之口进水进茶不便，或盖之不牢不实，皆不适用。或壶置案不稳，尤不适用。因之，制壶购壶，务须首先考虑适用，否则，便不可称之为壶"。①又如，宋代仅就茶盏的口形就有束口盏、撇口盏和敛口盏等。所谓"盏因茶而生"，就是指束口盏完全是为了斗茶才诞生出来的。根据斗茶需要，茶盏或高或矮，或大或小，还存在一些变化，宋徽宗的《大观茶论》就提道："然需度茶之多少，用盏之大小，盏高茶少则掩蔽茶色，茶多盏小则受汤不尽"，束口盏的适用之处在于宽高比完美地符合了黄金比例。撇口盏因口沿明显向外撇，故名，适用于分茶时观赏，也有利于清洗，同时重量较轻，方便叠放。关于厚胎与薄胎之别，厚者利于保温适合冬天使用，薄者利于散热适合夏天使用。而20世纪50年代末荣昌国营陶器厂生产的素胎陶饭钵，由于胎薄，传热功能强，用它蒸出来的饭松软可口，还有方便叠放等特点；另外，制作荣昌陶的陶土，黏性高，可塑性好，烧制容器具有不渗漏、保鲜好、透气性好等特点，不仅做茶具如此，做酒坛、泡菜坛也是如此。

在中国古代的观念中"物尽其用"是一个重要的设计原则。老庄言："朴素而天下莫能与之争美。"汉代王符在《潜夫论·务本》中提出"百工者，以致用为本，以巧饰为末"，这种朴素质真的思想，反映了古代先贤最早的生态智慧。

作为民窑的荣昌陶，其发展从食器、茶器、酒器、水器，到礼器、文房、雅玩，陶器的适用之美，默默装点着我们的生活，同时还静静地诉说着留下的印记和整个时代的风貌。

---

① 陈传席：《品壶"六要"》，载张夫也、孙建君主编《传统工艺之旅》，辽宁美术出版社，2001年，第42页。

第七节　款识之美

　　尽管"物勒工名"古已有之，但是荣昌陶的款识却具有独特的风格和时代气息。如一件20世纪30年代由安富棠香中学实习生做的素烧茶壶，地足款识为小篆体"棠中学生实习品"，刀工精细；另一件为清代的紫砂壶底残片，底足款识为"昌州紫泥"，为正方形，字迹清晰，圆润，均用刀刻画之以印记，具有很高的艺术性和观赏性。现在能看到的清末到民国的陶品上，都有软硬印和釉体字或手写体的押款等，多印上自己的厂名和生产人的姓名、厂标等，如"鸦屿金盛厂出品"等。有的人名款所书姓名、字号多为制器的工匠，

▲ 款式：鸦屿金盛厂出品

其中一些自家堂号还蕴含着人们内心美好的祈愿与精神理念。吉语款就是把吉祥之语作为款识的内容，表示赞颂与祝福。新中国成立后，公私合营产品、国营产品也有硬软印的押款。尤其是茶壶，以文之用心而作壶，故款识本身在设计与书写时所具有的独特形式感，具有很高的审美趣味与价值，从内容上来看，其丰富的历史文化内涵与辨识作用更是荣昌陶茶具所特有的审美内容之一。民间还喜欢把独特的纹样图案作为款识，来标记自己的产品。

综上所述，学会欣赏陶器之美，不仅能给我们的生活增添不少"仪式感"的趣味，更能将视野拓展到千年之外，去翻翻古人们的"陶器手账"，了解陶器的生产工艺技术，了解背后的人文故事，信步踏入冶陶的世界，去感受中华文明特有的肌理和温度。

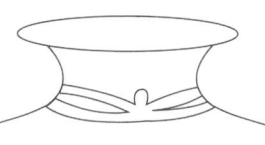

第六章

荣昌窑的变迁

今天所用的"陶"字在古时候就写作"匋"。在南朝梁顾野王的《玉篇》（专讲音义的古典名著）中，才正式指出说"今作陶"。唐朝僧人元（玄）应的《一切经音义》（唐代有名的字典）中也解释说"诸书亦借音为姚，字体作窑、音姚。按西域地之卑湿，不能为窑，但累坯器露烧之耳"。可见当时西北地区还保留着露天烧造陶器的方法。明朝人张自烈在他的《正字通》内进一步注释"匋"字为"余韶切、音遥，与'窑'同"，并且援引古语说"南山有汉武旧匋（窑）"。而后来出版的《中国风俗史》一书更加具体地说明"陶，窑子，古止作匋。外从'勹'，象形。内从'缶'，指事也"。可见"匋"字原是"包"的古体，"勹"与代表瓦器的"缶"（大肚小口）字结合而成，本是"窑"的古体字。因而有人推论说"以后'窑'字的出现，可能与改用穴灶烧制陶器有关系"。故"窑"字就是由"穴"与"缶"结合而成的。根据古人造字的原则也是不难理解的。

陶瓷被称为"土与火"的艺术，而窑炉是烧制陶瓷的核心要素。陶瓷器皿的形成主要是借助窑炉内不断升温的火焰温度把泥土烧结，使其发生化学反应，最终才形成陶瓷器的。因此，窑炉的建造水平与窑炉结构的变化是古代先民生产力的一个反映。通过川渝地区的荣昌陶不同时期窑炉构筑结构与燃烧方法的描述，可以清晰地看到古代先民对火的控制能力不断提升的过程，以及对窑炉不停的探索与改进的过程，这里详细分析其各自的工艺特点，可为传统烧制技艺的研究提供有益的借鉴和参照。

第一节　窑炉的类型

我国陶瓷研究学者一般将窑炉分为直焰式、升焰式、倒焰式三种类型。陶瓷考古专家陈丽琼撰写的《四川古陶瓷》一书中，认为距今六七千年的新石器时代，我国就发明了就地挖成的无顶"穴窑"用以烧陶，这种窑炉结构简单，只有火门、火膛、窑室三部分。火焰为氧化焰，烧制温度在1000℃以下。到商周时代，发明了升焰式的圆窑和方窑。窑室露出地面。窑炉由火道、火膛、窑室、带火孔的窑底四部分组成。这时的窑墙有了弧度。后期的排烟孔，逐渐有向馒头窑和龙窑过渡的条件，烧制温度可达1200℃。偶尔有还原焰，能烧硬陶、釉陶与原始青瓷。战国时期南方有平焰龙窑，到宋代吸取了龙窑与馒头窑的优点，创造了阶级窑。新中国成立后，在馒头窑的基础上，创造了倒焰窑；在龙窑、阶级窑的基础上创造了先进的隧道窑。

在四川，古代的馒头窑、龙窑、阶级窑均有选用，宋代以前，四川皆使用木柴及其他植物之类的东西做燃料，至北宋时始有煤做燃料，在掌握火候方面亦开始使用"火照"，即今称之为"试片"或"火锥"等。使用这种"火照""火锥"是提高产品质量节约能源的一大标志。[①] 而传统的烧制技艺也成为了非物质文化遗产保护的一个重要内容。

荣昌陶遗存的古窑，文献记载和考古中提到的，可按形态和燃料来分类。

---

① 鹿夐：《近十年四川陶瓷考古新收获》，载《巴渝文化》，重庆出版社，1989年，第338页。

按形态可分为馒头窑或马蹄窑、甑子窑、龙窑、阶梯窑、方形窑、圆形窑等；按使用燃料可分为柴窑、煤窑、气窑、电窑四个大类；按火焰流动方向又可分为升焰窑、平焰窑、半倒焰窑、倒焰窑等。

一、馒头窑

是由直焰式的圆窑发展演化而来的。其结构为火膛在窑室前面，窑顶封闭，窑室后位有竖烟道排气孔，因外形如馒头，内部平面似马蹄形，故有的称"馒头窑"，有的称"马蹄形窑炉"。又因火焰排出是从窑顶倒向后隔墙排烟口，而后从竖烟道排出，故又称半倒焰窑。发源于北方，大约在东周时期已传入长江流域。但数量较为少见，到汉至六朝时，虽数量有所增加，仍以烧造砖、瓦、陶器为主。[1] 这一情况到宋代大为改观，荣昌瓷窑里开始大规模使用马蹄窑烧造陶瓷器，这一现象出现的原因是用煤炭替代了此前的柴窑烧制陶瓷器，在减小对环境破坏的同时，还使陶瓷器烧造的成本大幅下降，与荣昌本地丰富的煤炭资源极相适应。从考古发现的马蹄形窑炉形制结构与北方磁州窑发现的窑炉来看都极为相似。[2] 2014年的考古发现荣昌朝门窑址发掘出土的窑炉，为马蹄形半倒焰馒头窑，技术传承应来自北方。窑炉依山坡地势，先挖一窑炉形状的土坑，再用不规则砂岩石块砌筑，黏土勾缝，窑室（火膛、窑床）内壁以黏土抹面，其上附有窑汗。从火膛底部残留的大量煤灰、煤渣，以及窑前工作面左侧发现未燃烧的煤炭可知，该窑用煤炭做燃料，结合窑室内壁有较厚的烧结面以及窑床面残留的瓷器，推断窑内烧成温度较高[3]。这种窑炉至今仍在沿用，在历史上存在时间长，跨度大，是古代主要烧制陶器的窑炉。

---

[1] 纪南城文物考古发掘队：《江陵毛家山发掘记》，《考古》1977年第3期。
[2] 朱寒冰：《重庆涂山窑系窑场相对关系的探讨与发展因素分析》，载重庆市文物考古所、重庆文化遗产保护中心编《"早期中国的文化交流与互动——以长江三峡库区为中心"学术研讨会论文集》，科学出版社，2012年，第262页。
[3] 重庆市文化遗产研究院、荣昌区文物管理所：《重庆市荣昌区瓷窑里宋代窑址2014年度发掘简报》，载《文博》2020年第6期，第40页。

从历史上看，馒头窑早期多在生土层掏挖修制，后期以砖坯或砖砌筑而成。平面形制主要有3种，一是火膛为半圆形；二是火膛呈半圆形或扇形，形状方中带圆，下部大，上部小，这种形制的馒头窑，因平面近似马蹄形，故又名"马蹄形窑"；三是火膛、窑室平面合起来为圆形，一般火膛低于窑床。点火后，火焰自火膛先喷至窑顶，再倒向窑

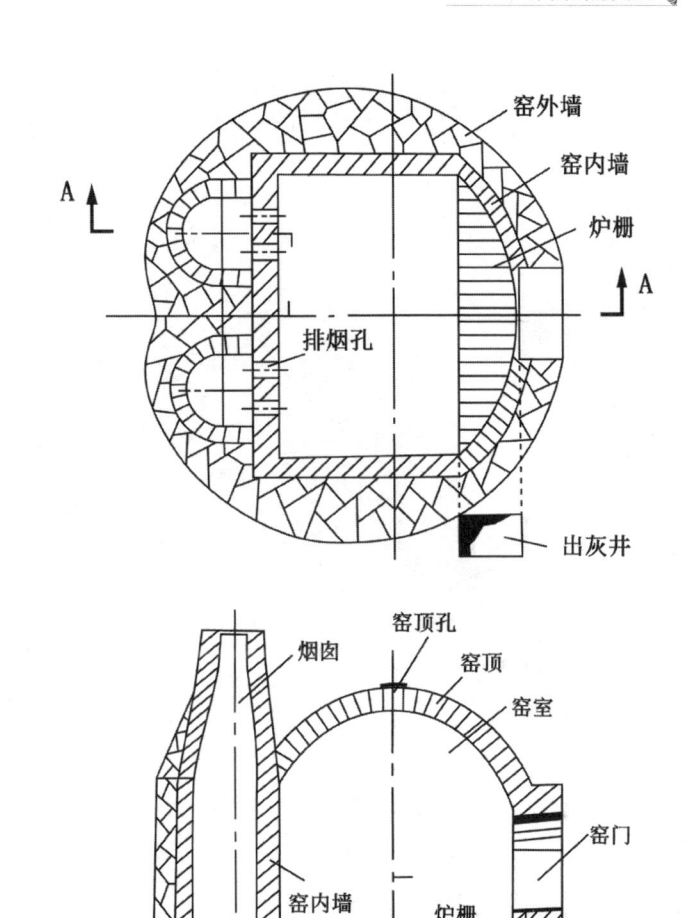

▲ 馒头窑结构图

底，流经坯体，烟气从后墙底部的排烟孔进入后墙烟囱排出，因其形与南方的龙窑窑身长相比较圆滑且小巧，故又俗称"圆窑"，内容积有大有小。通常所说的馒头窑是指半倒焰、倒焰式的窑炉，靠夹墙竖烟道产生的抽力来控制窑内气氛，烧成温度可达1300℃左右，也用来烧还原焰。结构由火坑、窑门、火膛、窑床、烟囱五个部分组成。烟窗由窑顶移到窑后，窑床在火膛后面与烟窗相连。其优点是保温性能好，适于焙烧胎体较厚、高温下釉的黏度较大

▲ 荣昌陶器厂的馒头窑旧址

的陶瓷。缺点是升温慢、降温也慢，烧成时间相对较长，窑内温度分布不够均匀，易出次品，但由于建造简单，投资少，窑炉较小，利于产品更新换代，有灵活求变、适应市场的优点。

二、甑子窑

"甑子"即蒸米饭的用具，略像木桶，有屉子而无底。甑子是从古时候沿袭下来的一种蒸米饭的炊具，现代的川渝等农村地区仍在广泛使用。其外部与木桶的形状类似，底部为竹篾编成的向上拱起的圆锥形，用以将水与米饭隔离，可直接放于锅或者鬲上蒸食物。荣昌制陶所用的甑子窑正是模仿其原理与形状制造的，窑炉总体呈圆筒状，其内壁面亦为筒形，直径约2~3米。以松柴为主要燃料，烧成温度在1200℃左右。甑子窑是当地制陶所用的较早窑形之一，在明清以前就广泛使用了。这种窑炉的装烧面积小，因此出陶产量也很小，并且费燃料，只适合以前的小规模烧窑制陶，康熙年间，荣昌陶窑由甑子窑发展为长窑，最盛时达二十多座窑场。

三、龙窑

又称"长窑""通烧窑",是一种横焰式窑,在日本龙窑即蛇窑,源头当为中国东南沿海的龙窑。四川考古资料显示"根据调查时所发现的各窑出土的手捏环垫以及残窑迹象来判断,南朝时期的窑炉当为龙窑"。① 说明龙窑在四川使用较早。龙窑多建在山坡或土堆倾斜的坡地上,窑长30~80米,宽约4米,高约2.5米。形似长龙,故而得名。龙窑结构简单,窑室分为窑头、窑床、窑尾三部分,在窑身两侧每隔4米,分布有窑门一个。一般以柴、

▲ 安富鸦口龙窑(20世纪50年代)

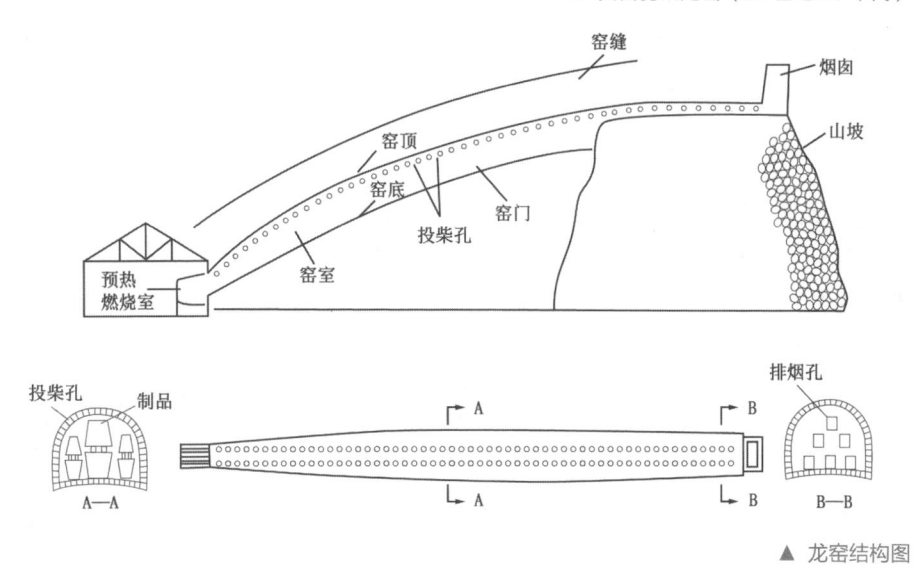

▲ 龙窑结构图

---

① 陈丽琼:《四川古代陶瓷》,重庆出版社,1987年,第38页。

煤为燃料，装烧面积大，坡的大小缓急直接影响烧成时间和产量。由于其本身有一定的高度差，火焰抽力大，升、降温快，生产周期短，产量大，造价低，容易维持还原气氛，最高温度可达1300℃，适合于焙烧胎体较薄、高温下黏度较小的石灰釉瓷器，比单个馒头窑较为优越，就是通常所说的"陶瓷同窑合烧"。但龙窑内部温度和气氛波动较大，烧制大件产品和精致产品时容易发生冷裂，影响陶瓷烧成后的质量。后来龙窑的窑身逐渐增长，倾斜度和结构也不断地改进，其装烧面积远比甑子窑大，产量高，且节约燃料，在西南地区多有砌筑，考古也发现宋代荣昌瓷窑里已有烧造黑釉瓷的龙窑遗址，清代留下的较大的龙窑有老窑、磨子窑、中兴窑几座。其烧成的产品，主要是粗陶和素烧的红丹釉细陶日用品。

四、阶级窑

阶级窑又称"阶梯窑"。"四川最早考古发现的是宋代广元瓷窑铺的阶级窑，是在龙窑的基础上发展出来的，但比龙窑先进，它能烧还原焰，升降温度较慢，易于控制火焰。"[1]就整体而言，它是一个倾斜度较大的龙窑，一般由多间容积不等的燃烧室串联而成。就各燃烧室而言，又是一个半倒焰式的馒头窑，所以它既具有龙窑装烧量大、产量高的长处，又有馒头窑容易控制降温速度等优点，并可以充分利用前一室的余热来节省燃料，因而逐渐取代了龙窑。明代宋应星在《天工开物》的《陶埏·罂瓮》篇里记有："凡缸瓶窑不于平地，必于斜阜山冈之上，延长者或二三十丈，短者亦十余丈，连接为数十窑，皆一窑高一级。盖依傍山势，所以驱流水湿滋之患，而火气又循级透上。其数十方成陶者，其中若无重值物，合并众力众资而为之也。其窑掬成之后，上铺覆以绝细土，厚三寸许。窑隔五尺许，则透烟窗，窑门两边相向而开，装物以至小器，装载头——低窑，绝大缸瓮装在最末尾高窑。发火先从头——低窑起，两人对面交看火色。大抵陶器一百三十斤，费薪百斤。

---

[1] 陈丽琼：《四川古代陶瓷》，重庆出版社，1987年，第38页。

▲ 安富镇鸦口阶梯窑（1956 年）

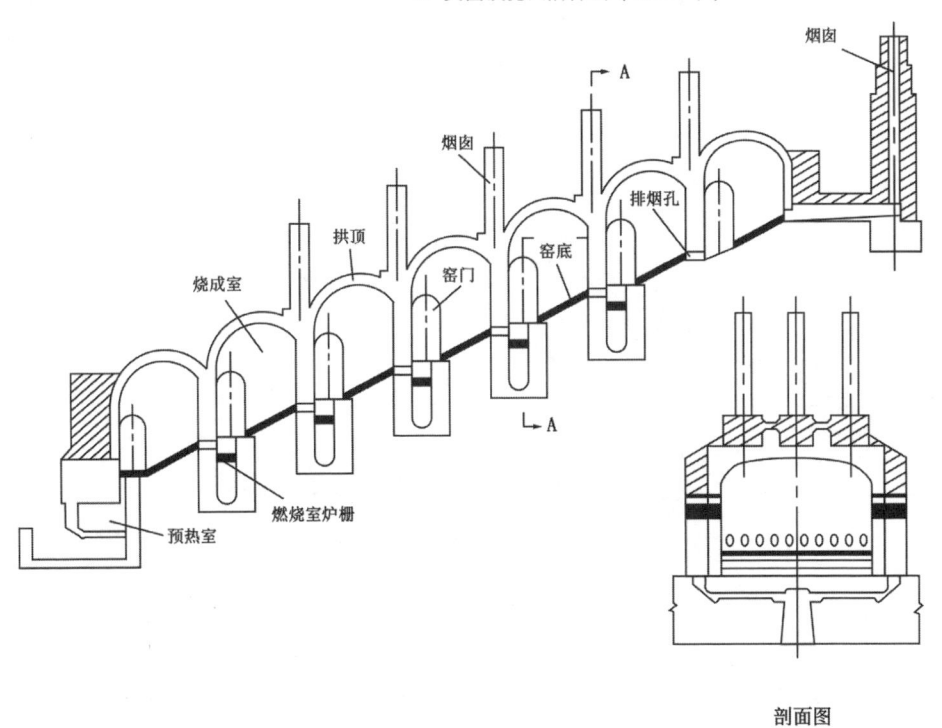

▲ 阶梯窑结构图

剖面图
A—A

火候足时，掩闭其门，然后次发第二火，以次结竟至尾云。"详细记载了阶级窑的烧制技术。① 宋应星这里提到的"瓶窑接缸窑"的联烧法，不仅节约了燃料，更能充分利用余热使上面窑的温度大为提高。这种系统化的烧窑工程，反映了物尽其用的设计思想和协调系统的方面。在荣昌，民国初年，在附近碗窑的影响下，兴建了阶梯窑。在金竹山上修建的阶梯窑，就已经有了相当的规模，有窑室 13 仓，窑长近 40 米，高约 4 米，宽约 3.5 米，与龙窑一样，依山建造，在两侧墙上留有投柴孔，以便投柴烧成。并以当地匣泥加黄砂制作的匣钵代替了二钵（粗陶）套烧细陶，成为专烧各种施釉细陶的窑炉，因而也称"釉子窑"。这种阶级窑迄今窑火未熄，改为煤烧，仍在继续沿用，主要烧制酿造企业和民间日常使用的粗陶产品。

五、倒焰式方窑

以砖等材料砌筑，由窑门、火膛、窑室、护墙和烟囱等部分组成。窑床前低后渐高，倾斜度为 3 度左右。窑室前部高而宽，后渐低、窄，略呈扁长

▲ 倒焰窑结构图

---

① 潘吉星：《天工开物导读》，巴蜀书社，1988 年，第 143 页。

圆形，似平卧在地上的半个蛋，故又名"蛋形窑"。蛋形窑以柴做燃料，单位耗柴量低，砌筑材料施工方便，使得造价低廉；结构合理，设计科学，使得烧成时间短、装烧量大、产品质量好。较之龙窑、阶梯窑有许多优点，现在陶师们普遍采用倒焰窑来烧制陶器。

六、天然气辊道窑

20世纪末，制陶企业引入可连续烧成的现代化天然气辊道窑。其工作原理主要是以转动的辊子作为运载陶坯体的工具，坯体可以直接置于许多条间隔很密的水平耐火辊上，或放在预备的垫板上，由于辊子不断地从窑头到窑尾转动，便可使坯体依次前进，直到出窑。辊道窑的截面一般较小，窑内的烧制温度均匀，适合较小制品大批量的快速烧成，大大提高了生产效率。

综上所述，因窑炉结构、泥土及柴火特性、装窑方式、烧成技术等因素的不同，烧成的结果也就多种多样，充满不确定性和挑战性。荣昌历史上由馒头窑、甑子窑发展为通烧窑（龙窑）、阶梯窑，皆依山势而建，燃料均以当地的松柴和煤炭为主，燃料对燃烧环境的要求不同，释放出来的热能也不同。烧窑时从第一窑开始陆续往上点火，既节约燃料，也节约时间，制陶人把做好晾干的土陶，涂抹上各色的釉彩，放到窑里，用柴火烧上7个小时，然后等窑凉了，土陶就可以出窑了。如果烧窑火候掌握得不错，成品率可以保证更高。荣昌窑可以说是具有显著的地方特色和集中了当地窑工们的智慧，是丘陵山区民窑烧陶技艺的典型代表，作为非物质文化遗产，具有很高的历史文化价值。

第二节　粗陶与细陶并行不悖

目前，荣昌烧陶既有柴窑、煤窑，也有气窑和电窑，各自的烧制方式和最终效果是不一样的。传统的烧制方法要大量使用柴火与煤炭,会造成资源的浪费和环境的污染。荣昌除烧制粗陶的阶梯窑尚在继续使用煤炭作为燃料外,现代生产的窑烧大都采用一连式生产的窑炉设备,按加热方法分为电加热和火焰加热两种,也就是所谓的电阻炉和天然气窑炉来对陶坯进行烧制。这两种窑炉也不一样,主要体现在烧制上有区别,也就是烧制陶器的气氛不同和需要烧制成的效果不同。其中,气窑有三种,梭式窑、推板窑、隧道窑,各有各的烧成曲线,控制方法也不同,基本上是以温度、时间来控制,根据烧成时段规定的温度,适当调节气阀和风门,使燃料的燃烧值最高,均匀燃烧而达到需求温度,既可以氧化焰烧成也可以采用还原焰烧成。氧化焰,直接烧陶时无烟,而还原焰,直接烧陶到要成熟时,要对烟道进行半封闭,形成有烟还原,烟浸到陶器的坯体和釉的表面形成窑变,需要积累一些经验,才能达到即省燃料,又得到好产品的效果。电窑相对便宜一些,可以设定升温曲线,能较长时间持续稳定地升温,烧制比较稳定,很适合烧制造型比较复杂的雕塑陶,设定好以后打开开关即可。电窑也可以烧釉。气窑和电窑,虽然一次性投入大,但烧制的产品质量好、无污染,成本也低。如今荣昌陶的生产车间、微企、工作室一般都用电窑和气窑来对陶坯进行烧制,比以前更加节约能源和环保。

俗话说,"柴烧三分靠人,七分看天",这"天",不仅仅指运气,还指大自然、泥料、釉料、火候等。用柴窑烧制陶坯,为了保证温度的均衡,需要有人一直守在窑前,温度高了会把泥坯烧坏或把釉子烧掉,温度低了,釉子的光泽和色彩又显不出来,因此全靠肉眼里掌握"火候",需要丰富的经验才行。而使用电动制陶设备和使用电炉窑或气窑进行生产加工,可以设置恒温,不用人看守。原来用柴火、煤火生产一窑产品需要十几天,现在仅用3天左右就能完成,且成品率可高达95%以上。所以作为批量化生产的陶器来讲,比过去用柴火或煤炭烧制陶器,更为便捷、安全、清洁、高效,同时也提高了产品稳定性,以满足市场需求。

但陶器制作最本质的东西是火的艺术,火的艺术最终体现就是"窑变",因为只有在复杂的温度和气氛环境中,才能烧出令人遐想和丰富多彩的艺术作品来，所以从某种意义上讲，现代窑炉尽管先进，但无法充分表现古陶器的天然韵味。对于表现艺术效果的工艺陶来讲，用电窑烧陶，往往失去了差异化的个性品质，荣昌许多代表性传承人，仍然会根据市场的需求和变化采取两条腿走路的办法，一方面用电窑或气窑烧造素陶或上釉稳定的产品，同时也用柴窑烧制一些烧成率不高的个性化工艺陶。

一、古老的窑烧

在重庆的璧山、梁平、丰都、黔江、沙坪坝、江津、荣昌等区县的乡村，一些个体企业仍在沿用传统的阶级窑烧制粗陶。阶级窑，又名"阶梯窑"，民间也称"荷叶窑""燕窝窑"，是利用当地山地斜坡所建，由若干窑室串联合成长条形窑体，因其窑室和窑底均自下而上呈阶梯式，故名。有的地方因其窑室串联在一起而称"串窑"。阶级窑由龙窑发展而来，文献记载在明代首创于我国福建德化，故又称德化窑。阶级窑的结构主要由窑室、燃烧室和烟囱三部分组成，窑体总长度依据窑室间数多少

▲ 阶梯窑左侧观火口

▲ 右侧窑室为陶坯装匣口

而定，倾斜坡度为 18°至 20°。砌筑材料为土砖、红砖、耐火砖和混凝土，窑屋为砖木结构的棚屋，费用较低。

窑室是成坯装匣待烧的地方。燃烧室由 4~10 间分开的窑室组成（7~8 间居多），各窑室大小不等，第一间和最末一间较小，长 1.5~2 米，宽 2~3 米，高 1.3~2.2 米。中间的大，长 2~3 米，宽 3~3.5 米，高 3 米。每间容积为 18 至 40 立方米。全长约为 15~30 米。每间的燃烧室，又称火膛，设在各窑室前端的隔墙下，与窑室相通，无挡火墙，呈凹槽。又有通火孔相互连通，每个窑室都设有窑门，供装、出窑使用。窑尾设有烟窗（3~4 个），其窑体本身同时也起着烟窗的作用。但阶梯窑某些方面不及龙窑。窑内温差较大，一般是前上部温度高，整个下部温度较低。阶梯窑的燃料消耗比倒焰窑少，这是由于阶梯窑的余热利用好，烧火时烧头一间，烟气通过通火孔流入第二间、第三间……直至窑尾烟窗排出。

▲ 荣昌高瓷陶器厂阶梯窑

▲ 阶梯窑窑室

相应烟气的余热

传给了后几间的制品。这样一间间地烧下去，易于控制还原气氛，故烧出的产品质量比龙窑好，可以充分利用前一室的余热来节省燃料，生产成本相应也降低了很多。

论及二者异同，龙窑和阶梯窑都是一种依山势坡度而建的陶瓷烧成窑，而重庆的地理环境很适合于建这样的窑炉烧陶。相较而言，龙窑虽然有烧成快、节能等优点，但因控制温度和烧成气氛需凭借烧制工经验，烧成品的质量较难控制，而阶梯窑则在此处显得更有优势，因烧制仓更为独立，即使有一仓烧坏，却不致影响其他仓的质量。所以全窑就是一个大龙窑，而每一室又是一个个半倒焰的馒头窑，它既有龙窑的优点，又比单个馒头窑优越。据老陶工介绍，在窑头留有一小孔，既可夹出釉块查看火候，也可用肉眼观察，如果窑内壁反射变白，表示陶器已经烧好，如果偏红，就表示火候稍欠，全凭多年烧制经验掌握，此番工艺，实属不易。

▲ 日用陶

▲ 出窑的陶罐

另外，以柴为燃

料的龙窑，一般将柴架成梅花形，烧一窑需要3天左右，装窑时一般采用以大套小来节省窑位。且用松枝烧出的"釉子货"光泽度好，釉色清亮，产品稳定性好，烧成的釉面也更加耐看。而阶梯窑主要以烧煤为主，会造成一定的环境污染。龙窑和阶梯窑装窑和出窑全靠人力担挑，劳动力强度大，难以实现机械化，这些问题成了传统窑炉发展的瓶颈。尽管如此，在荣昌，继续采用传统的阶梯窑生产粗陶的小型企业尚有好几家，如高瓷陶器厂、虹桥陶器厂等，仍然在生产日常生活使用的陶器。

二、生产粗陶的高瓷陶器厂

荣昌区的高瓷陶器厂，位于广顺街道高瓷村二社，305国道旁，原是集体所有制企业，后转为私人承包。现有员工30余人，多为企业转制留下的陶工，技术娴熟。年烧制土陶成品约2万件，以当地盛名的优质陶土为主要原料，经科学配方研制，产品具有壁薄体轻的特点。采用传统手工制陶技艺，手工制泥，手工拉坯成型，沿用传统的阶梯窑烧制技术，以煤炭作为燃料，长长的窑炉斜卧在山坡上，顺山形向上延伸，火就可以均匀地延山坡向上。

▲ 草木灰加泥巴制土釉

由于分为多个窑炉烧制，温度能够达到 1200 ℃ 左右。只需在敷陶衣的黏土稠浆中加入一些石灰或柴灰等物质，烧制出的陶器表面就会呈现光滑明亮的釉层，陶工们称"土釉"，或"矿（读音 guǎng）子釉""原矿釉"。

▲ 糠壳灰加石灰制土釉

采用矿上面的黏土做釉，正好印证了当地民谣"前山矿子后山炭，中间窑烧陶罐罐"的形象描述。

做粗陶，凡釉质料随地而生。黔江石鸡坨土陶使用的是草木灰或糠壳灰加泥巴制的土釉。而高瓷陶器厂的厂长袁心权说，他们现在主要使用的是金堂土釉，一种天然泥料，烧制温度比厂里的陶低一点，所以玻化效果比较好，能够产生流动性。这个釉流动性强有一个好处，制坯过程中如果遇到有气眼的问题，在烧制的时候，釉的流动就能将它覆盖，避免浸漏。据向新华大师讲，民间也在使用一种潮泥釉，这个釉来自长江边上，就是在回水沱的地方，取自里面的一种淤泥，这个淤泥是长江退潮后沉淀的腐殖土，都是树叶草木腐烂后形成的，敷

▲ 向新华　草木灰釉茶罐

荣昌陶器

▲ 金堂土釉罐　高瓷陶器厂产品

▲ 虹桥陶器厂老师傅在用手工拉坯

在陶坯上烧制后形成偏黑色的釉。还有一种与潮泥釉相似的釉叫"草木灰釉"，材料不一样，就是直接用老松木、松子、松毛等植物烧成灰，按1:1的比例加泥巴，用水调匀后，直接敷在陶坯上再窑烧，也可以呈现这种微黑光亮的釉面，色泽天然质朴，与化学釉相较，是一种最原生态的烧制方式。

明代宋应星的《天工开物》第七卷《陶埏·罂瓮》中就记有："凡陶家为缶属，其类百千。大者缸瓮（盛液体的陶器），中者钵盂，小者瓶罐，款制各从方土，悉数之不能。造此者必为圆而不方之器。试土寻泥之后，仍制陶车旋盘。工夫精熟者视器大小掐泥，不甚增多少，两人扶泥旋转，一掐而就……。凡造敞口缸，旋成两截，接合处以木椎内外打紧。匜口、坛、瓮亦两截，接内不便用椎，预于别窑烧成瓦圈，如金刚圈形，托印其内，外以木椎打紧，土性自合。"[①] 这段文字说明了制缶（腹大口小的瓦器

---

① 潘吉星：《天工开物导读》，巴蜀书社，1988年，第143页。

194

的器形皆为圆形，并用转轮旋盘而制。文中详细记载了明代传统的陶瓷烧造技术。而这种原始的制陶工艺，在荣昌传统烧制粗陶产品的企业中，迄今仍在沿用。高瓷陶器厂为泡菜厂和大型的酿造厂生产大件陶器时，需

▲ 陶缸用泥片拍打成型

要不靠模具做一米多高的酒缸，完全依靠手工制造，揉泥、摔泥、做缸底、晾晒，晾半干结实后，再手工盘条一圈圈地向上捏筑、拍打缸壁使泥密实，最后把缸沿做出来，还要做圆做细致。该企业还曾与重庆市火锅研究所共同开发研制"天下第一缸"，容量达 15 吨，为成都古谷水业有限公司生产第一大酒坛，容量达 4 吨，在我国陶器史上添写了重重一笔，500 千克泡菜坛的开发更是一大创新。

在荣昌，这类生产粗陶的企业比较多，仍在沿用传统的阶梯窑烧制民用生活的陶器，其产品有泡菜坛、酒坛、耐酸碱化工用缸等。产品主要是以当地优质陶土作为原料，一般采用轮制法和捏塑法两种手法。轮制法是用快速旋转盘车对陶土进行拉坯造型，塑造土陶的主要形状；而捏塑法是用手捏制处理陶器细节，如罐耳或贴附在器物上成为附加功能的部分。大型酒缸用泥片拍打成型，经煤 1250℃高温烧结。产品内外都施釉，以底宽、壁厚、结构紧密的特点著称。产品经重庆市硅酸盐研究所测试，吸水率小于 2%（国标 ≤ 10%），铅溶出量小于 0%（国标 ≤ 5%），镉溶出量小于 0.01%（国标 ≤ 0.5%）。生产的土陶产品具有耐酸耐碱、耐腐蚀、不浸不漏、透气性好、吸水率低、釉面均匀等特点，用该产品贮酒、泡菜不渗漏，无白霜、挥化现象，

能促进酒的脂化成熟，酒味纯正，泡菜味道纯正，香脆可口、无火风。

以土陶生产的酒坛泥土要细腻一些。土陶酒坛在生产的时候有一道工序就是用机器把陶土粉碎，这个工序是细陶酒坛和粗陶酒坛制作必需的过程。陶工把陶土用粉碎机打碎之后，不再进行第二次粉碎做出来的酒坛就是粗陶酒坛。如果用粉碎机把陶土打碎之后，再用球磨机把陶土打成泥浆，然后把这个泥浆沉淀做出来的酒坛就是细陶酒坛，符合GB108173—1989标准，适合基酒的长期储存，储酒时间越长，酒质越好。

一般而言，粗陶用料为目数110左右的泥土制成，因密度大，土质粗，所以需要施釉，否则会出现渗水的现象，因成型比较容易，成本低，烧制时成品率高。如温度在1150℃左右，则达不到乳蚀和玻化的效果，表面不亮，色泽较浅。如做泡菜坛、酒坛之类的，就要烧透，烧制温度要达到1250℃，玻化含氧量高，色泽更深，可以说是很好地平衡了透气性与密封性两者的关系。这种烧制方式，使荣昌民间日用陶具有功能设计合理的特点，产品大量销往四川、贵州，以及全国各地各大知名酒厂和酿造厂。

由于荣昌粗陶就地取材，烧制的生活日用陶成本较低，大量产品为民众生活所使用，在四川和重庆的农村几乎家家户户都有的泡菜坛、米缸、水缸，还有企业用的泡菜坛、酒缸、素烧的花钵等，大多简单地施以土釉装饰，在荣昌，也包括重庆周边地区仍在沿袭，构成了粗陶与细陶的两个生产体系和市场格局。

第三节　柴窑的回响

一、民间制陶人的守望

千年不熄的窑火，世代传承的技艺。千百年来，柴窑烧出了荣昌陶的美名。随着历史的变迁，荣昌陶器烧制技艺虽然多样化，但古老的柴窑烧制技艺依然受到荣昌制陶人的青睐，柴窑烧制出的产品也依旧受到许多陶器爱好者的追捧。

据了解，20世纪90年代开始，由于液化气烧瓷成品率高、制作周期短、耗费的人力物力少，气烧和电烧等机械化生产模式普遍流传，古法柴烧开始淡出人们视野。但在国家级传承人梁先才看来，柴烧不仅是烧柴燃薪，更是人与窑的对话，充满了律动与喜悦，是冥冥中大自然赋予这件器物的灵性。"我不能让它在这里断了根。"这是梁先才坚持在自己开办20多年的大工厂外另设小工厂的原因。

大工厂采用流水线作业，专门生产陶制酒瓶，小厂则采用传统手工拉胚方式生产大件酒瓶，厂里有仿照旧时依山而建的阶梯窑和一个小型柴烧窑。

为了让更多青年投身制陶行业，他还成立了陶瓷技能专家工作室、重庆市鸦屿陶瓷荣昌陶制作技艺传习所。

传统柴烧是一种古老的烧制方法，木柴是烧窑的主要原料，烧制陶器时用匣钵罩住坯胎，将木灰与火隔离开来，避免与之直接接触，使产品的釉色面貌保持一致。在烧制过程中不断地添加柴火，使窑内的温度不断上升，陶器表层釉受热软化，同时燃烧过程中柴木挥发出的油脂与窑炉内存在的细微水汽有机结合，使烧制的陶器作品含蓄温润。

在传承人刘吉芬看来，古代人制陶用柴烧窑，因为木材是烧窑的唯一燃料。时至今日，

▲ 肖文桓陶坊的直焰窑

煤、电、气使用广泛，但柴烧依旧无法取代。只有柴烧才能通过窑变形成自然落灰釉。在他和肖文桓的陶艺作坊里，我们既看到传统的"吉芬窑"（阶梯窑），也看到了新型的柴烧，采用的是直焰窑（即火焰由窑的下面进入操作室，经过拱顶的小孔排出，由于火焰由下径直向上，故称"直焰窑"）、无烟窑和舞焰窑烧制陶器，已在传统馒头窑的基础上进行了大量改进工作，是一种与传统柴烧审美截然不同的现代陶艺烧制方法。可以说，陶器质量的提高与窑炉和烧成技术的改善和熟练掌握是有密切关联的。这种柴烧技法所追求的是木灰燃烬与泥土的自然结合，在柴烧烧制作品时不再使用匣钵罩住，使木柴燃烧所产生的灰烬和火焰直接窜入，窑内所产生的落灰自然依附在坯体之上，在一千多摄氏度的高温下，形成层次丰富的自然灰釉和留下火痕，自然而无粉饰之气，不会产生重复的成品且很难预料其烧窑的最后成果。

　　柴烧从实验不同的烧制方式上去探索火的语言。这是一种懂得与火对话的制陶者喜爱的方式，这种方式使制陶者置身于一种变化的存在之中，参与一个不断试错的过程，在由重复和差异共同构成的迷人现场中，体会充满了偶然和惊喜的感觉！柴烧作品不但可以在高温燃烧中产生草木落灰的自然釉，还可以通过气氛、温度和装窑位置的不同处理方式达到乐烧和熏烧的美妙效果。器表的肌理呈现出火焰流变的痕迹，这种生成的形式不是在思考自然、观察自然或再现自然，而是瞬间的飞逝，是制陶者通过火捕获了难以感知的瞬间，而将瞬间变为永恒。

▲ 柴烧的茶具

采用柴烧烧制粗陶，窑烧的温度一般在950~1165℃，陶器的表面肌理呈现出一种沧桑感和粗犷的自然之美，不同于瓷器的精美华贵，粗陶的美是返璞归真，回归自然。据非遗传承人郭绍全介绍，因粗陶泥料颗粒较粗，犹如练铁砂掌，极易损伤匠人的双手，很多师傅都已经不做这门工艺了，再加上烧制成品率低，现在的养生粗陶已是一壶难求。郭老师用坚守证明了制陶不仅是一门技艺，更是一场修行。粗陶随意洒脱，率朴自然，美得不动声色。纹理行云流水，壶嘴设计精巧，出水如柱，简洁利落，壶身线条饱满，手感圆润。粗陶朴实无华，泡出的茶叶是原始又纯朴的香。与细陶比较，粗陶恰恰就凭借这份朴质素雅在荣昌安陶中脱颖而出。荣昌泥含铁量高，粗泥不仅矿物质丰富，吸附能力强，而且会更快与有利于身体健康的矿物质相融、醇化，物、器双赢而又有各自的特点。这点与台湾、福建、景德镇不一样，这些地方的柴烧一般都是用的配方土，即把陶土和高岭土或耐高温材料调配在一起，这种配方土不容易烧坏，也不易变形，比较稳定，感觉釉和柴灰是附着在陶器上的效果。而荣昌是用纯红陶矿为材料烧陶，对温度控制的要求高，有的要烧到1118℃到1200℃，包括风门大小、升温和供氧量的曲线和落灰的控制等，是由柴与火在烧陶过程中材料本身散发出来的自然的肌理效果，所以能烧出满意的作品，并不容易。所谓落灰釉是指烧制过程中，木柴的柴灰落到陶坯上形成的釉色，而草木灰釉，是将草木烧成灰，加陶泥、石灰等烧制而成。根据柴窑里温度高低、火焰的烧灼点等因素将不同器物板放在不同的位置。而摆窑完全靠的是经验，多次烧制后，师傅对自己这个柴窑特性的掌握是至关重要的，就连落灰位置的预估，也决定了这一窑器物价值的高低。温度低不玻化，表面不亮，温度高的玻化后表面才发亮。柴烧除落灰釉之外，还有金属感、烧痕感和烧蚀感等视觉效果，具有在土质材料和烧制技艺方面的明显特征。

二、传统工艺的现代转化

管永双还在四川美术学院陶瓷专业读书时，跟随老师到过荣昌实习，被这里的陶土和陶文化所吸引。2014年一毕业，便和同班同学，后来成为他妻子的李云杉来到荣昌，起初他们在一家荣昌陶艺公司上班，一年后辞职，在安富街道的一个村子里创建起自己的手工作坊，利用大学生创业和微型企业扶持政策等，获得了当地政府的资助，取名"西山雨陶艺工作室"，主要设计和制作茶具、日用器具、陶艺术品。

管永双夫妇也因此成为了荣昌陶的非遗传承人。他们坚持使用荣昌当地的陶泥进行创作，制陶技艺也坚守传统的制陶方法，坚持采用最古老的柴烧方式烧制陶器，喜欢自然天成的心悟之作，以追求传统工艺与创新思想的融合。

工作室建好后，夫妻二人便开始潜心钻研陶艺。

在传承选泥、晒泥、碾泥、过浆、揉泥、制坯、晾坯、打磨、刻花、上釉、烧窑等荣昌陶工艺流程的基础上，他们对器形、釉色，以及烧造技艺等方面进行了诸多创新。

传统的灰釉，原本是在烧制陶器的时候，以树木作为燃料，在烧制过程中会有灰烬随着热气流被带到在烧制的陶器上，受高温熔融的灰附着于陶器表面，冷却后就会形成光亮且不吸水的釉面。利用这一原理，可以在烧陶之前，事先收集大量植物烧制成灰，将经过一系列筛洗后留下的灰，与水调和，加入少许陶土增加黏性，均匀地涂刷在陶坯表面，送入窑中，最后烧制出植物灰釉陶器。2017年，夫妻二人自主设计并搭建的"灰—烧"柴烧窑，尝试在中国汉代灰釉的基础上，研发烧制了一系列的天然"植

▲ 管永双和李云杉

物灰釉"的作品，获得了成功。如银杏灰釉、芭蕉灰釉、崖柏灰釉、檀木灰釉、荷叶灰釉的陶作器皿，这些作品不仅给传统的荣昌陶的柴烧工艺带来了新的美学风尚，更是丰富了荣昌陶的器形和落灰釉的艺术表现形式。

柴烧，其实是一种最古老的烧法，其过程像是一种天人合一的默契，是自我消解的一种烧成，作品在窑里的最终面貌，只是天然的选择。陶器的变化完全是由灰烬、火焰的走向以及黏土在高温中的化学变化形成的。

柴烧陶器由于柴窑里火力不均匀，器物上不同部位留下的火痕形成了独特的光泽和色彩变化，落灰形成的灰釉肌理使古朴沉稳内敛的器物上又有了变幻莫测的肌理变化。不可复制的火痕与灰釉的烧蚀感既是柴烧陶的身份密码，更是它的魅力所在。管永双夫妻之所以钟情于古老的柴烧，一来是可以承续荣昌陶传统的烧制技艺；二来是也为自己在荣昌的创业打下一个发展的基础。

2015年，毕业于景德镇陶瓷学院美术陶瓷雕塑专业的李志鹏和后来成为他妻子的宋巍，凭借着对陶瓷的喜爱和对泥土的执着，来到了三大陶都之一的"荣昌陶"的产地荣昌安富自主创业。于2017年7月成立了"两朵云·老茶馆陶艺工作室"。工作室坐落于安富街道陶宝古街108号，紧挨着省工艺美术大师钟德江住宅的旁边。小两口都是区级荣昌陶非遗传承人、工艺美术师。经过近几年对荣昌陶泥料的不断尝试和探索，找到了一套属于他们的创作形式和方法。他们主要以"荷"为主题进行的创作，感觉就是有一种

▲ 李志鹏

非常纯粹的美，就像周敦颐笔下的那句"出淤泥而不染，濯清涟而不妖"，使人心静。2019年，宋巍的陶器作品《和（荷）为贵》在重庆市荣昌区"陶都杯"陶艺技能大赛中荣获陶瓷装饰组一等奖。如何赋予陶器以生命力，体现匠人的匠心独具？有了这个想法，小两口把在大学里学的陶瓷雕塑雕刻知识和手法运用到茶器的设计中，采用雕塑雕刻制陶技法正好也是荣昌陶装饰上比较稀缺的一种。李志鹏的陶瓷作品《福瑞宝猪》在第八届中国（重庆）文化产业博览会上获得2019第四届"工匠杯"设计创作大赛银奖，之后，于2019年进入荣昌区职业教育中心陶艺专业任教，成为一名传承荣昌陶的专职教师。2020年他撰写的《关于中职学校陶艺课程人才培养方法的思考》发表于《教育》期刊上，并荣获全国教育科研优秀论文"国家级一等奖"。

▲ 宋巍

不断的设计研发，让工作室的几款茶器深受茶友们的喜爱，甚至有时需要预订等上几个月才能拿到一件他们亲手设计制作和满意的茶器。在他们的工作室旗下申请了"两朵云"和"两朵云老茶馆"两个注册商标。工作室于2019年被授予"妇女微家"，百优"巴渝巧姐"工作室，荣昌女大学生双创示范基地。

2013年，曾在旅游行业工作过的熊宁在荣昌安富筹建了第一个研发荣昌陶新产品的工作室，通过对市场的调研，发现茶器和花器的市场需求比较大，于是，将工作室定位为代表重庆的文化礼品设计，并组织设计和技术人员来具体实施，包括安富著名的制陶艺人张俊德，四川美院的谭忠诚、梁大等，一开始用电窑烧制产品，后又在曾家镇建了一个倒焰窑做柴烧产品。之后，熊宁在荣昌注册了"瓷窑里"和"夏兴窑"两个商标，成立公司，走品牌化发展的路子，在主城区的幸福广场开办了荣昌陶文化中心。其产品分为素烧、还原烧、草木灰釉、彩釉、柴烧五大系列。以荣昌当地的陶土资源作为核心竞争力来研发产品，以此突出原生态的设计理念，并以市场为导向，形成了自己的生产线。2014年，工作室拿出自己研发的几百件产品，第一次参加重庆市的文博会就产生了良好的社会影响。尤其是与重庆中国三峡博物馆联手开发的文博文创产品，通过再设计，赋予了馆藏品新的时尚功能，既有实用价值，也有文化的欣赏价值。工作室一方面坚持传统手工制作的柴烧产品，以满足高端市场的需求；同时也设计批量生产中端礼品，以满足大众的市场需求。两个品牌齐

▲ 三峡博物馆馆藏名窑茗杯创意产品

头并进，成就了荣昌陶文创产品研发和销售一条产业链的形成。在熊宁看来，一是依托制陶技术，从市场需求出发，包容创新；二是坚持品牌化思路和当代的审美观念。其发展的思路清晰，能适应市场的变化，成效显著。

第七章

天道酬勤

第一节　从物质到非物质

　　手工艺与人的存在之间有天然的不解之缘，使对民族民间造物意义的探索成为对人的生存与生命活动，以及对手工物质形态所蕴含的深层超越性意义的一种整体性揭示。因此，我们的研究不会把手工艺品作为单纯的物质客体对象，而是始终将其同人的生活过程和生命活动的环境联系起来思考，包括将工艺文化放到民俗活动的生态结构中去研究。

　　在我们宣传荣昌陶的时候，常会提起荣昌陶历史博物馆收藏的泡菜坛、茶具、酒具、花瓶、蒸钵、鼓子、文房用品等物质文化遗产，这些历史留下来的陶器，足以让我们引以为豪。但自20世纪中期以来，"非物质文化遗产"这个概念开始渐渐地进入了全人类的视野，被全人类所重视，这在遗产学上是一个非常重要的、里程碑式的概念。这使我们从物质文化遗产认识到了非物质文化遗产。正因为如此，当我们从文化的角度来看荣昌陶的时候，其视角就不应仅把它看成是一种富有特色的物质文化，而更应从非物质文化的角度认识其精神价值与文化意义。对荣昌陶的研究，对物质文化遗产的释读是物质性的、静态的、看得见摸得着的，它的首要价值是对远去的历史文化做确凿的见证。而非物质文化遗产主要是非物质的、无形的、活态的、以人为载体的，它依靠人口传心授而世代相传，因此它是活着的历史，也是我们精神生活的一个组成部分。

　　由于非物质文化大多是老百姓自己创造的文化，是源发性的、根性的文化,它一直被认为是民间底层的文化而不受重视,但它是养育我们的一种生活文化,每个人都是在这种共同的文化中成长起来的。法国18世纪启蒙思想家卢梭曾在《爱弥儿》中说:"在人类所有的职业中,工艺是一门最古老最正直的手艺。工艺在人的成长中功用最大,在物品的制造中通过手将作品触觉、视觉和精神相融合,身心合一,使人得到健康成长。"因此非物质的手工技艺直接表达了地域的个性特征,还有各自的亲和力和凝聚力。可以说,历史不仅留下了丰富的物质文化遗产,同时也为我们延续了承载文化内涵的非物质文化遗产。文化的延续,不仅靠物质的积累,更要靠人的传承,传承人所持有的制作技艺、口诀,以及造物中所渗透的生活形态、文化观念、地域心理、民族特性,还有时代的精神和审美,都是非物质文化遗产的重要内容。物质文化遗产是过去的,而非物质文化遗产是现时的、活态化的,必然要在发展中注入新的文化内容、新的形式,荣昌陶业的发展离不开传承人的薪火相传,以及各种文化的相互交流和影响。传承人是非物质文化遗产保护的主体,活态保护的关键是传承人。

第二节 代表性传承人身份的认知

非物质文化遗产的核心,它的载体、它的主体是人,是非物质文化遗产代表性传承人,以及他所代表的传承群体。因此,谈论非遗保护时必然要涉及人,没有人,就没有我们谈论的非物质文化。非遗的持久赓续、面向未来,主要依赖于我们对传承人群体的关爱、保护和代代相传。实现非物质文化遗产可持续保护最有效的方法之一就是保证非物质文化遗产的传承人进一步发扬这些知识和技能,并将这些知识和技能传承给下一代。因此,一方面要把工匠、艺人等传承人(群)作为保护与发展的核心力量;另一方面,在保护和扶持相对少数的创作主体和传承人时,还要关注传承人群和传承集体。

2008年《国家级非物质文化遗产项目代表性传承人认定与管理暂行办法》进一步规定和细化了对代表性传承人的保护和管理。2011年国务院颁布《中华人民共和国非物质文化遗产法》,对非遗传承人评选、认定、技艺传播、传承、法律责任等方面做出了法律界定。

对传统手工艺文化遗产的认定主要包括某个技艺传承者个人资格的认定、具有多重文化事项的手工艺民俗活动的认定,以及对多个手工艺文化遗产拥有者的集体认定三个方面,并且最大限度地发挥他们在社会教育与传统认知中起到的积极作用。这些经验将有助于推进区域内的手工艺文化的发展,事实上也只有重视对手工艺人的保护,以及重视文化遗产的活态作用,才能使区域文化产生充足的活力。

2010年荣昌县委、县政府出台了《关于加强全县非物质文化遗产保护开发的意见》,2014年又公布了《荣昌县"人才兴陶"十一条》《荣昌区工艺美术师、民间工艺师认定管理办法》等文件,在政策、资金、人才等方面加大了对陶瓷产业的扶持、引导,以促进陶瓷产业健康发展。

截至2022年,荣昌新增陶器制作技艺国家级非遗项目代表性传承人2人,省级传承人8人,区级传承人185人;重庆市工艺美术大师19人,区级民间工艺师147人,区级民间工艺美术师27人,这是荣昌陶不断传承、发展、繁荣的宝贵财富,构成了荣昌陶业发展的中坚力量。兹列表如下:

国家级非物质文化遗产项目陶器烧制技艺(荣昌陶器制作技艺)代表性传承人名单

一、国家级代表性传承人(2人)

罗天锡　梁先才

二、市级代表性传承人(8人)

肖文桓　张俊德　钟　鸣　向新华　刘吉芬　肖祥洪　范　鸣　梁洪萍

三、区级代表性传承人(185人)

罗　艳　钟德江　周银光　周光建　严昌成　肖祥君　贺元刚　梁善君
刘吉棠　刘吉华　刘　冬　朱祖武　肖亚岑　郭绍清　郭绍明　周　健

贺玉彪	贺玉梅	郭　磊	郭绍禄	左孝芳	罗　莎	田玉川	李天英
刘吉刚	田　密	刘　宁	吴祖丽	周玉芬	刁显超	傅秋龙	李绍荣
黄贵芳	肖祥成	张洪书	金治国	王　艳	李佑荣	饶克美	罗天惠
林荣青	周寅初	杨　磊	林柏灼	林诚忠	郭绍全	张　林	吕玉成
李　智	刁扬洋	周怀英	钟佳言	梁先华	邓运刚	毛建崇	李加兴
梁善修	梁　耀	梁善友	梁小平	梁　勇	张奇锋	唐绍莉	陈家明
欧邦文	吕　华	李才翔	唐　华	谭　杰	胡　露	梁先贵	刘帝孝
刘自然	刘　彪	郭已靖	林安富	周　俊	郭祖华	胡国清	林　杰
陈维贵	郭祖燕	刘　欢	周之龙	傅长金	陈跃军	刘忠英	高丹英
刘家利	饶克平	邹寒斗	魏必珍	赖家红	李明琼	林贤碧	李世菊
郑国芬	张贤丹	张　焰	刘忠坤	窦晓红	陈春梅	刘　静	杨　敏
陈　婷	刘吉桓	张　恒	李　伟	张艳艳	刁杨静	邓林茂	李志鹏
彭文强	宋　巍	粟　坤	翁燕琼	杨玉梅	余艳梅	周　燕	陈　伟
黄　霞	李林艳	刘　媛	彭习恒	钱　露	王　峰	肖祥超	赵宁宁
张德智	李　兰	李正鹏	李长久	朱祖金	李远宏	向玉寰	黄光全
彭芝玉	朱泓燕	雷运鹏	吕晓雯	彭　渝	田宝晶	田　欢	彭明高
陶宗秋	杨显华	周光明	曾垂强	曾　鑫	程启华	丁瑞华	官玉茜
胡　枫	李学芬	刘　霞	沈朝忠	杨祥富	尹维娜	郑　彬	周光俊
朱祖贵	庄昌容	张小龙	颜　靖	徐长伟	王良贵	田维成	田家祥
曾义友	李骏如	吕继成	吴华生	邹育刚	周　健	李　鑫	刘嘉佳
梁先华	管永双	李云衫	王红健	郑国锋	陈家明	袁心权	陈世国
蓝道兵							

重庆市和荣昌区工艺美术大师名单

一、重庆市工艺美术大师（19人）

罗天锡	钟德江	梁先才	毛建崇	肖祥洪	李　刚	刘吉芬	钟　鸣
何治平	张俊德	向新华	王　艳	田　密	李加兴	李绍荣	杨　敏
肖文桓	范　鸣	周光建					

二、区级工艺美术师（147人）

吕玉成	郭绍清	黄华容	田玉川	肖学伦	史国栋	梁洪萍	林诚忠
肖祥君	贺 民	郭 磊	郭绍禄	周 波	周 健	郭绍全	李佑荣
曾义友	何启可	黄贵芳	林柏灼	周玉芬	肖祥成	贺玉彪	唐 华
傅秋龙	刘 宁	吴祖丽	全党胜	金治国	王 峰	刘吉刚	胡国清
雷张华	陈家明	翁燕琼	梁先贵	邹育刚	张 婷	刁扬洋	张艳艳
张德智	李林艳	陈维贵	赵宁宁	郭祖燕	管永双	刘吉华	钟佳言
李骏如	周银光	刘忠坤	周之龙	罗 莎	杨 磊	邓运刚	吴华生
宋 巍	李志鹏	钱 露	肖亚岑	陈 婷	李 瑶	张贤丹	李云杉
饶克美	彭文强	郑 彬	张 林	张 焰	郑国芬	李明琼	周光明
刘帝孝	郭祖华	肖祥超	徐国锋	邓兴智	王志军	蔡如义	周 俊
高志英	高丹英	刘嘉佳	王莉芳	田 欢	魏必珍	刘 静	刘自然
余艳梅	李正鹏	王红健	徐长伟	李 鑫	黄 霞	刘 欢	陈 伟
邹寒斗	吕继成	林 杰	郭已靖	陈春梅	刘 媛	曾 鑫	陈小梅
陈 卓	范高容	胡 枫	胡 露	黄光全	蒋洪华	赖家红	李 伟
李远宏	李长久	刘忠英	隆元树	罗美娇	吕晓雯	彭明高	彭习恒
沈朝忠	粟 坤	谭 杰	谢培莲	徐桂清	严世彬	郑英乔	钟 兰
周 燕	黎 娟	杨腾飞	王良贵	邓景富	邓檬僖	黄 蝶	李维丽
林贤碧	刘小兰	罗天利	彭著容	孙正浩	王增远	向玉寰	颜 靖
杨祥富	尹维娜	郑国文					

三、区级民间工艺美术师（27人）

严昌成	刁显超	罗 艳	刘吉棠	朱祖武	刘 冬	郭绍明	贺元刚
朱德彬	朱德才	朱祖贵	贺玉梅	刘 蕾	周怀英	罗天惠	李 智
付长金	林荣青	许乐熙	林安富	买晶晶	苏柏全	王泽文	张 建
雷运鹏	刘铭扬	张小龙					

第三节　传承人传略

一、知名陶艺家

20世纪50年代初期到90年代初，荣昌陶器产区有一大批老艺人，从合作社、公私合营，到国营的安陶厂，他们承上启下，无私奉献，留下了鲜明的足迹，为荣昌陶业的传承与发展作出过重要贡献。现能找到材料记录的有：胡贯之、杨学礼、刘大华、肖慈金、梁先彬、杨剑夫、司徒铸等。与此同时，荣昌曾是全国各大美术院校陶器专业定点实习基地，每年都有数批师生前来实习。尤其是从1954年的西南美专（四川美术学院前身）开始，在梁启煜、程尚俊、罗明遥、马高骧等专家教授的支持下，在很大程度上拓宽了荣昌制陶艺人的视野，丰富了荣昌陶制作的艺术语言，并创新了许多的品种，同时也造就了一批设计与技艺人才，这些知名学者、陶艺家为荣昌陶的传承与发展作出过很大的贡献，有的已去世，有的退休在家，安享晚年。由于史料有限，兹对以下名家做一梗概介绍。

1. 胡贯之（1880.10—1969.01）

原名胡道中，字贯之，荣昌县昌元人。少年时爱做小玩具，模仿自然造型逼真。10岁时用橙壳雕刻的吸水烟袋，制作精良，受亲友称赞。由于家贫失学，青年时，去大足邮亭银铺学艺，经过刻苦钻研，不但能制作银饰品，还能制作陶塑工艺品。1920年受雇于荣昌安富镇"华蜀瓷厂"制作人物和各种动物的瓷塑作品，并成批生产。1927年受雇于彭县瓷器公司担任塑型指导，因待遇菲薄回到荣昌。次年受聘到"荣昌瓷器合作社"担任塑型工作。1935年，为重庆三民相馆橱窗塑制10名中学生打篮球的作品，人物神态各异，引起同行重视。1943年，胡贯之潜心研究人物肖像塑制艺术，所塑人物姿态生动，并根据人物黑白眼球构成不同特点的装饰，使人物活灵活现。他对人物的观察写生，细致入微，能在自己的袖筒里就把肖像捏塑出来，被人们称为"袖里乾坤"。1956年，在四川省工艺美术展览会上，他创作的川剧面谱、人像及陶蟹、狗等作品，得到了专家的评价："神形兼备，艺术价值很高"，获陶艺一等奖。1959年国庆10周年献礼，他创作的"老旦""红面""武生"川剧面谱、泥塑农民像、陶制螃蟹水盂等在成都展出，由于作品栩栩如生，获四川省工艺美术作品一等奖，并在北京美术艺人代表会上参展。1959年起，他受聘于四川美术学院陶瓷美术设计专业担任民间泥塑制作课教师，帮助指导学生的塑型创作。

2. 梁启煜（1911.11—1995.7）

陶瓷工艺美术家。原名梁启煜，别号子辉、子斐。湖南省芷江县人。幼时曾读私塾四年，后入芷江县立国民小学读书。1926年离家到长沙舅母家，考入大麓中学读初中。1929年随舅母迁居南京，进正谊中学。1931年考入国立杭州艺术专科学校附属职业学校图案科，后又升入该校专门部图案系深造。1937年毕业时，正值抗战爆发，辗转到重庆江北县立初中教图案课。此后，又相继在四川省立江安中学、四川省立成都女师、成都私立南虹高级艺术职业学校、四川省立成都女中等校任劳作美术教师。1941年任四川省立技艺专科学校讲师、副教授兼应用艺术科家具组主任。1946年到杭州国立艺术专科学校任副教授。1948年底到成都四川省立艺术专科学校任教授。1953年全国院校调整时，调重庆西南美术专科学校（1959年改为四川美术学院）实用美术系任教授。1955年后，他两次深入四川荣昌地区的陶器厂，完成陶器工艺的恢复、改进，新设计陶瓷工艺产品40余种，其中有的新产品在1955年全国陶瓷会议内部展览中被评为第六名。1956年他的作品参加四川省工艺美术工作者代表会议和四川省工艺美术展览，获陶器设计一等奖。同年，他主持创办了四川美术学院陶瓷美术设计专业。1957年任陶瓷专业教研室主任，并出席在北京举行的第一次全国工艺美术艺人代表会议，在会上作了题为《改进荣昌陶器点滴经验和体会》的发言。1959年获四川省国庆十周年纪念献礼展览陶器设计一等奖。1961年加入中国美术家协会。1979年被聘为特邀代表，出席四川省第二次工艺美术艺人、创作设计人员代表会议，当选为四川美术家协会理事。1980年任中国陶瓷美术学会理事。1981年加入四川省工艺美术学会。1983年加入中国古陶瓷研究会。他在中国陶瓷工艺美术的研究方面贡献突出。

梁启煜教授在长期的艺术创作和教学中，始终如一追求工艺美术，植根于民间，在民间吸取营养，并加以创新，又回到民间开花、结果并将成果运用于人民大众的需要，这就是艺术的生命渊源。从1955年开始，他先后去荣昌安富镇进行调查研究，克服困难，历尽艰辛，帮助扶持当地陶业，从互助组、合作社到成立陶瓷工厂，为更新产品，做了大量工作，创作出大量既美观又实用的作品。其"赭地黄色刻花壶""赭地黄色刻花大盘""赭地黄色刻花泡菜坛""黑釉粑花盖罐""高颈荷花坛""酱釉剔花茶壶"等代表性作品，在荣昌陶化妆土剔花和粑花等传统工艺之特色的基础上，进行装饰图案的提炼、概括和再设计，注重器形线条的直曲疏密变化，色块的对比和谐，让图案装饰与造型相得益彰，作品既具有浓郁的西南民间风格，又具备端庄典雅之中国艺术气质。他的许多作品在《中国工艺美术》《装饰》《现代陶瓷工艺》《四川陶器工艺》等杂志发表，有些被送往国外展出。他设计、创作的荣昌陶器技艺精湛，富有民族特色和地方特色，在中外均为畅销的工艺品。（参见《中国艺术家词典》，湖南人民出版社，1985年版，第449页。）

3. 杨学礼（1918—1989）

安富垭口人，后因故迁居安富古桥。曾任荣昌县人大代表。杨学礼从小学习陶艺，后进入安富陶器厂当工人，擅长泥山到制坯、刻花、上釉各道工序，尤以拉坯技术高超，技艺精湛，能看图制坯，是安富陶器厂的技术骨干，曾被评为安富陶器厂"十大老艺人"之首。因技术好，为人正直，20世纪60年代到70年代，受四川省政府有关部门委派，他多次到马尔康、彭州桂花镇等地指导陶器生产，重点传授拉坯技术。四川美术学院梁启煜、罗明遥、马高骧等专家教授来安富陶器厂作新产品研发，其设计的图纸大多是请杨学礼来拉坯。曾被四川美术学院聘请到学校为学生讲实作课。

4. 罗明遥（1927.1—1989.8）

四川省平昌人，擅长中国花鸟画、山水画、白描、陶瓷美术设计。1951年毕业于四川省立艺术专科学校，先后到成都艺专、重庆艺专、四川美术学院任教。从20世纪50年代起，从事陶瓷教学三十余年，曾多次带领学生到荣昌陶器厂实习和创作，协助厂里设计过许多新产品，对荣昌陶器的发展和新产品实验、装饰方法，作出过重要贡献。他创作的代表性作品有"狮子耙花饼干坛""朱砂釉耙花金瓜坛""荷花纹泡菜坛""松鼠葡萄坛""色釉彩花草纹瓜形瓶"等，不仅作为工艺品出口，还先后参加全国和四川省工艺美术展览，并获多项奖励。作品"荷花纹泡菜坛"为天津市博物馆收藏。

在科研方面，罗明遥教授曾对荣昌陶器的发展和新产品试验、装饰方法，作出过许多贡献。他不仅自己设计，也亲自制作。其作品"松鼠葡萄坛"将浮雕、圆雕等雕刻技法与荣昌陶传统的耙花技术融为一体，图案设计来源于中国传统艺术的熏染和写生体悟，罐体上非对称的构图和大面积的留白，生动自然，疏密得宜，与作为盖纽正抱着葡萄品尝美味的松鼠圆雕遥相呼应，一静一动，营造出既富于诗意又富于生活趣味的作品意境。"朱砂釉耙花金瓜坛"则是仿金瓜的造型特点，以四季花果的镂雕图案用耙花的形式黏结在坛肚四面，如同窗棂一样让陶器的红黄釉色呈现出灿烂绚丽、流动多变的喜庆色彩，装饰体现了民间大红大喜的传统习俗。"花釉双耳盖罐"，在荣昌传统落颈盖盖罐的基础上略加变化，采用剪纸贴花的方式装饰以具有中国原始彩陶特点的几何图案，釉色交融渗变，凸显出朦胧多变的美感。"色釉彩花草纹瓜形瓶"饱满的形体上局部装饰以纵向凸线，形成开光效果，采用剔釉的方式，在施釉之后，以竹块刮削的方法刮出一株植物的图案，寥寥几笔，概括传神，颇具中国画大写意风范。20世纪70年代末80年代初，罗明遥教授还带领学生利用荣昌当地的泥料和特有的釉料，融入现代艺术观念，创作了大量器皿和陶瓷雕塑，雕塑的品类非常丰富，有人物、动物、植物，有具象的也有抽象的，还有很多壁饰和壁画，在当时都是非常具有创新性和时代性的作品，并发表在《中国工艺美术》《装饰》《中国建设》等刊物上。

"刻花开窗孔雀瓶"曾出口美国。1986年，曾作为中国专家被国务院派往美国交流讲学一年。

5. 刘大华（1932—2017）

1932年5月出生于今重庆市渝中区。1960年从四川美术学院工艺美术系陶瓷专业毕业后，分配到西安美术学院任教。1962年秋，该校停办，刘大华调回四川大足电影队工作，1963年因工作需要，调到荣昌陶器厂，是到该厂的第一个大学生，在厂里几乎什么工种都干过。曾是厂里第一任技术科科长、陶器造型工艺工程师、第一个县人大代表。

1977年，刘大华负责厂里选送北京参加全国工艺美术展销会作品的具体组织工作，包括新产品的研制、生产工作。当年，试制成功150多件（套），最终审定选送了123件（套）作品赴北京参展。刘大华在荣昌陶器厂设计、研制过大量的罐、坛、瓶、壶、缸和人物、动物等陶器产品，其中，大部分产品曾大量出口国外。代表作品有"朱砂釉奖杯""仿古宽肩梅瓶"和《焚香女》《荷包童子》等。

1984年10月，他主持的《荣昌颜色釉配方》收录进国家轻工业部第一轻工业局主编的《日用陶瓷工业手册》。

1992年退休后，他被返聘回荣昌陶器厂从事设计、造型工作，直到2003年离职。

6. 肖慈金（1935.06—2015.01）

1935年出生于制陶世家。其父肖体先在拉坯、刻花、制釉等方面在当地很有名气，作品参加四川省工艺美术展览会获二等奖。肖慈金从小随父学艺，很快掌握了制陶技艺。1956年，他进入荣昌陶器厂工作。1958年10月他到西南美术专科学校工艺美术系进修，半年后学成归来，担任新成立的荣昌陶器厂试制组组长，负责开发新品种、研究新工艺。其间，他与试制组的成员一道，研制、生产了数百件新产品，这些产品参加各级各类展览展销会，有几十件作品获奖。1976年，肖慈金被四川省轻工业厅评为陶瓷界"十大老艺人"。1983年退休后，他继续留厂担任试制组组长。其子女都在从事陶器生产，是中青年一代中的佼佼者。

7. 梁先彬（1935.07—2015.01）

重庆荣昌人，曾任荣昌县政协委员，县工商联执委。他出身制陶世家，自小学习陶艺，1956年6月进入荣昌陶器厂工作。1958年，由厂里选送到成都工艺美术学校，就读于装饰造型专业。1961年毕业后回厂担任技术员，从事产品设计。1964年与杨剑夫、钟德江组成厂里第一个设计小组，承担对外展品的设计工作。其设计的新产品曾赴五十国展出，受到外国友人的好评。他最早将"化妆土点花""剪纸贴花""打花法"等技法应用于大规模生产。1973年他开始负责产品质量管理。1979年，永川地区工交部授予他造型装饰技术员职称。1980年，任二车间主任。1981年，他被评为工艺美术助理工程师。1983年调回技术科，负责产品设计。其设计的"迎宾酒瓶""郎酒酒瓶"等受到市场欢迎，订货达200多万件。1986年，任质管科科长，在厂里推行TQC质量管理，加强青工培训，使产品质量有较大幅度提升，产品合格率由原来的70%提高到85%~91%。1988年，获评重庆市工艺美术师职称。1989年，承包东民陶器厂，随后购买成立民营公司。一个时期内，东民陶器公司成为垭口一带最有影响力的民营陶瓷企业之一。

8. 马高骧（1939— ）

云南石林县人，笔名凌云，擅长书画、陶瓷美术设计。1960年他毕业于四川美术学院陶瓷设计专业，师从梁启煜、罗明遥等教授，留校后又曾在四川美术学院从教多年，任陶瓷专业教授、教研室主任。无论是在学生时代，还是从教时期，他数次到荣昌安富陶器厂学习、体验陶器的制作工艺，并动手设计、制作陶器产品。尤其是在20世纪60—80年代初期，他又多次带学生到荣昌陶器厂实习，并设计了不少创新产品，有瓶、罐、坛类、雕塑等。改革开放时期，开始尝试创作具有现代艺术特色的陶瓷器皿、壁画和雕塑，利用荣昌陶新研制的丰富色釉，设计出许多具有现代艺术特色的作品。其中有代表性的荣昌陶器作品"双色釉鱼耳罐",上半部采用传统的朱砂红釉,下半部用乌金黑釉,色彩明快,对比强烈,配以金鱼双耳,显得稳重大方。该作品作为邓小平出国访问礼品,曾馈赠给美国领导人,被美国国家博物馆收藏。

1985年,他设计创作的获首届全国陶瓷设计展优秀奖的《美丽的太空》,以及《太空变奏系列》,以荣昌陶优质的红白泥原料和精湛的绞胎、拉坯技艺制成,在彰显泥性的同时,通过新的造型和对比,赋予朴质的陶泥以新的诗意,传递出太空浩瀚之气、自然博大之情以及自由旋转的节奏和韵律,富于艺术感染力。其获首届全国陶瓷设计三等奖的"紫钧釉龙柄壶",以及"双色釉瓶""双色釉龙柄壶""双色釉鱼耳罐"等,融古典陶瓷造型与荣昌陶的经典釉色为一体,造型与釉色相得益彰,端庄典雅,大气浑成,在保持中国传统陶瓷造型特色的基础上,开始探索彩釉的现代应用,创作的瓷砖彩釉壁画《海燕》在全国陶瓷壁画评比中获优胜奖,具有开拓中温釉彩现代陶艺之先河的重要价值。

9. 杨剑夫(1943—1987)

荣昌安富人,擅长书画与陶瓷美术设计,从小受父亲影响,爱好艺术,曾求学于江津艺师美术班。1963年,进地方国营安富陶器厂做刻花工。不久,在车间作登记员,负责产品质量检测的技术工作,这时他有较多时间阅读中外文学名著,涉猎哲学、美学和与本专业紧密联系的绘画理论、图案装饰、雕塑、剪纸,以及陶瓷历史、陶瓷的制作工艺,这对他艺术修养的提高产生了重要影响。

1962年,年仅19岁的杨剑夫与梁先彬、钟德江三名刻花工组成设计小组,由他设计的花苞罐、小鸭罐等产品,以包装罐的形式,将荣昌陶打入国际市场。随着国家对外文化交流的日益频繁,国内外对荣昌陶的需求量增大,设计组将"化妆土点花""打花法""剪纸刻花"等新工艺运用于生产,由于易于操作,工效高,质量好,得到了广泛的采用。由于他非常刻苦、敬业、勤奋,那个时期他每月至少出一件新作,件件精美,具有浓郁的地方特色。自1962

年之后，国家历届工艺美术陶器展览、展销，都有他的作品。国家轻工部科技司邀请他参与编撰《日用美术、陶器造型装饰》一书，主笔"厨房用品"部分内容。1964年，厂里抽调技术骨干刘大华、何君哲、杨剑夫三人，由县轻工局率领，厂长汤正先带队前往佛山石湾陶瓷厂考察实习。刘大华、杨剑夫学雕塑，何君哲学釉色配方。三个月的时间收获颇丰，他对陶土质地性能、陶器制作等多有体会，特别是在雕塑的设计造型、视觉美感等方面有了更多的理解，回到厂里后，他设计创作了大量的产品，有的在全国、全省展出，有的获得奖励。1980年，在全国陶瓷设计评比会上，他的"开窗点花茶具""卷草茶具"作品分获二等奖、三等奖，由轻工部和中国美协颁发奖金、奖状。这次评比会集全国百多厂家，数百名设计人员上千件作品，西南仅三个名额获奖，杨剑夫一举拿下两个，而另一名是本科室的钟德江。随后，他的新作获奖不断，"金鱼耳瓶""凤耳花觚"同时获国家"金龙奖"；"陶狮储钱罐"获四川省"儿童用品优秀奖"；《猫头鹰》获重庆市出口包装优秀奖。作品先后被《四川日报》《人民画报》等多种刊物刊登，重庆市博物馆收藏了他的作品。更多的作品被选送到美、英、法、日、苏联等国展出，曾任荣昌县政协委员。

10. 司徒铸（1944— ）

成都新津县人。擅长配釉和烧成工艺。1964年于四川省轻工业学校硅酸盐工艺专业毕业后分配到荣昌陶器厂。在荣昌陶器厂工作了20多年。曾任该厂质管科科长，1984年任主管技术的副厂长。

在荣昌陶器厂工作期间，司徒铸主要从事制釉和烧成工艺的研究。负责开展对传统釉的改造和新釉的研制，如参加红丹釉改熔块釉，改进绿釉工艺，研制成功新黑釉、仿铜釉、白泥朱砂釉、翠绿釉、新蓝钧釉、砂金釉等。其中翠绿釉曾大量用于仿古琉璃瓦生产，新蓝钧釉达到国内领先水平，砂金釉开创至今其他仍难以企及。同时还研发了白泥黑釉、电光黑釉、黑灰色无光釉、仿台牙黄釉等。为提高和丰富荣昌陶器艺术釉作出了重要贡献。主研的"荣昌陶器艺术釉研制"曾荣获四川省科技成果三等奖。另外，他在坯料配方的研制、"倒焰窑"快速烧成等方面,多有成就。1978年荣昌陶器厂开始成批出口白泥紫钧釉海鸥茶具和红泥黑釉洒红茶具,必须提高茶具的稳定性,否则在倒开水时就容易发生炸裂,他经过反复试验,选优出红泥和白泥出口茶具的坯料配方,保证了出口产品的质量。

1976年,司徒铸参加由四川省博物馆、重庆市博物馆、四川省轻工局联合组织的"四川省陶瓷史资料编写组",编写的内部资料《荣昌陶》载入《四川省陶瓷史资料》第二辑。1981年,编写的《荣昌细陶》企业标准,曾获四川省标准局优秀企业标准科研成果三等奖。同年,参加轻工部召开的"全国陶瓷标准审定工作会",在会上《荣昌细陶》被列为专用标准,纳入轻工部的标准分类目录。

1983年离开荣昌,后调到重庆市第三建材厂工作,1992年调到成都市泰华公司任新津陶瓷厂厂长,2004年退休。

11. 钟德江（1938— ）

荣昌安富人。擅长绘画和陶瓷美术设计。四川省工艺美术大师。1956年参加工作,1962年调到荣昌陶器厂从事刻花工作。后与梁先彬、杨剑夫组成厂里第一个设计小组,担负起新产品设计、试制和质管工作。1964年,他参加建厂的第一个脱产技研组,并与重庆外贸公司首次开发包装罐出口生产。他首次将"剪纸贴花""化妆土点花"等技法应用于大规模生产,大大提高了生产效率,并保证了产品质量。这些技法沿用至今,被省内外企业广泛采用。1979年,被江津地委工交部评为"造型装饰技术员"。1981年,被江津地区轻工局评为"造型装饰助理工程师"。1988年,被重庆市一轻局评为"装饰造型设计工艺美术师"。1990年,被评为四川省工艺美术大师。擅长陶瓷器皿设计和刻画花装饰,曾长期在前重庆市荣昌陶器厂技术科和陶研所从事陶瓷造型、美术设计工作。钟德江作为安富陶器厂首批设计人员,从1962年到1993年三十余年间,创作出国展品近70个品种,设计内外销陶瓷样品100余种,先后选送美国、苏联、法国、德国、日本、新加坡、香港等几十个国家和地区展出、订货。代表作品"绿釉辣椒罐"于1980年赴京获轻工部、中国工艺美协授予的全国陶瓷设计评比二等奖。"陶奖杯""砂金釉鱼尾瓶"于1984年获国家经委授予的"金龙奖"。"1、2号弦纹花插"1989年获四川省陶瓷行业评比一等奖，"2、3号蓓蕾花插"获二等奖。"长鼓花插"1991年获四川省陶瓷行业评比一等奖，"鱼纹花插""双耳纹泥花插"获二等奖，"彩釉花瓶"获"'91重庆工艺美术作品展"创作设计"百花奖"，并被重庆市博物馆收藏。作品先后被《瓷器》《中国陶瓷》《四川画报》《中国名陶瓷》《日用陶瓷基本知识》《中国工商导报》《四川经济日报》《重庆日报》等多种报刊杂志刊载。

二、代表性传承人

以手为眼、以材为体、以工为法、以艺为道，手艺渗透世人生活，朗照人文百态，承载着地方手艺人的历史和记忆。它不仅仅是一门手工的学问，更是一把丈量文化价值的标尺。在荣昌陶业中老、中、青各年龄段都有传承人，可谓名家辈出，具有代表性的传承人很多，有的被评为重庆市的工艺美术大师，荣昌区工艺美术师；有的被评为国家级、市级或区级非物质文化遗产"荣昌陶制作技艺"代表性传承人，他们一如既往，正在为荣昌陶的传承与持续发展极尽心力，不仅深耕陶业，承上启下，作品既有传承也有创新，而且带徒授艺，传播非遗，担负起传承与复兴荣昌陶的历史使命，成绩斐然，这里收录部分代表性传承人做一简略介绍。

（一）国家级传承人

罗天锡（1948— ）

重庆荣昌人。擅长陶艺雕塑设计与制陶工艺。1965年，中学毕业后进入荣昌陶器厂工作，先后师从杨学礼、左光文、彭高先学习制陶技艺，不久又得到了带学生来厂实习的川美教授罗明遥、毛超群的指导，将雕塑的概念应用到陶器的造型上，设计的奔马陶雕，很受市场青睐，之后主要从事工艺陶器研发的设计工作。1981年到川美雕塑系进修学习，进一步提高了雕塑与陶器结合的艺术水平。1986年，担任荣昌陶器厂技术科科长、陶研所所长，兼任四川省工美雕塑专业委员会委员、重庆雕塑研究会理事。1992年被评为四川省工艺美术大师。2017年，被评为第五批国家级非物质文化遗产项目"荣昌陶器制作技艺"代表性传承人。罗天锡在50余年的专业工作中，致力于继承传统和不断创新的研究与探索。精通陶瓷工艺，擅长手工美术陶瓷的设计与创作，以及各种釉色配方及其成因和产品的规模化运作。熟悉从造型设计起到成型的多种形式、模具翻制、装饰刻绘等几大流程各环节的制作工序。

技艺特点：擅长美术陶雕的设计与制作，采用的是手工打片镶接成型的技巧，即手工开片合围形成，然后根据合围基形配以圆雕、浮雕、剔、刻等装饰手法，造型自由、素朴、层次丰富。作品在内容、形式和品质等方面，在继承传统的基础上创新，以清新流畅、挺秀灵巧、装饰手法独特而著称。

个人成就：20世纪70年代初，罗天锡设计之系列"马"的作品，开创了荣昌陶器雕塑工艺品出口的历史，产品连续生产上百万件。70年代中期，他在传统刻花工艺的基础上，研究开发出红、白泥化妆土"素烧刻绘陶"工艺，这一技法与传统的剔刻花上透明釉的工艺不一样，传统的刻花纹样轮廓要粗一些，而素烧刻绘陶，对手工剔刻的技术要求更高，对图案题材的选择上不再局限于传统的二方连续图案，可以选择独立的画面，细节的刻画上可以更加精致。这一工艺方法，为传统装饰技艺开拓了一个独立的新品种，提高了陶器主体图案的艺术性和观赏性。同时，参与了荣昌陶钧釉的研制工作，尤其是钧釉装饰技法的研究，经过反复若干次的实验和探索，终于成功研制出"钧釉剪纸贴花法"，并运用到外销出口的产品上，在广交会上得到了外商的认可和订货，这一创新成果，在全国陶瓷界为首创，它丰富和增强了陶瓷色釉技法的应用和视觉的审美效果。80年代初参与研制的"荣昌泡菜坛系列"项目，其造型和装饰达到了一个新的高度，并连续三届获"轻工部优质产品"称号。80年代中期，先后为国内各地厂家设计制作包装陶20余件套，其中10件套分别取得国家外观专利，在全国包装评比会上"三足龙壶"一套获金奖。90年代初开始研制的"素烧刻绘陶"将我国的素陶从单纯的连续图案装饰转向一个新的领域。

1970年到2010年间，先后接受省、市级研究项目20余项。有110多件作品获省市以上奖励，20多件作品在《人民日报》《人民画报》《大公报》等多种刊物上发表，60余件次作品被国内外多家博物馆收藏。曾有80余件次作品到英、美、法、日等20多个国家和地区参加国家对外文化交流展出。轻工部曾多次下专文征集个人作品作为出国展品和国家级礼品，其中，他设计的"系列龙瓶""凤形酒具"，作为对外贵宾的馈赠品，10件作品获得国家实用器皿外观设计专利。1992年代表西南地区参加"中国青年陶瓷艺术家代表团"出访日本。

罗天锡的代表性作品有"西绿釉带链窑变瓶""三足多环瓶"和"犀尊酒具"等。"西绿釉带链窑变瓶"器形处理上适当加大了肚径，使其更加富于张力，装饰以双耳等配件，不对称且富于变化，造型完整大气，通体施以荣昌特色"西绿釉"，出现奇幻的窑变效果，具有荣昌陶的艺术特色。"犀尊酒具"，造型仿古中有变化，纹饰布局合理，主体为变形犀牛，四足、龙形把。造型借鉴了青铜器的装饰手法，将多种形象元素有机结合，使整个造型富有深厚的文化艺术内涵。犀牛身体两侧显著部位作饕餮纹浮雕，纹饰处理错落有致。底色和饕餮纹装饰部位分别为黑釉和铜釉，两种釉色配合相得益彰，整体协调而精致，稳重而庄严，既是日用品，也是工艺品。作品仿铜釉《奔马》获2021中国四大名陶（4+N）荣昌展金奖。

梁先才（1950— ）

荣昌安富人，出身于制陶世家，擅长陶器制作工艺和企业经营管理。重庆市鸦屿陶瓷有限公司董事长兼总经理，国家级非物质文化遗产项目"荣昌陶器制作技艺"代表性传承人，重庆市工艺美术协会副会长，重庆市工艺美术大师。1959年，随父母开始学习制陶技艺。1966年初中毕业，到村办企业"下兴窑陶厂"师从朱少安学习手拉坯技术，其间学会了开片、雕刻、烧成等传统技工艺。1973年离开下兴窑，到荣昌附近的内江小河口陶厂工作了两年，1975年又到贵州省习水县陶器厂作技术指导。1976年回到荣昌，帮广顺河沟村建了一个规模很小的陶厂，独立负责厂里的生产和经营。1978年，进入荣昌县二轻局领导下的集体所有制企业"荣昌县工艺陶厂"工作，成为厂里一名正式的技师。由于陶厂生产方式比较落后，产品烧成率低，厂领导安排他对窑室和窑炉进行改建，窑炉改建好后，解决了生产中的质量问题，开创了陶厂自成立以来烧成效果最好的业绩。他在工艺陶厂工作近10年期间，产品在国内的销售一直都好，是省、市二轻系统工艺美术陶的重点生产企业。

技艺特点：可一次拉坯成型，制作小不到5厘米的泡菜坛，也可制作大到高1.8米的千斤缸。代表作品"仙鹤刻花瓶"，以荣昌陶红泥胎为原料，外施白泥化妆，采用刻花、剔花等工艺雕刻后烧制而成，图案生动形象，仙鹤、松树寓意松鹤延年，构图疏密有致，色彩对比明快，在传统工艺的基础上有所创新。

个人成就：先后带徒弟100多人。1991年，在安富垭口村，自筹资金，创办自己的陶器生产企业"荣昌县安富鸦屿陶器厂"，从设计、生产、销售和管理都由个人经营。2001年又自筹资金控股"国营荣昌陶器厂"，2002年改制为"重庆市鸦屿陶瓷有限公司"，并取得了产品自营进出口权。企业多次被市、县授予优秀私人企业、诚信企业、守合同重信用单位等称号。2013年，创建"荣昌鸦屿陶艺工作室"，专业从事陶瓷艺术品的研发与创作，致力于荣昌陶制作技艺的传承和发展。

梁先才不但熟悉安陶生产的各项技艺，掌握各种釉色配制和手工拉坯、雕刻技术，精通陶器龙凤手雕花瓶、仿铜陶、各种美术彩绘陶制作。多次自己动手设计、改进窑炉和陶器自动生产线，其中"自动化陶瓷酒瓶分拣输送装置"和"窑车车轮自动加油装置"曾获国家专利，大大降低了劳动强度，提高了生产效率和企业、社会效益。近20年来，他设计、研发的酒瓶、工艺陶作品种类已有上千种，主创或参与创作的作品多次获国家、市、县博览会、展示展销会、设计大赛等奖项。2014年，"刻花微型泡菜坛"获第七届中国（重庆）国际工艺品、旅游商品博览会"茶花杯"金奖；2015年，刻花花瓶《荷塘倩影》获中国轻工业信息中心组织举办的中国传统工艺美术精品展"巧夺天工·金马奖"金奖。他牵头设计制作的剔刻作品《山河如意瓶》，2019年被中国美术馆作为荣昌陶典藏作品收藏。

（二）市级传承人

张俊德（1946—　）

重庆荣昌人，擅长手拉坯成型及制陶工艺。原"荣昌陶器厂"技术科试制组组长。国家级非物质文化遗产"荣昌陶器制作技艺"重庆市级代表性传承人。

张俊德从小在私家作坊学制夏布。1958年，12岁时他进入荣昌县城关镇一家集体企业夏布厂当学徒。1961年不到15岁时，被转入全民所有制的荣昌安富陶器厂上班，被安排在车间当辅助工。几个月后，被安排到制坯车间，师从刘孝全，三年后出师，开始独立完成定额任务。1972年，因拉坯技术好，参与了完成省轻工厅为筹备国外陶艺展的试制工作，到1976年，从拉坯车间调到了厂里技术科下属的试制组负责拉坯造型，当时，参加广交会订货的样品或礼品的设计，都要由试制组来制作完成，时间紧，任务重。他还曾担任技术科试制组组长。2004年到2014年，10年时间，受聘于重庆大学江碧波教授的"碧波陶艺研究所"，主要承担新工艺陶的制作，设计制作的双层镂空花瓶，将镂空、搅泥、彩釉、套烧几种工艺集于一身，层次丰富，绿褐色釉对比古朴清新。从设计样稿到制作完成，张俊德全面掌握了制泥、拉坯、注浆、刻花、施釉和烧窑等制陶工艺技术。

技艺特点： 代表作品"金瓜陶茶具""金瓜陶罐"，造型新颖，线条自然流畅，沉着大气，黑色与朱砂釉色古朴庄重、釉色莹润，线条自然流畅，沉着大气，富有韵味。

个人成就： 参加厂里新产品的研制工作，有34个品种参加国际和国内大型展览并获奖。1984年，制作的作品获轻工部旅游博览会"金龙奖"；1986年，制作作品获外贸部"出口产品优胜奖"； 1986年，制作作品获重庆市政府新产品开发"百花奖"。1989年后，除自己研制陶艺之外，专门教授徒弟制陶，学成者有二十余人，其中有成为重庆市工艺美术大师的周光健、肖祥洪等。1996年退休后曾受聘于重庆瓷窑里陶艺有限公司作顾问。

刘吉芬（1950— ）

重庆荣昌人。熟练掌握从原矿、手拉坯制陶、造型、制模、装饰、烧成等荣昌陶的生产制作技艺。

国家级非物质文化遗产项目"荣昌陶器制作技艺"重庆市级代表性传承人、重庆市工艺美术大师。刘吉芬出身于制陶世家，为刘氏制陶第五代传人。自幼在制陶氛围浓厚的家庭中长大，耳濡目染。13岁开始跟随父亲刘昌模学习拉坯制陶，十六七岁开始在鸦屿村下兴窑拜师学艺，向窑厂名师杨学礼、朱少安学习手工拉坯、烧窑等工艺，奠定了制陶的基础。之后，经潜心钻研，完整地掌握了从炼泥、手工拉坯、修坯、剪纸刻花、雕塑、釉料配制、造型、烧成等一整套荣昌陶传统制作工艺。

技艺特点：在陶器制作中，最擅长手工拉坯，从粗陶到细陶，他的拉坯技术高超，造型美观，工艺装饰及烧窑，技艺全面，经验丰富。作品具有荣昌陶典雅细腻，釉色温润古朴的艺术特色。

个人成就：1974年，受贵州习水县政府的聘请，为该县创建第一家工艺美术陶瓷厂，并担任生产、技术厂长，带徒100多人。1986年，获贵州省旅游局、民族事务局、二轻工业局联合颁发的"黄果树杯"一等奖。2004年被聘为重庆市鸦屿陶瓷公司产品设计师，其间带徒多名，为发展和传承荣昌陶的传统工艺与文化作出重要贡献。2013年，参加中国工艺美术协会在广西钦州举办的第五届工艺美术技艺大赛，以"微型泡菜坛"的独特技艺，获得陶瓷手工造型项目唯一金奖。2015年，作品"刻花陶瓶"荣获第八届中国（重庆）工艺品、旅游商品及家居用品交易会金奖。2016年，担任重庆市百年老字号"吉芬窑"董事长、陶艺技术总监；同年，获重庆市荣昌区"棠城工匠"称号。2018年，作品《孺子牛》在第七届中国（重庆）文博会工艺美术大师作品暨国际工艺美术精品展上获得第二届"工匠杯"金奖。2019年，作品《牧歌》在第七届中国（重庆）文化产业博览会工艺美术大师作品暨国际工艺美术精品展上获得第三届"工匠杯"金奖；同年，创作的《雪域——花瓶》被中国美术馆作为荣昌陶典藏作品收藏。

向新华（1954— ）

重庆荣昌人。出身于制陶世家，是向家窑第10代传人。国家级非物质文化遗产项目"荣昌陶器制作技艺"重庆市级代表性传承人，重庆市工艺美术大师。

从小在家由祖父教授拉坯，奠定了做陶的基础。1968年，到安富鸦屿村村办企业下兴窑陶厂打工，师从朱少安。1973年，转到荣昌陶器厂上班，师从周俊国，主要从事陶器拉坯的工作。1974年，由厂里派送到贵州习水县工艺美术陶厂作技术指导、培训工作。1978年回到安陶厂，被安排在厂技术科下面的试制组，做展品、样品的试制工作，参与了许多集体完成的获奖项目。2001年安陶厂倒闭后，受聘于重庆电力公司在歌乐山金刚村办的山庄做陶。2004年，被四川标榜职业学院特聘为陶艺系教师，指导学生做陶。2006年，被浙江省义乌市鑫辉工艺美术陶有限公司聘为陶艺技术指导。2010年，回到荣昌，受聘于重庆世国华陶瓷工艺制品有限公司从事工艺陶的制作。现在安富大师园经营自己的"向家窑陶艺工作室"，多年的研习，熟练地掌握了荣昌陶制作的全部工艺。

技艺特点：手工拉坯经验丰富，技术娴熟。尤以传统的泡菜坛、鼓子等拉坯为主，器形美观大方。厚薄均匀，底正口圆，能充分体现出荣昌陶"柳、卵、直、胀"的造型特征。

个人成就：1982年制作的"1-7#"泡菜坛获轻工部金奖。1985年制作的"高颈宽肩瓶"获省轻工厅银奖。2010年重庆市第三届工艺美术博览会上"窑变釉反口大肚瓶"获金奖；作品《三结义》，获第五届中国工艺美术"工匠杯"设计创作大赛金奖。2011年第四届重庆市工艺美术博览会获陶艺"互动"铜奖，全国第三届中国美术陶瓷技艺大赛手拉坯项获唯一一块铜奖。2012年第五届重庆工艺美术博览会获"手拉坯剪纸刻花系列"产品金奖。2019年，创作的《太平有象》，在第八届中国（重庆）文化产业博览会工艺美术大师作品暨国际工艺美术精品展上，获第四届"工匠杯"设计创作大赛金奖。2021年，陶艺作品获第四届中国四大名陶（4+N）荣昌展银奖。

钟鸣（1957.6—　）

四川隆昌县人。国家级非物质文化遗产项目"荣昌陶器制作技艺"重庆市级代表性传承人，重庆市工艺美术大师，中国工艺美术协会、中国陶瓷工业协会、中国工艺美术雕塑委员会会员，重庆市工艺美术协会理事。

擅长陶艺雕塑与设计。从小爱好画画、泥塑。1975年高中毕业时到隆昌美陶厂推广陶器工艺优选法，后下乡两年半，1978年到隆昌二中和三中任教。1982年，调动到荣昌安富陶器厂，被分配到技术科，科长刘大华作为指导老师学习搞产品研发。1983年由厂里推荐到重庆轻工业学校工艺美术系进修学习，同时也有时间抽空到美院学习雕塑艺术。1988年作为人才引进调到宜昌彩陶厂科研所担任设计工作，1989年到中国艺术研究院美术理论系班进修，1990年参加了美国著名华人艺术家李茂宗主持的湖北美院第一届现代陶艺研习班，受益良多。1996年在宜昌成立"钟鸣环境艺术工作室"。2012年，在安陶博物馆开设"钟鸣陶艺工作室"。2016年，参加四川美术学院国际艺术基金大师进校园培训结业。

技艺特点：常采用传统写意手法与陶泥随意性相结合、器形与雕塑结合创作作品。代表作刻花茶具《憨哥憨妹》，采用荣昌原矿红泥、手拉坯、塑形、白泥作化妆土刻花图案，整个器形稳重质朴，粗陶肌理与细腻的卷草纹、曲线与直线的对比，壶身和人物浮雕塑形都极富装饰性。同一题材，还衍生出一对花瓶等，追求民族文化的意象之美。

个人成就：从业三十多年来，不断精进制陶技术，保持对现当代艺术的关注和思考，在荣昌陶传承以及创新方面执着探索，作品多次被媒体报道和报纸和杂志刊登。代表作有少数民族陶艺雕塑系列和刻花陶艺雕塑作品，如《彝族家人赶集》《青衣水袖出浴》等，前者注重表现陶泥质朴的趣味，将质朴的造型手法、朴素的点彩装饰与表现的题材完美融合，后者将荣昌陶剔刻化妆土的装饰手法和传统缠枝花纹饰与仕女造型、服饰相结合，是对传统之现代创新。其作品获各级各类奖项50余次。2013年，陶艺作品《花之艳》获"第六届重庆工艺美术作品展"金奖。2019年，与范鸣创作的《梅瓶三姐妹》，在"第54届全国工艺品交易会"上获"2019'金凤凰'产品设计大赛"金奖；

2021年，与范鸣创作的陶艺作品，获第四届中国四大名陶（4+N）荣昌展金奖。刻花茶具《憨哥憨妹》2019年被中国美术馆作为典藏作品收藏。

钟鸣平时重视陶艺的艺术研究，发表研究陶艺的文章多篇，包括《中国现代陶艺的沉思》（《美术》1990年第6期）、《中国陶瓷史与社会的发展状况》（《中国陶瓷》1991年第5期）、《绞泥创作体验》（《中国陶瓷画刊》2012年第10期）、《荣昌陶绞泥制作体验》、《荣昌陶朱砂釉的风采》、《浅谈荣昌陶的装饰工艺》（《中国陶艺》2014年第11期、12期）等。

肖文桓（1966— ）

重庆荣昌人，出身于制陶世家，家谱记载从事制陶传承有10代人。

重庆市工艺美术大师，国家级非物质文化遗产项目"荣昌陶器制作技艺"重庆市级代表性传承人，荣昌区陶瓷协会理事，重庆市"十佳青年"。

受祖辈影响，从小热爱制陶工艺，父母都在国营荣昌陶器厂上班，父亲肖德森是厂里的老艺人，耳濡目染，7岁时开始随父学习传统制陶技艺，1982年，初中毕业后，进入荣昌陶器厂当拉坯技工，师从刘昌兵。在厂里，虚心向师傅们学习，全面掌握了各项制陶技术，包括手工拉坯、手工制作各种工艺陶、手工雕刻和镂空技艺、各种釉色的配制等，由于技艺高超，被人称为"拉坯王子"。

技艺特点：擅长拉坯、各种釉色配制、手工雕刻和镂空技艺，融会贯通。

个人成就：坚持用荣昌安富的陶土，采取手工拉坯、开片、配釉，用传统的阶梯窑、倒焰窑来烧制陶器，新开发了仿古陶、彩绘陶、仿铜陶等各种工艺陶，造型独特典雅、装饰精美。代表作品有"双耳宽肩豆沙釉花瓶""刻花罐"等。釉料全由自己配方，在研究釉色的配方和窑变方面有突出贡献。

为传承荣昌陶制作技艺，1996年他创办了"荣昌安北陶器厂"。1999年，引进热转引技术，成为重庆地区第一家彩陶生产商。2001年，公司修建了当时全国最大的半悬挂转盘窑炉。2002年，又修建了当时技术领先的长度为48米的自动控温隧道窑炉，引进全自动泥料生产设备。2015年，引进荣昌陶地区首条自动注浆生产线，降低了生产成本，提高了产品质量和生产效率，产品扩至陶瓷酒瓶、陶瓷餐具等，品种多达数百种，成为集设计、开发、生产、销售于一体的综合型陶瓷生产企业。2018年，作品《渐》获中国工艺美术协会颁发的"金凤凰"创新大赛金奖；同年，作品《竹报平安》获第六届（大连）国际文化产业博览会工艺美术作品金奖；作品《巴蜀遗韵》获第十九届工艺美术大师作品暨手工艺术精品博览会2018"百花杯"工艺美术精品奖金奖。

肖祥洪（1965.2—   ）

重庆荣昌人，出身于制陶世家。擅长手拉坯成型技术和配釉工艺，重庆市工艺美术大师，国家级非物质文化遗产项目"荣昌陶器制作技艺"重庆市代表性传承人。

祖辈以制作陶器为生，家谱记录传承的历史已有10代人。从小耳濡目染，受家人潜移默化的影响，边读书，边学习制陶，对陶器情有独钟，颇具天赋。肖祥洪的父亲是荣昌安陶厂技术科试制组组长，1983年父亲退休时，顶替父亲进入荣昌陶器厂技术科，从事新产品釉色调试和样品检验工作。由于厂里提供的发展空间增大，加之技术厂长朱红林、技术科长刘大华、师父张俊德的悉心指导，肖祥洪学到了很多东西，包括翻模、雕塑、刻花、施釉等等。可以得心应手独立完成各种产品的试制工作。1986年，在安陶厂拉坯比赛中获"技术标兵"称号。代表作有"灯笼直筒瓶""绿釉梅花瓶""蛋形纹泥壶""泡菜坛"和《金砂釉非洲少女》等。

技艺特点：制陶工艺娴熟，尤以产品拉坯造型与传统釉料的研发为甚，作品釉色变化丰富，效果独特。

个人成就：肖祥洪对陶瓷艺术很执着，在企业解体后，仍坚持不断创新探索，在受聘于安北陶瓷有限公司期间，成功地将陶瓷艺术与酒类包装产品工艺相结合，大大提高了产品的附加值，取得了较好的经济效益和社会效益，技术价值也得到了进一步认可，并获得了多项荣誉称号：2012年12月被荣昌县文广新局命名为县非物质文化遗产项目荣昌陶代表传承人；2013年5月在县人力资源和社会保障局荣昌总工会举办的专业技能大赛中，荣获"陶瓷手工成型"优秀奖，同年10月荣获荣昌县工艺美术师称号；2014年，开办了自己的陶艺工作室，其创作的"螺纹钧釉花瓶"被日本东京大学教授岛田文雄带回收藏在东京大学博物馆。同年5月在社保局总工会举办的专业技能比赛中，荣获手工成型二等奖，并获得荣昌县"技术能手"称号。2015年作品及论文载入全国《陶瓷画刊年度人物》，并受聘于荣昌区碧波荣陶研究院，从事产品造型设计和釉色研发，其间作品"砂金蛋形瓶"被安陶博物馆收藏；2019年，作品"西绿窑变盖碗"被中国美术馆作为典藏作品收藏。

肖祥洪不仅在手工拉坯成型上有精湛的技艺，而且还创新开发了工艺陶瓷新釉种，填补了重庆陶瓷界的空白，成功恢复失传已久的荣昌陶特有釉色——朱砂釉、金砂釉和西绿釉，其产品品种深受国内外市场青睐，获得了较好的经济效益和社会效益，为传承荣昌陶这一非物质文化遗产项目作出了自己的贡献。

范鸣（1957.8— ）

重庆荣昌人，擅长荣昌传统剔刻花工艺。重庆市工艺美术大师，国家级非物质文化遗产项目"荣昌陶器制作技艺"重庆市级代表性传承人。1975年下乡在荣昌县安富镇安北公社务农。1977年12月，招工进入荣昌陶器厂，初期在昌林师傅指导下学习刻花、点花、接逗等传统装饰工艺，不久调入厂技术科试制组从事新产品黏结、刻花、点花、剔花、堆花等工艺的试制工作。其间，在技术科钟德江、刘大华、何光齐、张俊德等老师和四川美术学院陶瓷专业老师的指导下，技艺很快得到提高。1985年参加四川省职业教育函授中心陶瓷专业学习，取得毕业证书。1986年，获荣昌陶器厂首届青工技术练兵竞赛活动"刻花标兵"称号。1988年，作为技术人才引进调入湖北宜昌市彩陶厂从事产品设计试制工作，把荣昌陶的刻花、点花工艺运用于台灯座、刻花挂盘、刻花茶具、文具彩釉挂盘等设计与生产，并参加了多幅大型釉彩壁画的制作。1992年被评为助理工艺美术师技术职称。2012年与丈夫钟鸣一起回到荣昌，在安陶博物馆共同创建"钟鸣陶艺工作室"，从事陶艺传承、研发，创新刻花、点花等传统工艺。2013年，荣获荣昌区首届职业技能大赛陶瓷刻花项目一等奖，同时，获岗位练兵"技术能手"称号。2016年，参加由四川美术学院、文化部、教育部主办的"中国非物质文化遗产传承人群研修班培训计划"陶艺培训班结业。2019年，由钟鸣设计，范鸣创作的《梅瓶三姐妹》，获第45届全国工艺品交易会"金凤凰"创新产品设计大奖赛金奖。同年，合作的陶器作品《憨哥憨妹》被中国美术馆作为典藏作品收藏。2021年，与钟鸣创作的陶艺作品，获第四届中国四大名陶（4+N）荣昌展金奖。

梁洪萍（1975.1— ）

荣昌安富人。擅长刻花和配釉工艺。国家级非物质文化遗产项目"荣昌陶器制作技艺"重庆市级代表性传承人，重庆市工艺美术大师。2001年，获国家劳动和社会保障部颁发的"陶器装饰"二级技师称号。现担任重庆鸦屿陶瓷有限公司副总经理。梁洪萍出身于制陶世家，从小受祖辈制陶的熏陶和影响，喜爱荣昌陶。1996年，职高毕业后到父亲梁先才创办的陶瓷厂学习制陶工艺。在父亲的精心培养下，她勤奋好学，刻苦钻研，很快熟练地掌握了制陶的全部技术和工艺流程，为荣昌陶的品牌打造，带动学徒就业作出了突出贡献。2012年，她被共青团荣昌县委、荣昌县青年联合会授予"荣昌青年五四红旗手"称号。2016年，重庆市妇联授予"重庆市巾帼建功标兵"荣誉称号。其作品《国色天香天球瓶》，造型美观大方、线条流畅、独特典雅。2017年，在第六届中国（重庆）文化产业博览会工艺美术大师暨国际工艺美术精品展上，作品"陶瓷梅花壶"获得第二届"工匠杯"工艺美术精品奖银奖；同年，作品《火之韵》在首届中国四大名陶展中获金奖。2019年，与父亲在安陶博物馆对面建了1000平方米的"荣昌安陶工作室"，专注于工艺陶的新产品研发，不断试验釉料的新配方，还原了荣昌陶丰富多彩的釉色，设计创新多种茶壶器形。2021年8月在第十届"大地奖"中国陶瓷创新与设计大赛中作品《远山》荣获金奖。同年9月，陶艺作品，获第四届中国四大名陶（4+N）荣昌展银奖。

（三）区级传承人

周光健（1962.2— ）

荣昌安富人，出身于制陶世家，擅长手拉坯制陶。重庆市工艺美术大师。

荣昌区工艺美术师，国家级非物质文化遗产项目"荣昌陶器制作技艺"区级代表性传承人。1978年初中毕业，进入荣昌安陶厂工作，拜师张俊德，在厂里主要从事手工拉坯制作陶器。2000年，安陶厂停产后，曾到浙江寻求发展，先到过温州，后又到义乌、龙泉的陶厂帮助拉坯。2003年，在浙江建了自己的制陶工作室。2017年，周光健重返家乡，在淘宝古街开办"周氏陶器工作室"。"金砂釉黑瓶"在第二届中国四大名陶陶展中荣获铜奖；创作的陶瓷作品《千年陶韵》在2018年第七届中国（重庆）文化产业博览会工艺美术大师作品暨国际工艺美术精品展上获得铜奖；同年获第三届"工匠杯"工艺美术精品奖；《窈窕陶细颈花瓶》在2019年第八届"工匠杯"获设计创作大赛银奖；创作的陶器《鸳鸯糖罐》在第54届全国工艺品交流会上荣获2019年"金凤凰"创新产品设计大奖赛优秀奖等。

黄华容（1957— ）

重庆荣昌人。擅长荣昌传统剔刻花工艺。荣昌区工艺美术师，国家级非物质文化遗产项目"荣昌陶器制作技艺"区级代表性传承人。

1978年，进入荣昌陶器厂工作，主要从事陶器刻花工艺，陶厂倒闭后，先后受聘于世国华陶瓷工艺制品有限公司、华荣陶瓷工艺制品有限公司，任刻花部主任。她主创的《往事系列》剪纸刻花天球瓶作品，采用荣昌陶传统的剪纸剔刻花装饰手法，以一组怀旧情调的人物造型，充分展现了荣昌陶独特的装饰风格和地方特色。曾连续参加重庆市工艺美术博览会，作品"窑变釉反口大肚瓶"，2010年获金奖；作品《手拉坯剪纸刻花系列》，采用荣昌传统的剪纸剔刻花工艺制作，于2012年获金奖。

李绍荣（1962.12— ）

重庆荣昌人，擅长手拉坯制陶技艺。重庆市工艺美术大师，1980年，进入荣昌陶器厂学习制陶技艺。由于热爱手拉坯制陶，加之勤学苦练，很快成为厂里年轻人中手拉坯制陶的佼佼者。从1996年至2013年，先后到成都吕艺彩陶有限公司、成都蜀乐贸易有限公司，从事手拉坯制陶工作。

2014年受聘在重庆鸦屿陶瓷有限公司工作。从事手拉坯制陶30余年，用心做好一件事，专注、专业，在平凡的岗位上为荣昌陶的传承发展贡献自己的力量。2014年，参加荣昌区第二届职业技能大赛，获陶瓷手拉坯成型项目三等奖。与梁先才、林诚忠创作的素烧剔刻作品《山河如意瓶》，被中国美术馆收藏。

郭绍清（1963.4— ）

荣昌安富人，擅长手拉坯制陶技艺，荣昌区工艺美术师。1979年进入荣昌陶器厂当学徒，开始学习手拉坯技术。1989年后调入隆昌美术陶瓷厂，从事手拉坯工作。2004年，被隆昌县工艺美术陶瓷厂授予"先进工作者"称号。2011年，受聘到重庆世国华陶瓷有限公司做拉坯工艺。2013年和2014年参加荣昌县职业技能大赛，连续两届获手拉坯成型二等奖；2014年，受聘李开佐技能专家工作室，从事陶器研制、生产工作。其手拉坯茶壶，于平淡之中见功力，体现了荣昌陶传统的特色。2015年参加重庆电视台都市频道大型职业技能竞赛真人秀"为你喝彩"节目，获传奇人生奖。2016年在安富街道大师园二楼创办"清鑫陶瓷艺术工作室"。陶艺作品参加"2018年中国四大名陶大展"获铜奖。

肖祥君（1963.8— ）

重庆荣昌人，擅长剔刻花工艺。国家级非物质文化遗产项目"荣昌陶器制作技艺"区级代表性传承人，荣昌区工艺美术师。出身于制陶世家。从小受父辈影响，初中毕业便跟随父亲学习陶瓷装饰。1979年进入荣昌陶器厂工作，在名师张华英的指导下，从事刻花、陶器产品接斗工作。1986年，在全厂青工技能竞赛中获"刻花冠军"称号。2001年，获重庆市劳动和社会保障局颁发的陶器装饰高级技能职业资格证书。同年受聘到重庆鸦屿陶瓷有限公司担任刻花装饰工作。2013年参加荣昌县首届职业技能大赛，获陶瓷刻花项目二等奖。代表性作品"刻花泡菜坛"系列，采用化妆土刻花，另有点花、剪纸刻花、雕填、刷花等工艺手法，设计简练明快、造型优美、纹饰大方、质朴自然，具有浓郁的传统工艺特色。

袁心权（1964.7— ）

重庆荣昌人，擅长粗陶制作工艺。国家级非物质文化遗产项目"荣昌陶器制作技艺"区级代表性传承人。1981年，高中毕业进入荣昌区地方国营"武城陶器厂"当学徒工，厂里安排师从严正义，主要学习制泥、拉坯、上土釉和烧制土陶，技术全面。1995年当上厂长、书记。2008年，把倒闭的陶厂盘下来，自己建了一个"高瓷陶器厂"，成为私营企业，为了延续传统的烧制技艺，企业采用古老的制陶和烧陶方法，现有两条阶梯窑，主要生产泡菜坛等日用品粗陶，既实用又美观，注册有"武城"商标。是荣昌迄今尚保留最为完整的粗陶拉坯工艺和阶梯窑烧成工艺的陶厂之一。

为重庆市三耳集团试制了一个巨型陶器——"天下第一缸"，缸的口径3.28米，高2.88米，底宽1.68米，获荣昌区科学创新三等奖。现放在重庆白市驿的火锅博物馆里陈列。中央电视台的"财富故事会"作了专题报道。

刁显超（1965.3— ）

重庆荣昌人，擅长手拉坯制陶技艺。国家级非物质文化遗产项目"荣昌陶器制作技艺"区级代表性传承人。1981年进入荣昌陶器厂工作，跟随谢富全师傅学习手拉坯技术，由于勤奋好学，技术过硬，4年学徒期满后成为荣昌陶器厂年轻一代手拉坯制陶的技术骨干。2013年，受聘到重庆鸦屿陶艺工作室，继续从事手拉坯制陶。同年参加荣昌县首届职业技能大赛，获手拉坯成型项目三等奖；参加中国工艺美术协会在广西钦州举办的第5届中国工艺美术陶瓷技艺大赛，获陶瓷造型技艺项目优秀奖。2014年，参加荣昌县第2届职业技能大赛，获陶瓷手拉坯成型项目一等奖。他的手拉坯茶盏，下半部适当配以绞泥装饰，动静对比，让素烧的陶器颇为独特。2016年，在安富古街创办了"汇陶轩"制陶工作室。2019年，在第54届全国工艺品交易会上获"金凤凰"创新产品设计大奖赛银奖；创作的陶瓷《彩云之蓝》"绞泥泡菜坛"两件作品在第八届中国（重庆）文化产业博览会工艺美术大师作品暨国际工美术精品展上获得2019第四届"工匠杯"设计创作大赛金奖和铜奖。

林诚忠（1966— ）

重庆荣昌人，擅长陶器雕刻、造型设计。1986年起，先后在荣昌工艺陶厂、新疆玛纳斯陶瓷厂从事雕塑、造型工作。2009年，受聘到重庆鸦屿陶瓷有限公司工作。以工艺雕塑、造型设计、手工刻花等技艺见长。其作品以动物雕塑为主，造型粗犷朴实，有一种野性之美；也有人物造型，表现细腻，姿态雅丽。1986年，获荣昌县政府授予雕塑专业助理技术员称号。2013年，在荣昌县陶瓷职业技能大赛中，获雕塑成型二等奖。参加在景德镇举办的中国技能大赛——首届"古窑杯"陶瓷成型职业技能全国总决赛，因成绩突出，被授予"全国陶瓷行业技术能手"荣誉称号。2016年，到广西钦州参加由中国陶瓷工业协会和钦州市人民政府主办的陶艺大赛，获雕塑项目铜奖。2018年，与梁先才、李绍荣合作创作的素烧剔刻作品《山河如意瓶》，为中国美术馆收藏。

严昌成（1965— ）

重庆荣昌人，擅长注浆成型和拉坯工艺。国家级非物质文化遗产项目"荣昌陶器制作技艺"区级代表性传承人，荣昌区工艺美术师。1982年高中毕业后进入荣昌陶器厂泥料车间工作。1984年开始，先后从事注浆成型、半成品接斗、拉坯和制作工作。1986年至1989年，在隆昌渔箭陶厂从事民间日用陶制作。1990年回到荣昌陶器厂，从事新产品的研发工作。1993年与罗天锡合作的作品《秋》赴日本展出；2008年获中国福建"海丝杯"陶艺赛手拉坯银奖、作品《奥运五洲鼎》获铜奖。2011年在贵州省首届陶瓷展中，作品《主编鱼篓泡菜坛》，获贵州省陶瓷设计艺术作品展金奖。2012年，受聘到重庆鸦屿陶瓷有限公司工作。

吕玉成（1969.11— ）

重庆荣昌人，擅长产品设计、模具制作。荣昌区工艺美术师。1985年高中毕业后开始学习陶器制作工艺。1989年，到荣昌县东民陶厂工作，学习产品设计和模具制作。1990年起，到鸦屿陶器厂担任专职产品造型师，其间到安富中学陶艺班任教一年，参与了该校陶艺教材的编写工作。2009年，到重庆世国华陶瓷工艺制品有限公司主持新产品开发。2002年设计制作的陶瓷包装《书瓶》获该年度成都糖酒类包装优秀奖。2010年，陶艺作品《蜗居》获重庆市第3届工艺美术博览会铜奖；2012年，陶艺作品《伤痛》，获重庆市第5届工艺美术博览会铜奖；2005、2011年两次被重庆市工艺美术大师评审领导小组授予重庆市工艺美术优秀专业技术人员称号。从1992年至今，独立设计、制作的陶瓷包装品种上万个，为荣昌陶创造了较大的经济和社会价值。

陈家明（1968.11—　）

重庆荣昌人，擅长器形拉坯和装饰烧成技艺。荣昌区工艺美术师。国家级非物质文化遗产项目"荣昌陶器制作技艺"区级代表性传承人。

1982年至1996年在重庆荣昌陶器厂工作，任职于陶产品手工成型工艺，拜师于陶艺大师何光林。

1996—2014年在荣昌安富唐家沟窑厂工作，从事陶产品手工成型制作工艺。

2014—2017年在重庆世国华陶瓷公司工作，从事陶产品手工成型制作工艺。

2017—2020年在钟鸣陶艺工作室工作，负责陶产品的拉坯工艺。

2020年至今，在安富街道创办"重庆市荣昌区名陶轩陶瓷工作室"，并设有自己的展销门面。

工作室主要生产茶壶、花瓶、茶叶罐、泡菜坛等陶器产品，以独具地方特色的制作工艺和文化底蕴，创作了大量的各种种类的纯手工、纯天然的荣昌陶艺制品。2021年，荣获第四届"中国四大名陶（4+N）荣昌展"陶瓷造型技艺大赛金奖。

田密（1976.3—   ）

重庆荣昌人，擅长泥塑和陶器装饰。重庆市工艺美术大师，国家级非物质文化遗产项目"荣昌陶器制作技艺"区级代表性传承人。

田密出身于制陶世家，从小跟随父母亲学习陶器的制作，后又师从罗天锡、黄华容学习手拉坯、雕刻花、产品成型、配釉、模具制作等技艺。2013年，获荣昌县第三届技能岗位大赛优秀技能奖。2014年在安富街道大师园创办自己的陶艺工作室。2015年获全县陶艺现场创作比赛优秀奖。2016年，先后参加文化部在中国美术学院、四川美术学院举办的"中国非物质文化遗产传承人研修研习培训班"，获结业证书。同年，陶艺作品《荷塘月色》入选山东省文化厅主办的"非遗与文创——第四届中国非遗博览会高等院校文创成果展"；2017年，陶艺作品《鹰击长空》入选在江苏举行的首届中国四大名陶展。2018年作品《盛世太平》，被人民大会堂收藏。2019年，作品《荷塘月色》被中国美术馆收藏。同年作品《水月洞天》获第四届"工匠杯"设计创作大赛银奖。2021年，作品《朱砂红》《三月春》在第十届"大地奖"中国陶瓷创新与设计大赛中获金奖。

刘嘉佳（1979—   ）

重庆荣昌人，擅长陶刻书法技艺。荣昌区工艺美术师，国家级非物质文化遗产项目"荣昌陶器制作技艺"区级代表性传承人。从小随父亲、叔叔学习陶器制作技艺，为荣昌"吉芬窑"第六代传承人，毕业于景德镇陶瓷大学陶瓷设计专业。多次参加文化部组织的非遗项目的培训学习，其制陶技艺融合了四大名陶工艺特色。2012年，在"中国梦·劳动美"荣昌区首届职业技能大赛荣获陶瓷手工成型一等奖；2018年，作品《佛塔香炉》，在第六届"中泰一家亲" 国际艺术节TCF亚太国际综合艺术大赛中荣获青年组传统陶艺造型一等奖。2018年，《盘古创世》等陶艺作品先后被河北美术学院、景德镇陶瓷大学等艺术馆收藏；作品《陶瓷——雪域》，获中国工艺美术协会主办的2019年"金凤凰"创新设计大赛银奖；同年，作品《影雕茶壶》，获第八届（四川）国际茶业博览会"金口碑"奖；在第八届中国（重庆）文化产业博览会工艺美术大师作品暨国际工艺美术精品展上,作品《影雕花瓶系列》,获2019第四届"工匠杯"设计创作大赛金奖。

王艳（1980.7—   ）

祖籍河南省新乡市,现迁居荣昌安富街道。擅长绘画、陶瓷设计。重庆市工艺美术大师。国家级非物质文化遗产项目"荣昌陶器制作技艺"区级代表性传承人。毕业于河南省艺术师范学院美术专业,2010年在潮州松发陶瓷工艺有限公司从事工艺品设计、捏花。2012年,在世国华陶瓷工艺制品有限公司工作,师从陶瓷专家毛建崇,学习工笔画、釉下彩以及陶瓷工艺设计,并向荣昌陶器艺人黄华容学习刻花技术。较为熟练地掌握了雕塑、雕刻、捏花等陶艺制作技法,并在传统剔刻工艺的基础上,创造性地运用"点雕法",把现代手工艺技法与荣昌陶传统技法结合起来,作品《彩球》就是在传统剔花工艺基础上,采用点雕刻工艺和釉彩艺术相结合的技法创作的,形式独特而新颖。2014年,与他人合作,创办了"紫精轩陶艺工作室"。2015年,作品"高温釉下彩八件套",获第八届重庆市工艺美术博览会银奖;参加荣昌区陶艺大赛,获刻花项目一等奖。

刘冬（1986.10—   ）

荣昌安富人,擅长雕塑、雕花、刻花和设计。荣昌区工艺美术师、荣昌区技术能手,国家级非物质文化遗产项目"荣昌陶器制作技艺"区级代表性传承人。自小习陶,1999年,跟随叔父刘吉芬大师学习陶器制作传统技艺;较为熟练地掌握了荣昌陶造型、制模、装饰、烧成等制作工艺。2003年,受聘于成都国际会议展览中心——藏羌博物馆担任专职雕塑师;2004年,他设计制作的雕塑作品《南朝瑞兽》受到金庸先生青睐并收藏。其间,参与了九寨天堂洲际大酒店以藏羌文化为主题的大型雕塑的小样创作,以及成都会展中心世纪城的陶瓷摆件的设计创作。2005年至今,在安北陶瓷有限公司担任专职产品造型师。2014年,创作的《悟禅》在荣昌县第二届职业技能大赛中获陶瓷雕塑项目二等奖。2015年创立拙朴堂艺工作室。2018年,作品《蜀问·三星尊》参加第七届重庆（国际）文化产业博览会，被记者撰文评价为器形端庄大气，纹饰精致华美，表面散发金属光泽……印象深刻。同时还展出了蓝钧釉、红虎斑釉、绿龟甲釉等釉料装饰的陶器作品。

刁杨洋（1990—　）

重庆荣昌人，擅长陶器制作技艺。荣昌区工艺美术师，国家级非物质文化遗产项目"荣昌陶器制作技艺"区级代表性传承人。2013年，随父亲刁显超学习陶器制作技艺，随着自身技艺的提升，不断融入自身的理解与创新。于2017年和2019年连续参加荣昌区陶艺技能大赛荣获拉坯组三等奖；2019年开设"淘里陶器"陶艺店，以生产茶壶、茶杯、花器、雕刻等作品为主。2020年，《绞泥西施壶》作品参加"重庆好礼"商品设计大赛，获铜奖。

罗莎（1994—　）

重庆荣昌人，擅长陶器制作技艺。重庆市工艺美术行业协会理事。2013年至2015年，随父亲肖祥洪学习陶器制作技艺。2015年，创办"罗莎陶艺工作室"，次年，被评为国家级非物质文化遗产项目"荣昌陶器制作技艺"区级代表性传承人。

2016年在四川美术学院参加"中国非物质文化遗产传承人群研修研学培训计划"普及培训班，取得结业证书。第二年，在苏州工艺美术职业技术学院参加"非物质文化遗产传承人研修研学培训计划"重庆传统技艺研修班，并取得结业证书。

2017年，获第三届重庆市荣昌区工艺美术师称号。2018年至2019年，受聘荣昌职业教育中心陶艺教师职务。2019年受聘于荣昌区国家级示范性综合实践基地，陶艺老师职位。

陶艺作品《疯长的欲望》在54届全国工艺品交易会上获"2019年'金凤凰'创新产品设计大赛"银奖。

陶艺作品《浮生》获得2019年"陶都杯"陶艺技能大赛三等奖。

制作的《橄榄瓶》《葫芦礼花釉花瓶》作品入选"一带一路"国际陶瓷论坛展厅——荣昌国家级非遗精品展。

创作的《和欢壶》被香港东方艺术博物馆分馆——仁天艺术馆作为一级藏品收藏。

2020年,作品《黎明的化生》在第九届"大地奖"中国陶瓷创新与设计大赛中荣获"特等奖"。

以上在记述荣昌陶业传承人的同时,我们也可以看到,代际延续的传承方式除家族式和师傅带徒式的纵向传承之外,尚有横向的专业院校师生和各地陶艺家的积极参与,以至于荣昌陶业的传承在人才结构与产品的创新上都发生了历史性的变化。如荣昌陶器厂自20世纪50年代起至80年代,西南美术专科学校(后改为四川美术学院)的梁启煜、罗明遥、毛超群、马高骧等教授,与厂里的技术人员和制陶工人一起协同创新,为荣昌陶技艺的传承与发展发挥了重要作用。而自60年代起,有一批专业院校毕业的学生陆续分配来到安陶厂的技术科,如刘大华、朱红林、叶思群、司徒铸等,加之本厂职工到专业院校进修学习的梁先彬、罗天锡、钟鸣等,他们成为荣昌陶器厂设计与创新的骨干力量。近年来,荣昌区在实施荣昌陶业振兴战略中,在安陶博物馆对面免费为大师提供工作室,有计划、有针对性地引进了一批外地陶艺家来荣昌落户,有重庆工艺美术大师张海文、梁大等,也有来自江苏宜兴、广西钦州、云南建水、江西景德镇等地的名师加入,如卢尚平、毛建崇、周寅初、田家祥、李加兴等陶艺家,以及专业院校毕业到安富落户的王峰夫妇、管永双夫妇、李志鹏夫妇、杨腾飞等青年学子充实到荣昌陶的传承中,他们视野开阔,坚韧执着,为荣昌陶的创新发展贡献着自己的力量。这些不仅使荣昌陶的传承延续了自身发展的知识体系,也吸收了来自四面八方不同风格,因而荣昌陶的"荣"字不仅有兴盛之意,也有了"包容"之气度,众人拾柴火焰高,陶业的发展离不开大家的积极参与,汇集于荣昌的各路陶艺家,各施才华,拓展了荣昌陶的发展路径,以下就代表性的人物略加介绍。

1. 卢尚平（1943— ）

江西景德镇人，擅长绘画、陶瓷设计。1963年毕业于景德镇陶瓷学院美术系设计专业，高级工艺美术师，中国陶瓷工业协会专家组专家，重庆市科技咨询专家、学术带头人。2008年以来，担任重庆世国华陶瓷工艺制品有限公司艺术总监，研制陶瓷新产品。设计的《五彩束口天球瓶》《五彩蛋瓶》《双耳兽首罐》《壶灵》等产品受到市场欢迎，其中《新非遗》茶壶一度创荣昌陶作品单价最高销售价格。目前，在荣昌安富街道开设了"后土坊陶艺工作室"。作品曾多次荣获国内外设计大奖，其中以"海为龙故乡，龙是海之魂"为主题创作的日用瓷系列产品，曾先后获得"首届中国外观专利设计大赛"一等奖；"第七届全国艺术创新评比"一等奖；"2004年中国工业设计大赛"银奖等。

2. 田家祥（1954— ）

天津人，大专学历，擅长书画与根艺陶器设计制作。高级工艺美术师，重庆市工艺美术大师，云南省陶瓷艺术大师，云南省工艺美术研究所造型装饰设计师。

1985年进修于景德镇陶瓷学院。其后，一直从事陶器创作，特别是根雕陶器的设计与制作。作品沿袭传统的制陶方法，运用独特的制作工艺，将根艺造型嫁接在传统的器形之上。作品朴厚、古拙、典雅、自然，《根艺天球瓶》《根艺提梁壶》获中国·昆明彩云之陶艺术节"彩云杯"金奖。《根艺梅瓶》《根艺长寿壶》获银奖。2015年，在安富街道开设了"田家祥陶艺工作室"。

3. 江碧波（1939— ）

浙江宁波人，擅长版画、雕塑、陶艺。1962年毕业于四川美术学院，后留校任教，曾任绘画系主任，重庆大学人文艺术学院院长、教授。重庆美术家协会副主席、版画家协会艺委会委员、中国美术家协会重庆创作中心主任。

2000年以来,她在荣昌安富镇先后投资兴建了碧波艺苑陶艺研究所、碧波陶艺工作室、碧波陶艺公园,研制、开发、生产的陶艺作品数百种,受到市场青睐,产品多为馈赠礼品。同时她还长期从事长江远古巫文化的研究和艺术创作,并将研究成果与陶艺造型结合起来,形成了个性鲜明的陶艺作品。受到消费者和收藏家的喜爱。在她看来,荣昌陶需要创新,要用新的工艺,创造出更符合现代人审美的器具。因此,在她的陶艺作品中,既可以看到对传统荣昌陶艺的继承,也可以看到作品中所具有的当代艺术的审美观念,体现了她独到的艺术见解和学术思想。如今,江碧波的陶瓷工厂也邀请了许多艺术家参与其中,运用这些艺术家出色的艺术审美,来提升当代陶器的艺术表现。

4. 张海文（1955—　）

重庆市人,擅长陶瓷美术设计与工艺制作。1983年毕业于景德镇陶瓷学院美术系雕塑专业。现为重庆工艺美术协会副会长,重庆工业设计学会常务理事,高级工艺美术师,重庆市工艺美术大师。

1984年进入重庆硅酸盐研究所陶瓷研究室,数十年来潜心于陶瓷造型与釉色开发、壁画的装饰研究,在陶瓷领域,尤其是在荣昌陶的研究领域有突出贡献。

1985年,接受国家科委和重庆市科委的委托,作为第一主研人主持"华蓥山金砂釉的开发与利用"科研项目:"攀枝花钒钛磁铁矿矿渣开发",通过实验研发推广这些釉料在陶瓷艺术作品上表现的可行性。经过数年的研究和无数次实验,他领导下的团队终于掌握了这些颜色釉在高温下的变化规律和特殊肌理效果。1986年在全国第二届科技发明展上,张海文利用钒钛磁铁矿颜色釉创作的陶瓷壁画《傣乡姑娘》荣获当年的国家科学技术发明奖银奖;1989年,铁红釉刻花文具《麒麟文具》,获首届"中国长江民间工艺艺术品"银奖。1990年,作品"无光裂纹釉六头文具",获首届"陶都景德镇杯"国际陶瓷精品大奖创作奖;2016年,陶艺作品《黄桷树下》获第五届中国(重庆)文化产业博览会"工艺美术大师作品暨国际工艺美术精品展"金奖。2019年,作品《乡愁》。获中国工艺美术学会颁发的"金凤凰"创新产品设计大奖赛金奖。《巴渝人家》被上海工艺美术博物馆收藏。

2016年，作为荣昌区引进人才，张海文在荣昌安富建立了自己的陶艺工作室，致力于荣昌陶的传承与现代转型的研究，带着对陶器造型和装饰的思考，在荣昌泡菜坛造型的基础上，作了相应的延伸和变化。并以山城民居、吊脚楼、黄桷树等重庆传统文化符号为主题，创作了大量的陶瓶、陶盘、茶壶系列作品。尤以各种花瓶造型，方圆曲直，采用荣昌陶最具代表性的传统剔刻花工艺为表现手法，题材新颖，匠心独运。装饰图案，以大面积的白泥化妆土为底，通过剔花刻出红陶色块，形成红白两色的陶土对比，景物参差错落，点、线、面的构成疏密有致，强调节奏和韵律感，将造型与装饰融为一体，创作出重庆山城独有的视觉形态和情韵，延续和创新了荣昌陶独具特色的传统技艺，具有泥土的素朴与装饰明快的现代之美。

5. 梁大（1953—　）

重庆市人，擅长陶器翻模与制釉技术。重庆市工艺美术大师。任职于四川美术学院工艺美术系陶瓷专业，一直从事陶瓷艺术的创作、科研和教辅工作。从小师从父亲梁启煜教授学习陶艺。1977年，父亲退休他顶替在学校陶瓷工厂上班。学校为了培养能做教辅又能搞生产的工人，安排他到荣昌陶器厂实习一年，向厂里的老师傅学习拉坯、翻模和烧窑的技术。厂里安排他与名师杨学礼学习拉坯工艺。还有试制组的肖慈金、周俊国，烧窑的陈师傅等都教过他。梁大对荣昌陶器厂的师傅们充满深厚的感情，回校后，还经常联系学生去荣昌实习。在父亲的指导下，对陶瓷配釉技术有浓厚的兴趣，在学校的陶瓷实验室工作期间，实验过多种釉色应用于教学中，受到师生的欢迎。2015年底，作为人才引进，在荣昌安富陶艺大师园创办自己的工作室。

6. 吴华生（1955.8—　）

四川内江人，擅长石、木、竹、陶雕刻。荣昌区工艺美术师。从事书画、雕刻近40年。2015年，在荣昌安富创办"陶语堂陶艺工作室"。他把中国书法、绘画运用于陶器上，独立完成陶器的字画装饰。是荣昌陶微刻技艺的倡导者，可以在普通陶壶上微刻近 1000 字。曾获四川省书法协会、省总工会书法雕刻一等奖。2016 年，参加在广西钦州举行的中国名陶技艺大赛（茶壶设计制作），获书法雕刻项目铜奖。2018 年，创作的《微刻"心经"壶》，被中国美术馆作为典藏作品收藏。2020 年，作品《心经大盘》获第三届中国四大名陶（4+N）陶瓷技艺大赛银奖。

7. 毛建崇（1959— ）

湖南醴陵人，擅长陶瓷雕塑、设计与制作。出身陶瓷世家。重庆市工艺美术大师。曾任湖南省陶瓷研究所艺术陶瓷室主任，原轻工部陶瓷外援专家组成员，重庆世国华陶瓷制品公司总工程师。具有丰富的理论与实践经验，主要从事陶瓷工艺、美术雕塑、雕刻、设计与制作。制品《咏梅》，2011 年获第 4 届重庆市工艺美术博览会金奖；《花之趣》，2012 年获第 5 届重庆市工艺美术博览会创新奖；《荷》，2013 年获第 6 届重庆工艺美术博览会金奖；《咏梅》，2013 年获第 14 届中国工艺美术大师精品赛"金马奖"金奖；《金丝楠窑变釉天球瓶》，2015 年获第 8 届重庆市工艺美术博览会金奖等。2014 年在安富陶艺大师园创办了荣昌陶"紫精轩陶瓷艺术工作室"。

8. 周寅初（1962— ）

江苏宜兴人，擅长传统壶形制作。民间工艺师，荣昌区陶瓷学会副会长。20 岁即开始烧制紫砂壶，至今已有 40 年的制壶经验。他精通泥料炼制与配比，熟悉各种泥性的特点，对陶器各种泥料有独特的见解，尤精于各类荣昌陶茶壶的设计与制作。其作品多远销欧美，深受国际友人喜爱。2013 年，他受聘前来安富教授陶壶制作工艺，带徒 40 人。2014 年，十分看好荣昌陶发展前景的周寅初携家带子，到荣昌安富落户，创办了"周寅初陶艺工作室"。妻子高顺兰和儿子周健在其工作室从事荣昌陶艺的研制和生产。高顺兰主要采用开片技法手工制壶，将宜兴制壶技术与荣昌陶泥完美结合，研制的作品典雅大方，造型别致新颖。周健毕业于重庆工商大学，现为荣昌区工艺美术师，主攻雕刻技术，采用铁线刻花法制作陶器，笔触细腻，运功独到，尤其是表现巴渝风物的茶壶设计，凸显地方特色。2019年，周寅初与周健、唐毅合作的作品《周盘》茶壶，被中国美术馆作为典藏作品收藏。

9. 熊宁（1972.12—　）

重庆市人。重庆瓷窑里陶瓷有限公司、重庆夏兴古窑旅游发展有限公司总经理，"荣昌陶"文化体验中心负责人。

曾供职重庆旅游集团，参与实施重庆市政府旅游营销"十个一"工程、重庆旅游商品展销中心、重庆巴渝非物质文化遗产展览馆的工作。2012年，开始做案头设计和策划组建荣昌陶工作团队，由张俊德老师和几位川美的教辅、学生组成。2013年开始，研发、烧制大量的产品样品，包括素烧、还原烧、柴烧和彩釉。2015年，在荣昌大师园建立工作室。2016年，成立了自己的公司，策划运营重庆荣昌陶文化中心，文创商业一体模式，专事荣昌陶的文创产品研发与销售。注册了"夏兴窑"和"瓷窑里"两个商标，涵盖了高、中、低三个类型的产品线。挖掘当地陶文化历史，形成了一个集文化、技术、市场三位一体的研发中心，曾获重庆文化创新奖。近几年与重庆中国三峡博物馆联手做文博文创，由公司的设计人员对馆藏文物进行详细的研究，通过再设计，赋予它新的功能。采用荣昌陶传统制作技艺与博物馆文化精品融合，与三峡博物馆联合开发具有文化性、实用性、艺术性的系列文创产品，既宣教了文物，又让文物走进了人们的生活。

10. 李加兴（1984.4—　）

江西东乡人。出身制陶世家，擅长拉坯成型技艺。重庆市工艺美术大师，国家级非物质文化遗产项目"荣昌陶器制作技艺"区级代表性传承人。1998年，在老家开始随舅舅学习制陶手艺。2000年后，开设自己的工作室，不久，走出家门先后在景德镇、宜兴、建水、钦州等名陶之地学习制陶技艺，得到多位名师指点，技艺日臻成熟，形成了自己独到的陶艺风格。2013年来到荣昌安家落户，同年在安富街道创"加兴陶艺工作室"，并有自己的销售门面。2019

年，作品《涟漪套组》获得第54届"金凤凰"银奖（国家级），同年，作品《花花世界》，获重庆市第八届文博会暨第四届"工匠杯"设计创作大赛评比金奖。作品《鹤鸣九皋》，获中国工艺美术博览会首届"百鹤杯"工艺美术设计创新大赛"金鼎奖"。作品《雅韵》，获中国工艺美术博览会百鹤新锐奖。

11. 王峰（1988— ）

山西太原人，擅长绘画和陶艺创作。2014年毕业于四川省内江师范学院张大千美术学院。2011年，在校期间创作的陶艺作品《我们还在》，获四川省第六届大学生艺术节一等奖。2012年，作品《机器时代》，获内江市废物利用手工大赛一等奖。2013年实习并受聘于重庆荣昌世国华陶瓷工作室，从事雕塑、陶艺设计工作。2014年，参加荣昌县职业技能大赛获三等奖。2015年，与妻子翁燕群在荣昌安富街道共同创办"新青年陶艺工作室"。从事陶艺产品研发与制作，以及陶艺体验和陶艺培训等。

12. 管永双（1991— ）

四川达州人，擅长柴烧陶器设计与制作。国家级非物质文化遗产项目"荣昌陶器制作技艺"区级代表性传承人，荣昌区青联委员。自幼喜爱陶艺，2014年，毕业于四川美术学院陶瓷专业方向，2014年毕业作品《道》获四川美术学院学院奖，且入选第十二届全国美展并在西安大唐西市博物馆展出。还在大学时，管永双跟随老师到荣昌采风，就被当地的陶土和文化所吸引。一毕业，管永双就来到荣昌，起初在一家陶艺公司上班，一年后辞职，在荣昌安富与妻子李云杉共同创建"西山雨陶坊"工作室。工作室建好后，夫妻二人便开始潜心钻研陶艺。2015年以"西山雨"作为独立的陶艺品牌。2017年自主设计搭建了"灰—烧"柴烧窑烧制作品工作室。在传承荣昌陶传统制作工艺流程的基础上，对汉代草木灰釉进行创新发展，研制出了20多种灰釉，开发的一系列"植物灰釉"陶器作品，丰富了传统荣昌柴烧陶的釉色和艺术表现形式。

2017年，作品《痕》入选首届中国四大名陶展；2019年，作品《陶瓷柴烧茶具组合》获得第 54 届全国工艺品交易会"金凤凰"创新产品设计大赛铜奖，作品《无象》柴烧茶具，被中国美术馆收藏。柴烧仿"丝瓜陶瓶"，获 2021 年第四届中国四大名陶（4+N）荣昌展银奖。

13. 李志鹏（1991—　）

2015 年毕业于景德镇陶瓷学院美术陶瓷雕塑专业。国家级非物质文化遗产项目"荣昌陶器制作技艺"区级代表性传承人。荣昌区职业教育中心陶艺专业专职教师。2017 年，与同学后成为妻子的宋巍在荣昌安富淘宝古街成立了"两朵云·老茶馆陶艺工作室"。

"两朵云"秉持用心做好每一件陶器的初心。梦想让每一个爱陶之人都可以拥有一件独一无二的陶器。他们结合荣昌本土陶文化，深度挖掘荣昌地域文化特色，在荣昌陶塑上不断摸索创新，坚持原创设计，遵循陶器古朴自然的设计理念，将雕塑与荣昌陶器相结合，把独有的陶塑技法融入产品中，设计作品以"荷"元素为主，在实用和审美之间寻找合理的平衡。

在工作室旗下有"两朵云"和"两朵云老茶馆"两个注册商标。"两朵云"独创的堆塑作品，深受消费者的青睐与追捧。李志鹏 2019 年被评为国家级非物质文化遗产项目"荣昌陶器制作技艺"区级代表性传承人。宋巍被评为"百优巴渝巧姐"。夫妻二人作品多有获奖。2021 年，一组名为《大好河山》的陶艺作品，获第四届中国四大名陶（4+N）荣昌展银奖，为荣昌陶的传承与创新继续贡献着他们的力量。

第四节　传承人口述史研究价值

口述史作为人类记录历史最早的形式，起源于远古时代的民间传说，具有悠久而深厚的口述传统。在民间存在大量的口述活动和口述资料，主要是民众在日常生活中进行自发的个人叙事或集体叙事，民众的口头传统和日常性表述是口述史访谈和研究的基础；重视生活史研究和口头传统研究的人类学是口述史的鼻祖，人类学家开展基于人类口头传统的文化实践和文化研究，并形成了一套系统的理论方法，"口述史"学术概念的出现，是历史学家借鉴人类学对口述史研究的学术传统与方法，对其加以发展和完善的结果。

国务院参事、原中国民间文艺家协会主席冯骥才认为：非物质文化遗产是无形的、动态的、活动的，是不确定的，它保存在传承人的记忆和行为中，想要把"非遗"以确定的形式保存下来，口述史是最好的方式。他在《传承人口述史方法论研究》[①]一书的序言里写道："物质文化遗产的传承载体是遗产的本身，非物质文化遗产主要保护在传承人的记忆和经验里；这种记忆与经验通过目睹、言传和身教三种方式代代相传，没有文字记录，没有确凿与完整的书面凭据；它的原生态是不确定的，传承也不确定。如此一来，在当前时代转型，现代文明的冲击的背景下，出于保护民间文化遗产的需要，非遗档案调查与建立的需要，保护传承人的需要，口述史便应运而生，派上用场；再没有一种方法更适合挖掘和记录个人的记忆与经验，并把这些无形的、不确定的内容转化为有形的、确切的和可靠的记录。于是，在我们的社会学、历史学、文学和人类学的口述史之外，又出现一个新面孔，就是传承人口述史。""传承人口述史方法论研究不仅仅是一种学术方法论问题，其意义更在于对传承人作为非物质文化遗产核心的深刻认识和真正理解。"

非物质文化遗产是无形的、动态的、活动的，是不确定的，它保存在传承人的记忆和行为中，想要把"非遗"以确定的形式保存下来，口述史是最好的方式。其中，代表性传承人是民间文化传承过程当中的主角，是民间文化的领军人物，一个地域的民间审美、民间技能在他们身上体现，一个地方的民间文化最大的信息量也保存在传承人身上。这些一代代通过口传身授传递民间文化薪火的传承人，是民间文化遗产保护工作的核心和根本。冯骥才先生曾创造性地将口述史的理论与方法应用到民间文化遗产保护工作中，以

---

① 冯骥才主编：《传承人口述史方法论研究》，华文出版社，2016年，第1页。

人为本，观照传承人文化记忆与历史意识成为田野调查的一种学术理念，这给本书的撰写带来很有意义的启发。为此我们对荣昌陶的代表性传承人分别作了口述的历史记录，每个传承人其各自的生活背景、人生经历，对传统技艺的执着与操持、工匠精神的传承与传播，创新产品与创业的韧性与甘苦，都有着不同的侧重和个性，他们构成了荣昌陶传承群体中最重要的历史记忆，为本文的撰写奠定了必要的基础。

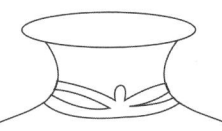

第八章

附录

传说类非物质文化遗产是民间文学类非物质文化遗产的重要组成部分，在中国非物质文化遗产名录中，它与神话、故事、歌谣、史诗、谚语、谜语等其他八个亚类并列为民间文学类非物质文化遗产。包括人物传说、史事传说、地方风物传说、社会风俗传说等。本书搜集了部分与荣昌陶相关的传说和史事，加以整理，作为非遗文献辑录于此。

附件1 传说故事

荣昌陶被誉为"泥精"之谜

荣昌县民间文学集成编辑委员会编:《中国民间故事集成·重庆市荣昌县卷》,隆昌县印刷厂,1988年 讲述人:周俊国 整理人:廖正礼

位于重庆市荣昌县西部的安富街道以产陶为主,其生产的荣昌陶以其独特的红、白色陶土烧成,胎薄,质坚,类瓷,具有"红如枣,薄如纸,亮如镜,声如磬"的特点,深受国内外陶瓷爱好者青睐。在当地,用于制造荣昌陶的陶泥质地细腻,可塑性强,烧结变形小,非常适合制作小巧玲珑的薄胎器物,因此有"泥精"之美誉。

荣昌陶器生产所赖以生存的陶土资源具有与众不同的优势。在安富境内有一条长25公里、宽2.5~4.5公里的陶土矿带,平均厚度1.2米,陶土总储量为1.1亿吨,泥色为红色、白色。泥料质地细腻,可塑性强,吸水率、烧失率低,是最佳的陶瓷制作原料,被誉为"泥精",是生产各种精美工艺陶的优质原料,可以不加任何辅助材料。尤其不能不提到的是,当地陶土天然地分为红泥和白泥,这在其他产陶区是没有的情况。

荣昌陶是在粗陶生产基础上发展成的细陶生产,属软质陶品,具有浓厚

的地方特色。这又与其原料特点和独特的制陶技术与装饰手法密切关联。荣昌陶制作讲究炼泥，特别要将陶泥拌好，而陶泥又有红泥、白泥两种。白泥呈灰白色致密块状，白嫩而带浸色。红泥呈紫红色，泥质细滑，致密块状，红泥含二氧化硅，烧成温度在1150~1200℃，可塑性好，不易龟裂。其中红色陶泥的主要化学成分跟江苏宜兴紫砂陶泥几乎一样，收藏界有时也称荣昌细陶为"昌州紫砂"。

荣昌陶泥红、白泥性质接近，将传统的耙花工艺运用到极致。

荣昌陶泥无论是白泥还是红泥都适合各种成型方法，用单一原料就可制成各种坛罐等日用器皿。尤以红泥藏量很大，开采简便，是荣昌陶器发展的重要因素。原泥经风化水簸，淘洗即成细泥。从总的发展过程看，荣昌陶由明末清初的粗陶发展到咸丰时的"泥精"。（所谓泥精，是陶工们从制陶工作中经过洗手和勒手泥的水内沉淀中发现特别精细的陶泥。）

据说，泥精的发现还有一个故事。在清朝咸丰年之前，荣昌陶的手工艺人都只是做粗陶，用大块大块的陶泥揉成长条的泥块，在转动的车盘上制作平常老百姓家中常用的罐、缸、坛、盆、钵等日用陶。工人们每天都和陶泥打交道，手上自然少不了沾上泥巴，于是大家在收工的时候都要在一个大水缸里洗手，弄得这个水缸里的水常常是浑浊不堪。久而久之，大水缸里便沉积了许多泥浆。为图省事，一般都要十天半月才清洗一下这个大水缸，换一次清水。

一次，鸦屿山上肖家窑的一个学徒在对水缸进行例行清洗的时候，用手抠出一把陶泥，在手中捏了捏，发现这些陶泥细腻柔滑，比平时用来做陶器的泥要软和得多，于是便用一个瓦钵把这些陶泥收集起来。过了几天，学徒娃儿发现瓦钵里的陶泥干得差不多了，于是，他便借着休息时间用这些陶泥捏东西耍。不想，这些陶泥用起来非常顺手，软如面团，柔如糯米，做的东西表面手感光滑，不似平日做的陶器粗糙硌手。并且，做好的陶坯在阴干之后竟没有丝毫裂纹，惊喜之余，学徒拿着自己做的东西跑去找师傅，请师傅指点。师傅一看，也是觉得奇怪，于是便招呼大家一起来探个究竟。众人也是惊异非常，不想这平日里洗手洗掉的陶泥竟有这般神奇妙用。

于是乎，众人一番商议，决定将原来用来做粗陶的陶泥进行再加工：除照以往的方法将陶土剔出杂质、草根，在晒坝经过一至数月不等的风化，使泥内盐质溶解外，还将其放置在多个沉淀池内进行沉淀除砂，只取最后剩下的那一拨陶泥来做陶器。因这种陶泥泥质细滑，成致密块状，无论做什么陶器塑形都极好，且不易龟裂，烧制出来的器具小巧典雅端庄大方，无论是素烧还是上釉，品质都极好，轻轻敲击安陶，声音清脆，完全不同于其他粗拙的陶器。这样精致的器物，不像是人间烟火能孕育出来的，倒像是修炼得道的精灵变成的，所以专家把安陶称为"泥精"，这也是对安陶出神入化的烧造工艺的最好赞赏，其产品常常供不应求，往往陶坯还没晾干就已经被客商预订完了。窑主觉得有利可图，便开始大量生产这种细陶。于是，之前炼泥的方法就不可用了，工人们便想办法在晒坝里用骡子拉着碾磙，将风化的陶矿石碾成细细的粉末后，加水调成泥浆，用细纱布制成的筛子过滤，再流经除砂沟，在沉淀池中浓缩自然脱水后，用纱布包裹起来，上放石头压滤脱水，等陶泥湿度适合时便用来塑形。如此一来就极大地缩短了陶泥准备的时间，生产进度也赶上去了。

肖家窑发现细陶的消息不胫而走，鸦屿山上大大小小的窑场纷纷效仿，这样，荣昌县境内就开始大规模生产细陶，一时间制陶师傅们争相发挥想象力和创造力，制作了大量胎质薄，器形美的茶酒文化不可缺少的壶、杯、盏，文房用的笔洗、水盂、砚滴等，更有民俗文化中常出现的炉、动物造型、鸟食罐等。而与鸦屿山陶器生产基地仅一河之隔的隆昌县仍然坚持生产粗陶，因此解放后设立荣昌陶器厂时便以鸦屿山陶器生产基地为基础，发展陶产业，并最终形成"中国四大名陶"的品牌效应，与江苏宜兴紫砂陶、云南建水陶、广西坭兴陶齐名。荣昌的安富也与江苏的宜兴、广东佛山的石湾并称为"中国三大陶都"。

安陶与禹的传说

薛小军整理

"前山矿,后山炭,中间泥巴烧陶罐。"这在安富流传久远的民谣,印证着历史上安富的自然资源及由此为依托的经济形态,安富煤和陶土资源十分丰富,随便哪座山或者浅丘,都可以挖掘出大量可以烧制精美陶器的泥土。

关于安富陶土,还有一个动人的传说。相传帝尧时期,中原大地经常发生洪水,鲧负责治水,失败了。舜接替尧当了部落联盟首领后,起用鲧的儿子禹来治水。禹改变父亲鲧的做法,采用开渠排水、疏通河道的办法,把洪水引到大海中去,很快取得了一定成效。

禹领受任务时,妻子刚好生下儿子启。有一次,禹治水路过家门,听到儿子的哭声,很想进去看一看,抱一抱还没有谋面的儿子,可又怕抱着儿子就走不了,耽搁了治水的时辰,最后狠下心来没有进家门。但是父子连心,儿子的哭声一直牵动着禹,令他实在难以专心治水。禹十分犹豫、踌躇,顺手在路边扯了一团草来搓手上的泥,一分神,草上的锯齿把手割破了,血滴到玄龟背上,把玄龟身上的神泥浸湿了一块,这块神泥后来就落在荣昌县安富镇。神泥落地生根,随水势而长,形成了长长的山脉,阻拦住了当地的洪水。传说现在的鸦屿山就是神泥生长而成的,浸透了禹手上鲜血的泥土就是红泥,没有浸上鲜血的泥土就是白泥。

《诗经》《尚书》《左传》《孟子》《墨子》《荀子》《楚辞》《管子》《国语》《韩非子》等书对大禹治水的事迹都有详细记载,西汉著名史家司马迁在《史记·夏本纪》和《五帝本纪》中,完整地记录下自黄帝到鲧禹的世系和鲧的祖父昌意居若水,娶蜀山氏为妻的史料。晋代常璩《华阳国志·巴志》记载:"禹娶于涂,辛壬癸甲而去,生子启呱呱啼不及视,三过其门而不入室,务在救时,今江州涂山是也,帝禹之庙铭存焉。""大禹治水,三过家门而不入"是中华民族世代相传的传说,足见涂山拥有非常古老的历史记忆。

《史记·六国年表》中指出:"禹兴于西羌。"西汉著名文学家、史学家扬雄在《蜀记·蜀王本纪》中有这样的记载:"禹本汶山郡广柔县人,生于石纽。"当时的广柔县辖境盖有今羌区汶川、理县、北川及茂县、都江堰市部分地区。《拾遗记》里也有神龙曳尾开渠,玄龟随后负泥建堤的故事。当然,从科学的角度来说,这个传说是虚构的,但人们对荣昌区陶土质量与众不同的赞叹,的确反映了鸦屿山丰富的陶土资源。

安陶原料陶土的来历,也有一段传说

相传帝尧时期,中原大地经常发生洪水,为制止洪水泛滥,保护农业生产,禹用开渠排水、疏通河道的办法,把洪水引到大海中去。天神选派神龙玄龟给禹当助手。玄龟用尾巴在地上画一下,就会成为一道河渠,然后玄龟把背上背的泥土抖一点在河渠两岸,两岸就会自动长成河堤。传说当时禹新婚不久,为了治水,他到处奔波,多次经过家门都没有进去。有一次,禹带着神龙玄龟去治水,又一次路过家门,听见儿子正在哇哇地哭,他很想进去抱一抱儿子,可又怕抱着儿子就走不了,最后还是狠下心来没有进去探望,悄悄地从家门口走了。但毕竟父子连心,走了一段路后,心里又十分牵挂,禹就站在路边扯了一团草来搓手上的泥,一不留神,草上的锯齿把手割伤了,血滴下来,落到玄龟背上,把玄龟背的神泥浸湿了一大块,这块神泥后来就落在荣昌县安富镇。玄龟背上的神泥落地生根,随水势自动生长,后来就长成为鸦屿山脉。所以,如今的鸦屿山沿线都是这种优质陶土,那些浸透了禹手上滴落的鲜血的泥土,就是现在的红泥;没有浸上鲜血而滴落的泥土,就是现在的白泥。

安富镇现在仍存有一条长4公里,宽20公里的原生陶土带。不过,它并不能像传说中的神泥那样可以自动生长。如今已经成为当地重点保护的不可再生的宝贵资源。

安富陶器厂①的来历

荣昌县民间文学集成编辑委员会编：《中国民间故事集成·重庆市荣昌县卷》，隆昌县印刷厂，1988年　讲述人：周俊国　整理人：廖正礼

从前，在垭口山②脚有一家姓张的人，家中只有两娘母③，儿子对母亲很孝顺，大家都喊他张孝子。他们家里头很穷，全靠儿子上山打柴为生。

有一年，张孝子的妈得了急病，睡在床上架火发烧地打胡乱说④。张孝子心头好着急，可是，家里穷得连下锅的米都没得，哪里有钱去请先生看病抓药呢？张孝子正急得团团转的时候，一眼看到衣竿上晾晒着他的两件衣裳，他心头有主意了，抓起衣裳就朝安富镇⑤跑去。

张孝子给他妈捡了一大包药回到家头，这下子他又没得抓拿⑥了。当衣服的钱除了请先生看病抓药外，一个钱都没有剩，又拿啥子钱去买药罐来熬药呢？张孝子左思右想都想不出办法，又听到妈在床上呻唤，他急得跑出门就要去找人借钱，刚刚走出门，就一眼看到屋当门⑦田头的泥巴黄得金晃晃的，张孝子心想：我干脆就用这泥巴来做一个药罐。

张孝子到田头抠⑧了一大坨三搓搓两奕奕⑨（读ruá），捏成了一个药罐坯子。他把药罐坯子放到火里去烧，烧了好久，一个像模像样⑩的药罐就做好了。

张孝子忙把药熬好后，端给妈喝。没得几天，他妈的病就好了一半。张

---

① 安富陶器厂：坐落在安富镇北面约四公里处，生产土陶及工艺陶，产品远销国内外。
② 垭口山：安富镇外两公里处。
③ 两娘母：（方）娘儿俩。
④ 打胡乱说：（方）发高烧时说胡话。
⑤ 安富镇：荣昌县属镇，距县城十三公里。
⑥ 抓拿：（方）无办法。
⑦ 屋当门：（方）屋门前。
⑧ 抠：（方）挖的意思。
⑨ 三搓搓两奕奕：（方）揉泥巴的动作。
⑩ 像模像样：（方）模样漂亮。

孝子看他妈的病还没有好规一①，心头又有些着急，这六月大热天，药渣怕早就生霉变馊臭了。张孝子端起药罐准备去把渣倒了后再想办法。就在他一端起药罐时，人就像呆了一样，只看到药罐里头的药渣不光②一点没生霉，还冒出了一股幽幽的药香味。张孝子好高兴，接着朝药罐里头加了些水，又熬起来了。说来也怪，这次熬出的药水，他妈只喝了一碗，病就全好了。

从那个时候起，张孝子家不管啥子吃剩的饭菜，只要装到这个药罐里，放上几天都不得变馊变味。张孝子心想，这个瓦罐罐可能是个宝物，我不如用屋当门的黄泥巴多烧罐罐去卖呢？于是，张孝子烧了很多茶盅、泡菜坛拿到市场上去卖。硬是怪得很，凡是用张孝子烧的茶盅泡茶，越喝越香，隔夜不变味；菜坛泡菜不生花③。

这件事被大家知道了，很多人都涌到垭口山下开起了瓦罐厂，规模越办越大，这就是安富陶器厂的来历。

荣昌鸦屿陶歌

金竹山，瓦子滩，十里河床陶片片。
窑火烧亮半边天，窑公吆喝悍声远。
翠竹林，黑水河，窑场挨起一串串。
三哥窑前车窑货，五妹一旁打下脚。
泥巴揉了一遍遍，捏在手中好炧活。
盯了一眼五妹子，手上陶泥起旋窝。
一车车个大肚腩，丰满圆润在眼前。
二车车个柳条腰，风送细枝拨心弦。
三车车个俏耳环，丁当挂在妹跟前。
哥有情，妹有意，相亲相爱不厌烦。

---

① 规一：（方）完全。
② 不光：（方）不仅。
③ 生花：泡菜盐水上面浮的一层霉菌。

守着窑洞看着火，鸦屿陶艺代代传。

在安富镇上，随便向一个老乡打听安陶的事情，他们都会跟你唱起这首从祖辈那里传下来的民谣。这首民谣描绘的正是荣昌安陶鼎盛时期的生产场面：镇上到处是烧制陶器的窑，红彤彤的火焰照亮了天空，远远地就能听见烧陶人此起彼伏的呼喊声。

神秘的烧窑仪式

只要一说起安陶，当地人就会讲起许多故事。其中最有意思的，是安陶烧制前，窑主和工匠要举行的一个烧窑仪式：仪式前要准备公鸡一只、猪肉一块、蜡烛一对、两挂鞭炮、三炷香、六合纸钱。窑主在窑前设香案，点蜡烛，上香，焚烧钱纸，带工匠三鞠躬；接下来，鞭炮被点燃，此时窑主割开公鸡喉咙，手提公鸡绕窑场一圈，让鸡血洒在窑的周围；最后，窑主在公鸡尾巴上拔九根毛，每根毛蘸鸡血，贴在窑门上，至此，整个仪式结束，工人方可上前点火，开始陶器的烧制。

没有人能解释得清楚为什么要进行这样的仪式，后人猜测，这个仪式的作用是为了辟邪，祈求烧窑过程顺利。

敬神的趣事

张定天在《巴渝古镇——安富》一书中，采访 370 多岁的老窑师傅肖德森，讲述过一件敬神的趣事：

说是民国年间，鸦口陶工杨光荣，经营一口通烧窑（龙窑）造碗，敬奉的神明是范公，即范蠡——至于为什么供奉范蠡，似乎因为碗是盛饭的，"饭"与"范"同音，所以尊"范"姓，而范蠡又是范姓名人，自然便推了他，何况后来范蠡携西施隐太湖，做生意成了巨富，称"陶朱公"，带了一个"陶"字，大约也是做陶生意发财，所以便被民间尊为一尊陶神。民间造神基本都是这个模式，但杨光荣后来改变了主意，不再造碗，要烧制缸钵大器，就又改奉舜王大帝。却遭到同业的一致拒绝，不接纳他。他想尽办法，千央万恳，最后花了7000斤黄谷的大价钱，请客吃饭求情，同业才允许他改换门庭。

敬神的人，也必须敬业，推而广之，敬同道，序长幼尊卑，讲情义、讲团结，陶业的社会秩序就形成了。在垭口，当年，常有身怀手艺的人来求职，民间叫"搭班"，有共同求财的意思。隐去了求告的意味，是对手艺的尊重，也就是尊重祖师了。凡人来，照例是"行客拜坐客"，这手艺人备一份礼信，拜会窑主。窑主也半点不敢怠慢，收了礼请酒吃饭。如果窑上容得下，立刻发给一份安家伙食费，叫"头钱"；如果容不下，解释明白了，供给三天客饭，三天后，打发足够的路费，请他打道回府，如此有情有义。①

安富火神庙

从老街前段的一个巷口往里走，一个坐北朝南的两进四合院出现在眼前，亭台、楼阁、戏台、厢房……这里就是建于清乾隆四十年的火神庙。

"火神庙是安富陶文化祭拜和庆祝活动的场所，古时每逢祭祀之时，为制出好陶，人们在火神庙唱戏参拜连续几天不断。"当时"湖广填四川"的移民来到安富落地生根、繁衍生息，建起了不少主要用于祭先圣、议商事、叙乡情的庙宇，火神庙就是其中之一。

不过，当时安富境内虽有不少寺庙，但只有火神庙进入了当地的重要寺庙史料《荣昌县志》卷之十七《寺观》。其上介绍："火神庙，县西三十五里，在安富场。嘉庆二十三年重修，邑令李光谦撰有记。"

为何火神庙有如此高的地位？荣昌制陶工业，向来有尧王天子、舜王大帝、开窑祖师、奇宝大王的祀神例会。据相关专家解释说："一方面是对于本行业祖先或先贤的一种尊敬和崇拜，一方面也是迫于古时无法精准控制窑温，而对未知世界的敬畏。"

---

① 王定天：《巴渝古镇——安富》，远方出版社，2006年，第97页。

▲ 安富火神庙旧址

根据《清代荣昌县城图》（县志）的标注，在清代前期的荣昌县城及近郊，建有天上宫、万寿宫、三圣宫，以及城隍庙、仓圣庙、火神庙等祠堂庙宇，民间习惯把它们称为"九宫十八庙"。这些建筑多为四合院格局，砖木结构，彩绘装饰，与四川其他许多城镇一样，既有来自移民地的建筑特色又融合了川渝地区的地方特色。人们修建这些寺庙祠堂主要是为了敬拜宗师、供奉神祇或崇敬先贤名臣。其中，火神庙，又称赤皇宫，始建于乾隆十年，是每次烧窑制陶时祭祀火神的场所，也是人们聚会演出的地方。荣昌安富烧窑制陶，则将火神敬为喜神、财神，其庙堂位于镇中心，街区保持了原有清代建筑风格，以前的老成渝路穿场而过，交通便捷，商贸鼎盛，故在老成渝公路形成了火神庙即明清一条街，一派繁荣景象。现在的火神庙楼台亭阁、戏台、吊檐、翘脚依稀可见，已是残破不堪，昔日喧闹的集市萧条静谧，这与历史上陶文化的兴衰也不无关联。

安富作为制陶名镇,在民国时期烧帮文化的影响是值得书写一笔的。民元以来,荣昌县城内素有"城帮"与"烧帮"之称,凡遇大事,必由"城帮"与"烧帮"协商之后方可实施,才能顺畅。"城帮"自然是指荣昌县治所在的昌元镇,握全县政治、经济、文化的枢机;"烧帮"便是指民间的"烧酒坊"了。安富镇建于清朝康熙四十一年(1702年),当时清政府连接成渝出川的东驿道要经安富,故设有"万年灯"驿站,以便经过清东大道的官差打尖、歇脚,大吃大喝,公款消费,于是本地山泉自酿的一色老酒就叫响了名头,并让荣昌安富镇早早就得名"烧酒坊",烧酒坊者,出产烧酒的地方之谓也。这称呼一直延续到民国二十三年(1934年)才改称安富。烧酒坊所酿之酒性烈,味道却醇和,多饮也不上头。此酒历来滋养好汉,非60度称不上那"烧"字,非烈性汉子而不敢饮之。勤劳、质朴的"烧帮汉子"豪迈仗义、团结奋进,这种个性也为烧窑制陶的劳动者所传承,共同为荣昌的发展添光增彩。其中,烧帮人士先后创办学校和陶业场,并逐渐发展为陶瓷工厂,当时凡镇上棠香中学的学生,都必须修制陶课,聘请专门技师任教。此举既体现了平民教育的特点,又为烧酒坊最大的产业——陶业注入了知识因素,储备了劳动力。而棠中学生所制作的工艺陶品,已是闻名全川。

附录2 安富人文历史记述

肖德森重写《垭口志》:回忆

肖氏陶业民国三十七年春二月写《垭口志》,照原来记载换新的手写本。
一代祖先的名字,因房子漏雨,字体不全。肖维东,按字辈正、维、嗣、玉、秀,之所以记肖维东,弟兄排行占老二,大哥在老家湖北麻城县东乡十里,半农半工,有龙窑一条不大,三个出口,自做自卖,年将二十一岁的肖维东,结婚不到半年，麻城人奉诏填川，不愿离家捆绑列队，初定点永川黄瓜山，明朝有人做过，夫妇住两年，烧了一窑。康熙二年，荣昌立县城，夫妇迁居垭口，无房住。肖家老房子是一个庙子，暂时住下。有田地十几亩地，后山一带想一百亩的山，称为留占三至五年后上粮。祖先看出垭口是宝地有发展，人烟稀少，关帝庙只有几家人，丁、王、陈、肖。丁家做纸厂，王家做煤炭，陈家做砂锅，肖氏做陶业。老窑时隔几十年，厂房坏了，新修厂边的木材可用建房。窑子完整也只有一条窑子，前后两年烧出的货好卖。太祖母生有一女，第二生肖嗣有，是康熙十年生，乾隆十三年死，享年七十七岁而终。最后发现乾隆二十六年包坟立碑。肖维东埋在隆昌油房、渔箭交界处，地名孙家庙子旁边。肖嗣有生二子，我祖先是第二。三代祖先肖玉科、祖母程氏，孙家塆人，从事陶业，也收了几个学徒，生产人不多，主客不到两桌。嘉庆年迁到中兴窑，现在的荣昌陶器厂，又转行永恒玻璃厂。四代祖先肖秀赞，技术比前三代都行，对细陶开始了不多，也只有自用家具，无釉用铅粉做釉。第五代祖先，肖健崇在道光年改粗陶烟器，各地都种鸦片，找了钱主客将近三桌人，与荣隆场汤举人是朋友，光绪十年买一礼帽，用二十四两文银。清朝卖官卖顶，光绪十一年自修坟，光绪十九年七月十九日死。第六代祖先肖项盛，生三子，人老实，只做炮台灯，吸鸦片用火烧，受官司害，卖田地卖子也无办法，中兴窑我家的拉坯辘轳让出，父子几人做烟器，维持生活，垭口只有三个门面留到，其余都卖了。第七代肖坤东我胞伯，我父肖坤华、叔爷陶泥上釉当家，我父亲有一手好手技，会做西绿釉、姑娘粑花。磨子窑周氏老板，民国十年两窑的货全是正品。梁海山即梁先彬祖父干不了，把轮子让与我家。彭家又不干走了，家族中大公也干不走了。祖父肖乾汉也一起干，中兴窑成了我一家干几个轮子。是第七、八两代成功，一直干到解放公私合营。

第九代人，肖体乐，在荣昌武城当坯手供销。肖体德、肖德森，合营以前是在庄烧窑上帮两家，自做模型，合营后在厂刻花、上釉、泥山、干煤炭、坯手、生产科、代供销科运煤，后又下车间窑上，做管理，落实政策后加入工会任组长。

第十代陶业刘恒，又名肖文桓，是代我姓刘。肖德森抱与舅爷刘帝方，刘家无有人了，拿肖文桓代姓刘。

重庆市荣昌县安北陶瓷有限公司总经理肖文桓原荣昌陶厂工人，改革时，荣昌陶厂沦陷，自找出路，贵州省习水县陶器厂合伙四人开办安北陶器厂，1996年农历七月十九日新窑点火，政府部门都来贺喜，2006年，三伙人跳槽，由刘恒一人顶住，2010年农历四月三十日挂牌重庆市荣昌县安北陶瓷有限公司。政府的支持，公司壮大，现在甩开膀子实干。

前九代人的工人最多也在四五十人，现在的工人比以前多，生产也用上机器，公司发展的成绩，改革、政府、工人努力才有今天。

肖德森

甲午年农历七月初六日

（陈玥晓 记录整理）

巴渝志 / 成渝古驿道：通衢古道在昌州　地接巴渝据上游

《重庆日报》记者　龙丹梅　2020年7月14日

据《荣昌县志》记载，荣昌境内的成渝古驿道自东向西经过石盘铺、峰高铺、梧桐铺、板桥场、底塘铺，再沿濑溪河跨越施济桥，过高瓷铺、广顺场、瓷窑铺、安富铺进入与隆昌交界的五福乡，全长52.5公里。

与此前的山高坡陡不同，以浅丘地形为主的古驿道荣昌段豁然开朗，呈现出与四川平原相似的一马平川。《荣昌县志》又载，境内的古驿道宽1.5~2米，挑夫、骡马等相向而行，不须让路。

荣昌古称"昌州"，素有"重庆西大门"之称，共有9个镇街与四川的11个镇街相邻。清代荣昌教谕谢金元曾用"地接巴渝据上游，棠香自古属昌州"的诗句，道出了荣昌重要的地理位置。

正因为此，这里自古以来就是兵家必争的要地和客商云集的重镇，荣昌安富更是成为成渝古驿道上著名的"五驿四镇三街子"中的"四镇"之一。

施济桥：清代曾被誉为"东川保障"

6月8日，记者从石盘铺经过峰高铺、梧桐铺一路往西，所过之处高楼林立、道路纵横，早已不见东大路的遗迹。同行的荣昌文史专家廖正礼告诉记者，过去，从峰高铺一路到安富铺，大约有15座石牌坊。清朝道光年间，王梦庚升任重庆知府，经过荣昌时曾写下五律《荣昌道上》，其中"试问荣昌道，长亭接短亭。鸿呼沙岸白，道逼远山青"写的便是当时荣昌境内东大路的景象。

荣昌城西，濑溪河上，一座石拱桥静静伫立。这座桥就是建于北宋仁宗年间的施济桥，它是成渝古驿道的必经之地，在重庆市地理信息中心、重庆地理地图书店2014年发布的《重庆古桥地图》中，施济桥被誉为重庆现存年代最久远的石拱桥。

从远处看，这座桥长100多米，有7个桥拱。桥身两侧长满了杂草，其中一个桥墩上还长着一棵黄葛树。走近桥头，入眼的是一块"严重危险桥梁"的警示标志。水泥桥面上，只有散步的行人。

史料记载，桥头曾立过一块碑，上书"东川保障"四个大字。传说太平天国运动造成依赖淮盐的湘鄂两地无盐可食，清政府遂下令川盐济楚。当时，施济桥就是川盐济楚的必经之地，它也因此被誉为"东川保障"。

施济桥不仅位于交通要塞，也曾因其宁静秀美的风姿，颇获诗人青睐。"十里晚烟迷古渡，二月分明印长桥。"这是清代荣昌教谕谢金元对荣昌"八景"之一"虹桥印月"的真实写照，"虹桥"即是老施济桥。民国时期，著名的白屋诗人吴芳吉路过荣昌时，也曾写下了一首题为《施济桥》的诗篇。诗人这样形容施济桥的美景："山水光辉映，吾行御空飞。不觉两岸远，但来天香微……"

老桥一侧，有一座与它"并肩"的新桥，这座桥比施济老桥高出一大截，桥上车水马龙。当地人告诉记者，施济桥历时近千年，经过多次维修，已成危桥。1998年1月15日，荣昌新建施济桥，将成渝公路改道新桥通过，这才有了如今新旧施济桥双桥辉映的场景。

时光不居，岁月如流。夕阳下的施济老桥低矮陈旧，像一位历尽沧桑的老者，静静伫立；一旁的新桥高大伟岸，静静守护着近千岁的"大哥"。廖正礼说，这正是东大路留下的时代印迹。

高瓷铺：农闲时古驿道上的挑夫日以千计

从荣昌城区沿着成渝公路一路西行，约5公里后，记者便到了广顺街道高瓷村，这个村的村名就是由古驿道上的高瓷铺而来。

"老路中间是一块长石板，两边各压着一块条石。"高瓷村九组75岁的村民曾高富告诉记者，"我爷爷、我爸爸和我都曾是挑夫，在这条路上讨过生活。"

廖正礼告诉记者，荣昌境内的成渝古驿道路面宽敞平坦，从明清到民国年间，这条路上的官轿、马车、挑夫络绎不绝，很是热闹，是成渝间最直接的陆上交通线。对此，《荣昌县志》上亦有记载，从明清时期开始，这条路就是挑夫的谋生路，特别是每年冬季农闲至次年春耕前，路上的挑夫日以千计。挑夫们多是贫苦平民，他们沿着成渝古驿道，把荣昌的陶罐、麻布等特产挑到内江、自贡、成都等地，再换回粮食、盐、白糖等供当地坐商销售。

"出门一担货，回来一担粮。"曾高富说，高瓷村盛产陶土，当地人用它来烧制钵、坛、缸、罐等生活陶器，挑夫们便挑着窑货，沿着这条路远上川北讨生活。挑窑货的扁担是特制的，两头各有个尖尖，防止担绳滑下来，窑货被摔坏。"沿途挑夫'哼哼嗬嗬'，扁担'咯咯吱吱'，路上好不热闹。"曾高富吧嗒吧嗒地抽着叶子烟，眯缝着布满皱纹的眼睛，陷入回忆。

"成都人最喜欢我们荣昌的陶罐，用陶罐装粮食透气，老鼠又钻不进去。"曾高富告诉记者，成都平原盛产粮食，当地人便用粮食来换陶罐，一挑陶罐八九十斤，能换上一百二三十斤谷子，返程的担子倒比去时还沉些。

荣昌以麻布闻名，清朝时更是达到鼎盛，英国外交官爱德华·科尔伯恩·巴伯在1881年所著的《华西旅行考察记》里，写到荣昌时就提起了麻布。他说："这个地方的主要产业是制造麻布，我们沿途屡屡看到人们把大量的麻布漂白后摊在岸边晒干。"而一条建在古驿道上的小巷在清代专门卖麻线，麻线是麻布的主要原料，于是，这条街生意红火，人们便管它叫做"麻线市"，在当时颇有声名。

从麻线市往西走，过去古驿道必经之地——檬梓桥早已不见踪影，取代它的是一座新的檬梓桥，桥下有井，正在檬梓河边。井口用栏杆保护起来，挂有"荣昌区文物保护点"的铭牌。记者走近一看，井水距井口不到50厘米，清澈见底。当地居民告诉记者，这口井名叫箩篼井，当年是檬梓桥一带居民的主要水源，一年四季清清亮亮。令人称奇的是，离箩篼井两三米的位置就是檬梓河，相隔如此之近，但河水水源和井水水源完全不同，这样的现象被当地人戏称为"井水不犯河水"。

安富铺：小姐绣楼成为临街风景

再往西行，记者就到了川渝交界处的安富街道。

安富建于清康熙四十一年（1702年），已有300多年历史。当时，清朝连接成渝出川的古驿道经过安富，并设有驿站，供来往人员食宿之用。

最初，除了朝廷驿站之外，安富只有几间草房。"湖广填四川"时大量移民迁入，这些移民为了续乡情、议商事、祭先圣，建起了南华宫、惠民宫、禹王宫、帝王宫、火神庙等庙宇，人们又依傍着庙宇修建房屋，到民国初年竟形成五里长街盛势。"安富场，五里长，瓷窑里，

▲ 广顺街道虹桥陶器厂，工人用古老的技艺制作泡菜坛

烧酒坊，泥精壶壶排成行，烧酒滴滴巷子香……"这段流传于明清时期的民谣至今仍在传唱。

老街入口有个巨大的"泡菜坛子"，上面写着"安陶小镇"四个大字。同行的安陶博物馆馆长刘守琪告诉记者，荣昌陶是中国四大名陶之一，其中又以烧制泡菜坛子形状的陶器最有名。因此荣昌近年来重塑陶文化，新建安陶博物馆，打造安陶小镇，便用泡菜坛子做小镇的"形象代言"。

穿过"泡菜坛子"往前走，就到了陶宝古街，这是一段500米左右的古道，青石板铺路，两旁的川东民居古朴典雅。"过去的成渝古驿道就在这青石板路下面。"刘守琪说，安富老街鼎盛时长2.5公里，但如今保留下来的却只有1公里左右。荣昌区以修旧如旧的原则，把老街仅存的部分保护起来，陶宝古街就是其中一段。

记者从陶宝古街经过时，发现临街好几处木楼栏杆雕花十分精美，栏杆后有两步宽的走廊，像极了旧时大户人家的小姐绣楼。小姐的绣楼原本该"隐

▲ 前店后坊

▲ 陶宝古街

藏"在大户人家庭院深处，在这里却为何成了临街的风景呢？刘守琪说，1933年，当时的四川省政府修成渝公路，穿街而过的3米左右的古驿道石板街要拓宽到9米，街道两边的住户不得不拆掉临街房屋，为成渝公路"让路"。于是，临街房屋的老式门楼、门楣和勾檐翘角大多被拆除，而原本需要进大门、绕照壁、越天井才能见到的小姐绣楼便"暴露"在了街边。

有趣的是，同样是为了拓宽公路，2012年，荣昌却并未选择再次让沿街店铺拆楼扩路，而是将成渝公路改至从老街旁经过。

陶宝古街上，随处可见摆放着精美陶器的店铺，街上游客熙熙攘攘。古街一侧的成渝公路上，装载着陶制酒坛、泡菜坛、酱菜缸的大货车取代了当年的挑夫。随着川渝地区联系逐年紧密，古驿道沿线的阶梯窑又重新红火起来，"我的窑场一年出产一万件陶器，一半以上都要销到四川。"做了40多年陶器的荣昌区高瓷陶器厂负责人袁心权告诉记者。

随着成渝地区双城经济圈建设上升为国家战略，荣昌加快了川渝合作的步伐。荣昌区委相关负责人说，荣昌将立足自身资源禀赋，积极融入巴蜀文化旅游走廊和成渝地区双城经济圈建设，以填川移民文化脉络为纽带，高标准打造"一都三城"（中国西部陶瓷之都、非遗体验之城、运动健康之城、美食休闲之城）文旅品牌，在发挥自身优势、彰显自身特色的同时，协同周边区市县共建巴蜀文化旅游走廊，力争让"地接巴渝"的荣昌成为"巴蜀文化之眼"。

四川（今重庆）荣昌的"安福镇"还是"安富镇"之考

2015-11-16 个人图书馆 360doc.com 昵称：博览529，原文"我的父亲5，第一章，故乡，第一节，我故乡在荣昌县安富镇"

我的老家在老成渝公路线上，成渝公路穿城而过，那个镇上以"江西庙"为分界，江西庙以西，因为是成都方向，称为"上成都"，所以称为"上街子"；而江西庙以东是重庆方向，称为"下重庆"，所以称为"下街子"。由于20世纪30年代的"成渝公路"就穿城而过，很是热闹，满街的商家、茶馆、饭馆、酒肆，更有特产夏布、烧酒，还有中外闻名的土陶……

这里，有着浓浓的乡情，做生意要讲江西话、带广东腔的，能够说江西、广东话的人，生意都要好做些……这是老人们的说法……

称呼长辈，什么甲甲、满满、嗲嗲、咪咪（音）……还有很多乡音对于像我这样很少回老家的人来讲，是感到陌生、亲切又好奇。

经过对历史资料的查阅，四川由于在宋金元蒙时期的战乱、明末清初的农民起义、瘟疫灾害，造成大规模的人口流失，在清初，据说整个四川仅只9万人左右，也许是原有本来就很少的原住民一部分逃到大山里去了，官员们只看到的是所谓像成都、重庆及各重要州府、集镇的那一点。

"湖广填四川"是距今几百年的事情了，也不是在一个朝代的移民运动就形成的，而是经过几百年来各朝代的许多次移民才有近代历史的四川人口结构。早的是明朝初期的汤和率领赣籍明军占领四川，而这些军队大多没有回到江西；还有就是清初大规模的移民潮。

在康熙年间，税赋收缴只靠中原、江浙及沿海已经入不敷出。康熙七年，四川巡抚张德地忧心忡忡地向康熙皇帝上了一道奏折，表露出强烈的忧患意识。他说："我被皇上荣幸地任命为四川的最高地方官员，来到这片饱受战火摧残的地方一展宏图。但现在当我站在满目疮痍的昔日天府,增赋无策,税款难征,使我感到局促不安、废寝忘食。我等下官受皇上差遣,惟有精忠报国效忠朝廷。经过几日思索,我觉得要重振四川天府之美名,惟有招徕移民开垦土地,重建家园,除此似无别的良方上策。"

从此,移民来四川的大致以下三种形式:

甲是奉旨入川。当时朝廷颁发"楚民实川之诏"时,基层的实施部门采取武的办法强行捆押方式,把一个个村子围住强行入川,所以移民的原籍不仅大地名相同,连小地名也相同。

乙是求生存入蜀。以种田为生,但因失掉了土地,康熙中叶在"湖广填四川"的大背景下,只有到西蜀去求生存,于是携妻带子,从长江水路进入四川。

丙是经商入蜀。清前期湖北与邻省四川的贸易十分方便,有的就近入蜀定居。

我的老家荣昌安富镇是在宋、元、明、清,经过几百年的大移民运动从江西移民到这里……

1. 明代以前,江西是全国经济、文化最发达的地区之一,每年所纳的税粮,有时甚至超过浙江。但由于人口增长,地力的过度开发,明代以后的江西,当地人民的生活水准遂逐步下降,有的地方甚至达到"人无聚集"(吏部尚书张瀚语)的地步。因此,许多江西人都外徙谋生,形成股移民潮流。他们或经商,或随军,或异地农耕,以谋取富裕生计。这批人中,有不少人还来到数千里之遥的重庆府荣昌县落业,这是江西籍的到荣昌最早的移民。

2. 明朝洪武四年(1371年),朱元璋派汤和征讨四川重庆的大夏政权,四川尽入明朝版图。明军汤和的部队进入四川。明军军官携家带眷,平定大夏后,随军家眷就被安置到荣昌,驻军士兵与当地的成亲,成为荣昌的新居民的大部分。

3. 清初,"招民垦荒"的政策。康熙时江西籍再迁入荣昌安富、五福、古桥的李氏家族,在安富镇的北边山区建成"李家寨"。

渐渐地江西籍的移民落业荣昌以后,一部分散居县城各地,而荣昌的安富这个地方却相对集中，形成独特的群体，故语言、习俗都保持江西原籍的。当然也渐渐地与当地、客家人融入。语言在小范围时，讲的是浓厚的江西话；在公开的场合也融入广东客家话和当地的隆昌和内江语音。

安富镇的人们大部分都是江西来的移民，据说是先民们为了后人不忘记他们的根在哪里，或者说先民们来到这里时这个地方原本没有地名，就将先民最熟悉的地名用在了这里。用什么地名为好？据历史记载，江西人都知道：江西的安富县历史悠久："早在秦王嬴政二十五年（前222年），在安富境内（含今莲花县东部）设置安平、安成二县。安平县隶属九江郡，安成县隶属长沙郡，是江西18个最早设县的县份之一。晋太康元年（280年）安成县易名安复。隋开皇九年省平都县，旋改安成县；十八年安成改名安复。唐武德七年（624年）以安复县改为安富县，寓意吉祥。"

也许是江西籍的人来到这里相对集中，并且有许多姓氏，为了不忘记自的"根"特意将江西"安富"二字用于现老家的地名。总之，使后人时刻记住"根"在江西。几百年前就建有"江西庙"，我的长辈都供奉"江西庙"。

后来人们在"与时俱进"的年代，都想着天上能够掉馅饼，奔小康的时期，将"安福镇"，改为"安富镇"。管他安福镇还是安富镇，总之，我的老家就是安福镇。

老家还是我国四大陶器原产地之一，"安富镇五里长，排列泥精列成行""前山矿子后山炭，中间窑烧陶罐罐"，这就是老家的真实写照。现在的荣昌"陶器博物馆"就在安富镇。为什么这个博物馆要设在老家，而不设在县城？因为老家才是荣昌陶器的原产地。老家的陶器从品种、类型、花色上来说虽然不是江西的瓷器，但工艺上是有其影响的。

祖先们将江西的手工艺（制陶、酿造）带到了新的地方。几百年来，说起安富镇，在上至成都、广元出省陕西；下到重庆、万县出夔门到湖北恐怕有很多人不知道的，但提到"烧酒坊"，那么，就老少皆知了。

"古时无今之木棉，但有葛布大麻而已"。早在汉代，就有"蜀布"记载，唐《元和郡县志》载有"昌州贡筒布、斑布"。所谓"筒布"，即中细布也，因为它往往卷成筒形，装入竹筒，便于运输，故称"筒布"，又根据它的形

273

色特点，称为"斑布"。《太平寰宇记》亦载"昌州产斑布、筒布"，这里的昌州不是指永川县、大足县、早已撤销了的静南县，而专指荣昌县。既是特产，又作为贡布，安富镇的夏布与荣昌县各地的夏布生产有几百年历史。1949年前几乎家家都有种苎麻、纺麻线、织夏布，说明昌州自唐宋以来麻布的编织技术是比较发达的。

"安富镇五里长，排列泥精列成行"，这句话充分说明安富镇几百年的繁荣。在1949年前的10世纪30年代就有从成都到重庆一条能够称为"成语公路"的穿城而过，更增加了安富镇的繁华喧嚣，是荣昌第一大镇。

如今，在荣昌县安富镇的范围内20世纪50年代初就有成渝铁路、20世纪90年代成渝高速公路、2015年又开通成渝高速铁路，因此，原来老家的繁荣就一去不返，而街道长度依然，街景显得萧条。

"安福镇"的地名深深地铭刻在心里，记得在20世纪写信回老家也是叫"安福镇"，也不知道具体是什么时候改成的"安富镇"，就是"福"与"富"的一字之差，使得我倍费周折。

安富古镇　渝西老镇的陶都旧梦

文章摘自：《城市地理》2014年第15期，第104—111页
作者：寒溪夜浣

在重庆的最西边，有一个与四川紧紧毗邻的小镇。它的面积不大，却位居中国三大陶都之列；它的人口不多，却曾经将贸易的触角延伸到了几乎全国的每一个角落。几百年前，这里是甲富一方的名镇，如今，它顶着"渝西第一镇"的美誉，依然扼守着重庆的西大门。这就是安富，中国西部陶都的心脏。

从瓷窑里、烧酒坊到安富场

"安富场，五里长，瓷窑里，烧酒坊，泥精壶壶排成行，烧酒滴滴巷子

香……"说起安富古镇，就不得不先提到这首流传了百年的古老民窑。字面上刻画了安富往昔的繁盛景象，内里却暗含着古镇的前世今生。

安富位于川渝交界之处，距荣昌县城12公里，与四川省隆昌县李市镇、渔箭镇和泸县雨坛镇接壤，素有"身跨两省（两市），脚踩三县"之誉，是重庆和四川交流往来的咽喉节点，早在清康熙四十一年（1702年）便已设镇，有300多年历史。当时，清朝连接成渝的东驿道经过安富，设有驿站，供来往人员食宿之用，到了乾隆至嘉庆年间，"湖广填四川"大量移民迁入，为续乡情、议商事、祭先圣，陆续修建了南华宫、惠民宫、禹王宫、帝王宫、火神庙等会馆庙宇。人们依傍着庙宇逐渐修房造屋、建民居点堂，并以街为市，规模不断扩大，至民国初年形成五里长街盛势。

民窑中刻画的繁华情形就在这个时候，而其中提到的"瓷窑里"和"烧酒坊"不仅描述的是古镇最为兴盛的行业，同时也是安富曾经的名称。既名"烧酒坊"，必与酒有关，这得于镇后往北3里的鸦屿山，山脚有小溪，溪上有座仙人桥，桥侧破裂的大石堡形似酒坛，一股清泉从"坛"内涌出，据说用此泉水酿出的白酒醇香袭人，故因此得名。在商贸最为兴旺之时，其中的酒厂就有30多家，街道上处处飘香，行走在川渝之间的商客常常未见古镇便可闻其味。而另一个名称——"瓷窑里"，则与大名鼎鼎的安陶有关。

不过，相比"瓷窑里"和"烧酒坊"，"安富"两字的由来更具故事性。相传清朝乾隆年间，恰逢盛世，人们的日子过得越来越殷实富足，于是乡绅们一起商议，共同出资雇请鸦屿山上久负盛名的夏兴窑烧制了一尊重约10斤、玲珑剔透的瓷观音，安放在火神庙正殿，以保佑人间永远太平安康。没想到这个镇"铺"之宝却引来了盗贼的惦记，就在一个逢场天的晚上，瓷观音不翼而飞了。人们大为震惊，不惜一切代价捉拿真凶，不久便逮住了小偷，却仍然不见瓷观音踪迹，小偷咬定是自己逃跑时丢失了，这让人们愤怒不已，于是将小偷捆绑起来游街示众，并砍掉了他的双手，以示警诫。从那以后，再也没有小偷敢来光顾，瓷里铺恢复了往日的宁静祥和。日子久了，人们就把此地的名字改为安富镇，意即平安富裕的地方。

泥精壶壶排成行，烧酒滴滴巷子香

安富因陶而生，又因陶而兴。整个古镇自然处处都流露着不同于其他古镇的特殊情结，虽然历经数百年沧海桑田，却浸透心骨、日久弥新，犹如陈年的烧酒醇香，在老街巷道中四处弥漫。由南至北进入古镇，公路两旁的民居建筑紧相攀缘，浑然一体，一字长蛇铺开，蔓过路基和墙脚的古藤随处可见，偶有一簇簇鲜艳小花点缀。

民居中以清代建筑为主，木雕窗棂、门扇、各式骑廊、挑檐吊墩，不少屋脊和垂花柱上雕塑着珍禽异兽，千姿百态、栩栩如生。这里的建筑大多是由"湖广填四川"的移民所建，所以整体风格大体一致的情况下，细处又呈现出南方各省不同的风貌。相同的是一楼均设门面，这和当年制陶酿酒有着千丝万缕的联系，回想起歌谣中"泥精壶壶排成行，烧酒滴滴巷子香"的字语，甚是应景。

其实，古时的老街比现在还要有气势。主干道长约5里，朝廷的驿站为了保证官商夜晚行走安全，便在老街中高高悬挂起灯笼指引方向，整夜通明，人们便又把老街叫做"万年灯"。清代的时候，街头和街尾还设两道高达10米的城门，称为上下闸门，每晚定时关闭，以防匪患。白天，老街上夹杂着各种各式口音的商贩们捧着还带着窑温的陶器讨价还价，搬运往返，把盏言欢成为了这里的主旋律，不久后，这排排摆放的陶器便会销售一空，打包装车沿着古道发往四面八方，直至出现在全国各地千家万户的厅堂之中，真正是一幅活灵活现的"清明上河图"。到了晚上，街面逐渐安静下来，人们早早就寝，享受着"天上人间"的幸福日子，只有朝廷驿站的"万年灯"，还在点点星光的夜色中闪烁。

1933年，由于成渝交通往来日益紧密，古老的青石板路被成渝公路所取代，老街最终也只剩下了一头一尾1100多米。城门虽然被拆除，但路基两旁残存的城门土筑墙垣和石基仍清晰可辨，杂草墙头的斑驳痕迹时刻提醒着每一个进入这里的行人，至此已经踏入了百年古镇安富的五里长街。

随着制陶业黄金时代的结束，老街的陶香也逐渐消散，人山人海的热闹被繁忙的车流取代，但老街依然是安富人永远谈论不完的话题。他们还是喜欢聚在这里的茶馆里享受着最美好的一天，不仅仅是品茶，更是对老街岁月的留恋，在世世代代的安富人心中，这里就是精神乐园和挥之不去的记忆。也许正因为如此，古镇在保护上也格外用心，这么多年，不管街区如何不断扩大，安富都坚持另外选址布局新城，而老街样貌得以原汁原味保存，连重要的交通要道都因此改道。我们几次造访古镇，都碰见文管所的工作人员在认真测绘和维护，大量古建筑也在他们的努力下逐步从历史中走进了大家的视野，让人们对这个有着独特魅力的古镇充满着越来越多的期待。

千年陶都，梦回盛世

到了安富不看安陶，就等于从来没有来过。

安陶可谓是安富古镇的"名片"，它与广西钦州陶、江苏宜兴陶、云南建水陶并称为中国四大名陶，其兴盛得益于鸦屿山脉一线独特的陶土矿带。这里出产的紫砂类红、白陶土质地细腻，可塑性强，吸水率、烧失率低，是最佳的陶瓷制作原料，被誉为"泥精"。烧制出的陶器呈现出四美：一是造型之美，"柳、卵、直、胀"一应俱全；二是烧制之美，技法精湛，有"薄如纸"美誉；三是雕刻之美，雕刻色釉装饰精准细腻；四是釉色之美，朱砂釉、西绿釉、黑釉、黄釉最具安陶特色，金砂釉、钧釉等全国罕见，更兼烧制时温度起伏，产生"窑变"，釉色又有了意想不到的万千变化。如此看来，民间歌谣中的"红如枣，薄如纸，声如磬，亮如镜"之说，无比贴切。安富早在汉代就开始烧制陶器，于唐宋达到兴盛，明清时期更是闻名于世。古时曾有民谣传诵："金竹山，瓦子滩，十里河床陶片片。窑火烧亮半边天，窑工吆喝悍声远"，足见其盛况。目前，保存最完好的是清光绪年的夏兴窑阶梯窑遗址，长 23.5 米，宽 7.2 米，依山而建共 7 孔，烟囱高 7 米，窑门宽 1.84 米，各层设出入口。站在古窑之侧，眼前俨然浮现出一片繁忙的场面：制陶师傅转动飞轮，手中陶泥如旋风般画出道道圆弧，随即捏成了盆钵碗盏；抬匠们齐声喊起号子，赤膊抬着陶罐装运，骡马嘶鸣，人声鼎沸。

据当地上了岁数的制陶艺人介绍，窑主每次烧窑点火前，都要举行或简单或隆重的祭窑仪式。用六合钱纸、三炷香、一对蜡烛、一只公鸡、一块刀头、两串鞭炮,由窑主点燃钱纸、蜡烛和香,带领众人虔诚地肃立在神位前,口中念念有词,窑主于三鞠躬后,鞭炮齐鸣,杀公鸡,以鸡血绕窑场淋一周,然后在窑的正门前手捧公鸡三拜九叩祭窑王,最后在公鸡尾巴上拔九根鸡毛蘸上鸡血贴在第三仓窑门上,这才算完成了祭窑王的仪式。据说这样一窑出来的产品成色会非常好。

如今,游客们来到这座历史悠久的古镇,除了走走老街,更多的其实就是想亲眼看看这些鼎鼎有名的宝贝。后来,镇上修建了安陶博物馆,让这一切显得更加便捷。馆内设置了安陶历史文物、生产场景模拟、陶器发展简史、陶艺精品展示等四个主题展厅,收藏着近一万件自汉代以来的安陶文物,让游客设身处地聆听着这古老陶都中心的脉搏,让千百年的时间跨度一下变得近在眼前。

如今,曾经热闹非凡的地方早已冷却,而一场场由这些遗迹拼凑的制陶"演出"却从未停止。凝视着写满沧桑的岁月痕迹,所有曾经发生过的一切都似乎穿越时空呈现眼前,那就是这座古镇的灵魂,也是永不落幕的精彩。笔者在午后漫步于安富老街,看见闲坐门前的老者,不管岁月如何,他们总是习惯在此用抹布擦洗一下家中的陶陶罐罐,"兴也好,败也罢,陶在生活中却少不了"。

附录3 荣昌陶研究文献综述

一、四川陶瓷的历史文献

在20世纪70年代的前期,关于四川陶瓷发展历史的研究,系统的专著和综合性的论述很少,多是以考古调查纪实为主,尽管如此,对今人研究重庆古陶瓷的发展，仍有重要的参考价值。

1976年下半年四川省陶瓷史资料编写组成立，于1978年编写出油印本的《四川陶瓷史资料》上下辑，上辑为古代部分，下辑为近现代部分，但仍以纪实为主。其比较系统地论述四川陶瓷的发展方面，是1982年四川人民出版社编辑的《史学论文集》载的《试论古代瓷器发展及工艺》一文。根据考古发掘调查资料，结合传世品与文献记载，首次阐述了四川陶器的发生与发展，是研究四川古代陶瓷发展的一篇拓荒之作，因其资料丰富，具有创见，引起了学术界的关注。此外，是1984年，四川省社科院出版的《四川古代陶瓷研究》第二辑，发表了魏达议著《具有地方特色的四川古窑》，文章简要地介绍了从隋代起的华阳琉璃厂窑、彭县瓷峰窑、广元窑、元代窑等，作了极概括的阐述、简练的分析，提出了一些新的观点，对研究宋代与之紧密联系的荣昌陶瓷有一定的参考价值。

1987年，重庆出版社出版陈丽琼著《四川古代陶瓷》一书，运用近十年的考古最新材料，以开阔的视野，参用自然科学的测试数据，全面从距今6000多年左右的新石器时代的大溪文化的陶器起，至公元13世纪的宋末元初，对四川各个时代的陶瓷发展的窑炉与装烧、质地与釉色、造型与纹饰的演变，作了系统的叙述，与此同时，还与南方、北方有关陶瓷之关系作了对比研究，是一本简明扼要的四川陶瓷史略与四川古陶瓷的研究论文集，对探寻荣昌地区宋代窑业遗存与涂山窑、邛窑、金凤窑、广元窑等窑址之间的关系有着重要的参考价值。

2017年10月，由山西教育出版社的李文杰撰写的《中国古代制陶工程技术史》一书，是一部系统研究中国古代制陶技术史的集成之作，以时代先后分章，以工艺流程分节，以田野考古学为基础，以实验考古学为手段，运用制陶工艺学、物理学、化学等知识进行综合研究，基本上总结了黄河流域、长江流域等地区新石器时代至宋元明清制陶技术的成就。制陶技术研究以陶器上所遗留的痕迹和现象作为研究结论可靠的证据，在陶器线图上绘出与制陶工艺有关的痕迹和现象，并且绘制了模拟制陶工艺流程图，配备了彩色或黑白图版，高度重视证据确凿和理性分析。该书在中国古代陶器研究中具有里程碑式的意义，对横向研究荣昌陶的技术含义、影响也具有重要的参考价值。

二、相关专著、论文

2012年4月，由上海三联书店出版的尧波撰写的《制陶术的生成》一书，是一本研究制陶术的学术性专著。作者将所涉及的学术命题的人文、历史、传统的深究都聚合在反思的思辨中，也将自己踏踏实实用身心体验的生成、微变、形色等细节，都倾写进书中。在教学讲义整合成书的过程中，与多本《世界陶瓷艺术史》提供的书写框架拉开了距离，以其说是再现制陶术的历史，不如说是生成制陶术的诗意空间。前者是对"控制"的强化，后者才是关于"生成"的演变。无论是德勒兹的逃逸线，还是克里斯蒂娃的诗学，抑或是吴冠军的"无学科"的哲学实践，他们都摆脱了"自我存在"的视角，走向了"永恒回归"的旅程，从而为人们打开了一个又一个的开放空间。该书由这条生成的主线出发，提出了有关制陶术与他们之间的彼此呼应和共鸣的诸多问题。全书分为：水·空间的生成、土·物质的生成、风·意义的生成、火·现象的生成、人·生成敞开者五个部分，分别描述和阐释了水、土、风、火这些自然元素与人类生命延续的直接联系，首次尝试将克里斯蒂娃的诗学从语言领域向非语言的人类具体实践扩展，呈现了一个制陶术动态的意义生产场所，远离了那些约定俗成的陶瓷史的研究视野。该书也是一次"无学科"运思在教育体制中的教学实践；更是一次"生成女人"的日常生活中的艺术实践。作者期望这个不合时宜的嗓音，能够被沉溺于消费社会的人们听到，有助于他们以自己的方式去创造各自不同的日常生活。

2015年9月，由重庆出版社出版的《荣昌陶器》一书，是重庆市荣昌区文化委员会、荣昌陶文化创意产业园管委会策划编辑的一本论文集。该书编著的文章共计157篇，分别以历史篇、工艺篇、发展篇、故事篇四个部分对荣昌陶器进行了较为全面的分析和阐释，对荣昌陶的历史文化、制作技艺、发展前景作了较为深入的探讨，作者大多来自当地的非遗传承人、文史研究专家及院校教师，具有一定的学术价值和文献价值。

2018年3月，由薛小军编著的《荣昌窑》一书出版，全书分别从荣昌窑的创烧与发展演变、荣昌窑的地域特色与自然人文环境、荣昌窑的生产工艺技术、荣昌窑的发展状况、荣昌窑的产品风格特征、荣昌窑的价值取向，共6章29节进行了全面介绍。

书中以历史文献、实物遗存为依据，从窑口的视角，采取实证分析与传承性实践相结合的方式，从窑口发端的社会、人文、习俗、制度为脉络，系统梳理了不同地域特色所形成的材料、工艺、成型、胎釉、烧成、造型、装饰等特征，以及经济、贸易与文化形态所形成的地域文化标志，并着重强调了窑口产品与产地的关系，基本涵盖了荣昌陶瓷艺术发展历史与传承发展的全貌。该书由黑龙江美术出版社出版。

至于相关论文，通过网上搜索，也可以看出早期发表的论文较少，后期由于传承人和院校师生的参与，发表的论文数量较多，与荣昌陶受到各界的关注度有关。

荣昌陶论文发表一览表

作者	论文名称	发表刊物	发表时间	备注
沈福文	《荣昌陶器》	《美术》	1962年第3期	
保 之	《四川的几种陶器》	《装饰》	1959年第18期	
朱红林 杨剑夫	《试谈荣昌细陶制品造型与装饰的发展》	《中国陶瓷》	1979年第4期	
司徒铸	《荣昌朱砂釉及花釉》	《中国陶瓷》	1980年第1期	
田学诗	《鸦屿岑秀土陶红》	《荣昌县文史资料选辑》第二辑	1986年10月	荣昌县政协文史组编
韩治国	《留取忠魂化彩陶——记陶瓷造型美术设计助理工程师杨剑夫》	《北方陶》	1988年第1期	

续表

作者	论文名称	发表刊物	发表时间	备注
杨永善	《论线在陶瓷造型中的应用》	《传统工艺之旅》	2001年6月	《装饰》杂志社编辑
陈传席	《品壶"六要"》	《传统工艺之旅》	2001年6月	《装饰》杂志社编辑
李学静 许世虎 梁 瑜	《中国荣昌陶艺文献资源数字化建设研究》	《民族艺术研究》	2008年第3期	
陈寿菊 许世虎	《荣昌陶艺的传承与发展研究》	《民族艺术研究》	2009年第3期	
檀瑞林	《别具一格的陶苑奇葩——荣昌窑釉陶器》	《收藏家》	2009年第12期	
许世虎 王红胜	《荣昌陶文化特色旅游纪念品设计集成与开发》	《民族艺术研究》	2009年第6期	
杨 柳 许世虎	《荣昌细陶艺术特色的保护性整理》	《文艺争鸣》	2010年第10期	
许世虎	《荣昌陶器创新设计探析》	《文艺争鸣》	2011年第12期	
许世虎 赵世学	《发展荣昌陶器文化创意产业的思考》	《民族艺术研究》	2011年第4期	
罗 敏	《三峡地区先秦时期陶窑的考古发现与窑业技术研究》	《三峡文学》（理论版）	2011年第2期	
胡燕磊	《关于安陶文化传承发展的几点思考》	《剑南文学》（下半月）	2012年第3期	

续表

作者	论文名称	发表刊物	发表时间	备注
王成宇 许世虎	《荣昌陶文化的发展与特色旅游结合策略研究》	《飞天》	2012年第8期	
许世虎 张　佳	《荣昌陶的艺术美》	《民族艺术研究》	2012年第1期	
杜　娜	《荣昌陶纪实》	《神州》	2013年第18期	
张天琚	《荣昌安陶的前身——昌州窑》	《文物鉴定与鉴赏》	2013年第11期	
李铁锤	《明清时期的重庆荣昌陶器——安陶》	《收藏家》	2013年第1期	
钟　鸣	《荣昌陶绞泥制作体验》	《陶瓷科学与艺术》	2014年第11期	
钟　鸣	《荣昌陶朱砂釉的风采》	《陶瓷科学与艺术》	2014年第12期	
周　梅	《重庆"安陶"龙窑和阶梯窑活性生态》	《作家》	2014年第4期	
张　佳	《试论荣昌陶器发展的历史分期及特征》	《科教荟刊》（中旬刊）	2014年第8期	
陆嘉燕 陈忠萍等	《重庆市荣昌陶传统文化的保护与传承》	《经济视野》	2014年第19期	
谢　凯	《安陶，今安否》	《中华手工》	2014年第2期	
高扬元 张宗建	《荣昌陶器制作技艺生产性保护及其理性分析》	《学术探索》	2015年第8期	

续表

作者	论文名称	发表刊物	发表时间	备注
曾朝彬	《荣昌安富陶器探究》	《综合实践活动案例新课程（小学）》	2015年第2期	
钟　鸣	《浅谈荣昌陶的装饰工艺》	《陶瓷科学与艺术》	2015年第8期	
罗　旺黄燕芳	《民间瑰宝——安陶的现状及发展分析》	《中小企业管理与科技》（下旬刊）	2015年第21期	
程雪英	《荣昌陶器制作技艺传承发展策略研究》	《美与时代》（上）	2016年第10期	
李　秋	《重庆荣昌传统技艺及可持续研究》	《西南民族民间工艺文化研究》论文集	2016年12月	中国纺织出版社出版
周　梅王朝刚	《巴蜀文化与陶瓷造型艺术》	《艺术评论》	2016年第6期	
翁燕琼	《荣昌陶文化的传承与发展研究》	《文艺生活》（下旬刊）	2016年第5期	
万　幸	《荣昌陶的传承与发展》	《美与时代》（上）	2016年第10期	
段　聪刘　洋	《"泥精"安陶之美》	《东方藏品》	2016年第7期	
徐晨晨	《固守与传承：荣昌陶制作技艺的传承与发展路径——基于荣昌陶的田野调查》	《重庆市文理学院学报》（社会科学版）	2016年第3期	
徐晨晨	《新时期荣昌陶艺的主要传承方式——基于荣昌陶的田野调查》	《现代装饰》（理论）	2016年第3期	

续表

作者	论文名称	发表刊物	发表时间	备注
黄燕芳	《重庆市荣昌陶营销策略研究》	《现代商贸工业》	2016年第17期	
徐晨晨	《荣昌陶器传统制作工艺流程及现代价值》	《牡丹》	2017年第27期	
李开佐 梁先才	《荣昌陶的传承及工艺创新研究》	《陶瓷科学与艺术》	2017年第3期	
谭 超 谭 宏	《人类学视觉中的陶瓷陶艺》	《重庆文理学院学报》（社会科学版）	2017年第5期	
孙艺菱	《"湖广填四川"移民与荣昌陶》	《民艺》	2018年第5期	
赵 青	《荣昌"非遗产业"冻"死"，动"生"》	《当代党员》	2018年第18期	
杨 敏	《试论图案设计在荣昌陶的运用》	《明日风尚》	2018年第12期	
商超余	《精准扶贫视域下重庆荣昌陶的复兴路径》	《包装工程》	2019年第10期	
刘吉芬	《荣昌陶的传承与发展》	《天工》	2019年第12期	
赵世学	《荣昌陶（凤鸟祥云）》	《陶瓷科学与艺术》	2019年第6期	
薄跃华	《坚守荣昌陶传承古文明》	《天工》	2019年第11期	
刘紫薇 孟福伟 杨 涛	《50年代以来川美陶艺与荣昌陶的关联性研究》	《教育研究》	2020年第10期	

续表

作者	论文名称	发表刊物	发表时间	备注
赵世学	《"陶"铸人生——记国家级非物质文化遗产项目"荣昌安陶"县级代表性传承人刘吉芬先生》	《陶瓷科学与艺术》	2020年第3期	
郭　峰	《地域文化影响下的荣昌陶手工艺造型特征》	《美术观察》	2021年第8期	

附录4　荣昌陶大事记

1953年12月，在北京举办的全国民间工艺品展览会上，江苏宜兴紫砂陶、广西钦州坭兴桂陶、云南建水五彩陶、四川荣昌陶器（荣昌区现为重庆市管辖，故"四川荣昌陶"改称"重庆荣昌陶"）以其悠久的历史，卓然不凡的陶瓷品相和深厚的文化内涵，被国家轻工部命名为"中国四大名陶"。

1956年，四川省第一届工艺美术展览会上，胡贯之、梁启煜、杨学礼等3人的作品分别获得一等奖，另有2件获二等奖，8件作品获三等奖。获奖作品件数领先于省内其他陶瓷产区获奖作品总件数。同时，荣昌安富镇陶器生产合作社、荣昌县公私合营陶器厂获集体奖。

1956年，公私合营标志着"荣昌陶器厂"正式诞生，直接受县人民政府领导，为国营企业。

1975年，根据周恩来总理"煤炭烧泥巴可以换回外汇收入"的指示，开办"荣昌县工艺陶厂"，是县二轻局下属的集体所有制企业。

1976年，荣昌安陶厂受命为毛主席纪念堂烧制一对"朱砂釉大花瓶"。朱砂釉是荣昌陶独有的特色彩釉，在烧制过程中，对窑炉的温度和火候要求非常之高，有时一窑几百件，只有几件是成功的，获一件佳品更是难上加难。为确保安全，荣昌安陶厂一共烧制了4个，两个送到了北京，剩下的两个则珍藏在安陶博物馆大厅。

1978年，荣昌陶器共125件（套）送北京，参加国家轻工部、外贸部、商业部举办的全国工艺美术展览会，获得好评。

1980年，荣昌陶器厂3件作品获国家轻工部、中国美协主办的全国陶瓷设计评比赛二、三等奖，为西南地区之唯一。

1981年，荣昌工艺美术陶器获四川省经委命名的优质产品称号。

1981年，由荣昌陶器厂起草制定的《日用细陶器》企业标准，由四川省江津地区标准局发布。1981年7月1日起实施。

1983年12月，荣昌陶瓷制品获国家对外经济贸易部表彰；龙酒壶获四川省旅游产品一等奖。

1984年3月，荣昌陶器获四川省新产品科技成果优胜奖。

1984年5月，荣昌陶器获全国工艺品展销会最高荣誉奖"金龙奖"。

1986年1月，重庆市政府授予荣昌陶器厂"新产品开发先进企业"称号。

1987年6月，荣昌陶器厂生产的泡菜坛在全国陶瓷产品质量评比中被评为"优胜产品"。

1987年12月，荣陶牌泡菜坛荣获国家轻工业部命名的全国轻工业优质产品称号。

1991年，荣昌陶器长鼓花插获四川省轻工业厅表彰，获全省第二届陶瓷新产品展评会优胜产品一等奖。

1998年，重庆市三峡文物考古专家、陶瓷专家在安富镇垭口、刘家拱桥一带，发现了一批古窑场遗址，初步鉴定为宋代和明清时期。

2004年，重庆大学原人文艺术学院院长江碧波出资购买了垭口的一个陶厂，办起了"碧波艺苑陶艺研究所"。该所成立后，虽然产生的经济效益并不明显，但让一部分流落民间的制陶艺人又重新走上制陶岗位，为如今荣

▲ 荣昌陶博物馆

▲ 宋代酒壶（安陶博物馆藏）

昌陶产业的兴旺储备了人才。

2005年，重庆市考古研究所派出专家对刘家拱桥的一个窑场遗址进行试掘，挖出大量宋陶和元陶，完整无缺的有盏、碗、瓶等。

2007年，荣昌陶器列为重庆市非物质文化遗产。

2008年，重庆世国华陶瓷工艺制品有限公司挂牌成立，这标志着荣昌陶工业化生产正式走向现代化和规范化。至此，沉寂了20余年的荣昌陶开始重新起航。

2010年，为了加大对荣昌陶的保护力度，荣昌区政府设立了200万元的保护开发基金，用于产业创新、传承人及传习活动经费补助、资料抢救整理及出版等。

2011年5月，陶器烧制技艺（荣昌陶器制作技艺）成功入选第三批国家级非物质文化遗产扩展项目名录。罗天锡、梁先才被评为该项目国家级传承人。

2011年9月下旬，安陶博物馆正式建成并免费开放。博物馆位于重庆市荣昌区安富街道，总占地近1万平方米，其中核心区4000余平方米，馆内收藏有自宋代以来的历代藏品近3000件，均系各个时期安陶的代表作品。

2011年11月25日，荣昌被中国轻工业联合会授予"中国西部陶瓷之都"称号，为西部首个。

2013年，老艺人刘吉芬的手工造型现场作品"微型泡菜坛"获钦州国际陶艺节金奖。

2014年10月至12月，重庆市文化遗产研究院对遗址周边区域开展了考古调查，并对遗址进行了主动发掘。调查面积约3平方公里，发掘面积400平方米。本次考古工作基本探明了瓷窑里遗址及周边相关遗存的规模、内涵及保存状况，在遗址分布区域发现了与陶瓷生产相关的瓷土采集点3处、露天煤场3处、窑址2处，并可能与窑场生产相关的宋代墓葬5处，通过考古发掘清理宋代窑炉1座，出土了大量同时期的窑具及瓷器产品。

2016年重庆首届"工匠杯"工艺美术精品奖评选中，重庆市工艺美术大师张海文创作的陶艺作品《黄桷树下》获"工匠杯"工艺美术精品奖金奖。

2017年6月12日至13日，由区委人才办、区人力社保局、区总工会主办的"中国梦·劳动美"荣昌区第三届职业技能大赛在陶都安富成功举办。

2017年11月，梁先才获重庆首届十佳非遗手工技艺传承人称号。该活动由重庆市文化委、中国国际广播电台国际在线、华龙网、中华手工杂志社主办，重庆市非物质文化遗产保护中心、重庆市非物质文化遗产保护协会、中国国际广播电台国际在线重庆频道、重庆文艺网、重庆腾轩文化传媒有限公司承办。

2017年12月30日，荣昌安陶小镇正式开街，首届荣昌陶文化艺术节同时开幕，此举标志着国家级非物质文化遗产荣昌陶发源地、中国三大陶都之一的荣昌安富，重振西部陶都雄风，再现千年古驿繁华。

2018年3月，《中国窑口》系列丛书《荣昌窑》由黑龙江美术出版社出版，编著人薛小军。该书以系统的文字、图片的形式，从荣昌窑的创烧与发展演变、地域特色与自然人文环境、生产工艺技术、发展状况、产品风格特征及价值取向等方面，共分6章29节进行了全面介绍。

2018年7月，在中国工艺美术学会主办的第六届中国（大连）国际文化产业博览会"中艺杯"艺术品评比大赛中，肖文桓创作的《竹报平安》陶艺作品获金奖。

2018年10月10日—14日，由刘吉芬、肖文桓、刘冬、肖亚岑共同设计制作的《陶瓷——巴蜀遗韵》，获民政部举办的"2018'百花杯'中国工艺美术精品奖"金奖。

2018年12月14日，肖祥洪在20名候选人中脱颖而出，入选"2018巴渝工匠年度人物"。

2019年5月12日，"千年古驿镇·一品荣昌陶"2019荣昌陶学术研讨会在中国美术馆七楼学术报告厅召开。来自中国美术馆、中国美术家协会、中国国家画院、中国国家博物馆书画院、清华大学等单位的领导、专家、书画家莅临研讨会。

2019年5月25日，第二届中国四大名陶展在广西钦州举办。"荣昌陶"共计展出50件作品，其中12件作品分获金、银、铜奖。田家祥的《万岁壶》和张海文的《嘉陵江水天上来》荣获金奖。

2019年6月8日，"文化和自然遗产日"优秀案例发布会在广州召开，荣昌陶器制作技艺非遗保护工作案例入选"国家级非遗代表性项目优秀实践案例"，全国共50例入选。

2019年8月21日，"千年古驿镇 一品荣昌陶"中国美术馆典藏作品收藏证书颁发仪式在荣昌国家级示范性综合实践基地举行。其中被中国美术馆典藏的《山河如意瓶》《憨哥憨妹》《雪域—花瓶》《西绿窑变盖碗》《无象》《微刻"心经"壶》《周盘》7件荣昌陶精品，作为重庆市陶艺作品首次被全国最高艺术殿堂收藏。分别为荣昌区的梁先才、钟鸣、周寅初、管永双、肖祥洪、刘吉芬、吴华生陶艺大师颁发了来自中国美术馆的荣誉证书。

作品	作品名称	作品尺寸	作者	创作年代
	《山河如意瓶》	高 34cm, 肚径 25.8cm, 口径 9.5cm	梁先才 李绍荣 林诚忠	2018 年
	《雪域—花瓶》	高 46cm, 宽 16 cm, 瓶口径 15 cm	刘吉芬	2017 年
	《微刻"心经"壶》	茶壶: 高 7.5cm, 宽 14.5cm (包括壶把,嘴); 小茶碗: 直径约 6.5cm, 高约 3.3cm	吴华生	2018 年
	《西绿窑变盖碗》	高 10cm, 直径 12cm	肖祥洪	2017 年

续表

作品	作品名称	作品尺寸	作者	创作年代
	《周盘》茶壶	壶高 6.5cm，长度 16.5cm，壶身直径 11cm，容量 270ml	周寅初 周 健 唐 毅	2015 年
	《憨哥憨妹》	憨哥：高 12cm，长 16cm，宽 11cm 憨妹：高 34.5cm，直径 11cm	钟 鸣	2017 年
	《无象》	可变	管永双 李云杉	2018 年

  2019 年 11 月 30 日，重庆"一带一路"国际陶瓷论坛在重庆市荣昌区举行。论坛以"融'一带一路'发展·兴千年陶瓷之都"为主题，是重庆市举行的首次国际陶瓷产业发展论坛。论坛共邀请到"一带一路"沿线国家和国内的知名陶瓷企业代表、陶瓷大师、陶瓷专家共约 400 人出席论坛，其中来自日本、韩国、波兰等国家的外籍专家，以及国内陶瓷产业、经济领域的院士专家学者逾 100 名。

  2019 年 12 月 1 日，"陶都杯"2019 陶艺技能大赛在荣昌国家级示范性综合实践基地室内篮球场举行。全区陶瓷从业人员、陶艺爱好者共143名选手同台竞技。

2020年9月27—28日，以"名陶荟萃耀古城、创意未来兴陶都"为主题的第三届中国四大陶瓷展（4+N）活动在云南建水举行。荣昌陶在此次展出中共计获得17枚奖牌。管永双作品《冬橘》和鸦屿工作室作品《国庆70周年摆件》荣获金奖。

2021年1月，以"非遗之城·陶都荣昌"为主题的2021荣昌陶"开窑"媒体采风活动在荣昌安陶小镇举行。中国旅游报、华龙网、荣昌日报等多家新闻媒体记者以及抖音平台短视频制作达人等30余人走进安陶小镇陶宝古街，实地走访耘砚阁等荣昌陶艺工作室，体验荣昌陶制作工序及荣昌古法柴烧工艺魅力。

2021年8月，"荣昌陶器"喜获国家地理标志登记认证，国家工商行政管理总局准予登记，并依法实施保护。

2021年9月26—28日，由中国陶瓷工业协会主办，重庆市经济和信息化委员会支持，重庆市荣昌区人民政府承办，以"兴名陶繁荣，促产业昌盛"为主题，在荣昌区国家级示范性综合实践基地，举办了第四届中国四大名陶（4+N）荣昌展。

罗天锡、刘吉芬、钟鸣、张海文分获精品展金奖。同时，"夏兴荣昌陶文化研究院"授牌仪式也在荣昌举行，并举办了荣昌陶文化发展研讨会。

2022年，组织荣昌陶器制作技艺国家级非遗代表性传承人梁先才、罗天锡拍摄国家级传承人抢救性纪录片。

2022年7月16日至8月15日，组织荣昌陶器区级非遗代表性传承人田密、陶宗秋在云南建水参加由文化和旅游部、教育部、人力资源社会保障部主办，四川省文化和旅游厅、四川大学承办的"2022年四川大学传统砂陶研培班"。

2022年8月28日至10月26日，组织荣昌陶器区级非遗代表性传承5.人官玉茜参加"2022年中国非物质文化遗产传承人研修培训计划——景德镇手工制瓷技艺（陶瓷雕塑创作）"传承人研修班。

2022年8月8日至9月6日，组织荣昌陶器区级非遗代表性传承人贺玉梅、罗天利、向玉寰等5人参加2022年重庆市非遗传承人培训班（荣昌陶器制作技艺）培训班。

2022年11月初，组织荣昌陶区级非遗代表性传承人管永双、李云杉拍摄《艺览吾"遗"》重庆篇，并于11月27日在CCTV-3播出。

2023年1月—2月，到安富街道陶宝古街、大师园走访陶艺工作室35家，开展荣昌陶企业、传承人田野调查工作，对荣昌陶企业现状、存在的问题、下一步工作思路作深入调研。

2023年4月至6月，联合四川省内江市举办"川渝一家亲 双城向未来"首届青少年陶艺创新创意大赛，并将70余件（套）参赛作品在荣昌文旅等相关公共号、短视频平台上宣传推介，并在荣昌陶"文化创意集市"进行展览。

2023年6月21日，联合区教委、区经信委、区人社局、团区委、安富街道办事处等单位举办"千年荣昌·历史文化周"荣昌陶陶艺技能大赛，组织川渝两地陶器传承人、爱好者152人参赛，创历届荣昌陶技能赛事规模之最。比赛设置陶瓷拉坯、装饰、粘接成型等项目，评选金奖3个、银奖6个、铜奖9个、优秀奖20余个，荣昌陶器制作技艺非遗代表性传承人刁扬洋、徐超、钟佳言分别获得拉坯成型赛项、陶器装饰赛项和粘接操作赛项一等奖。

截至2023年7月20日，组织荣昌陶各级非遗传承人、工艺美术师参加中国四大名陶展、中国非遗博览会、中国（北京）国际精品陶瓷展览会、巴渝工匠绝技绝活交流展示等相关展赛20余次，荣获多项国家级、省（市）级等荣誉称号，斩获奖牌289枚，其中，获金奖53次，银奖98次，铜奖138次。

附录5 制陶技术资料

第一部分

荣昌朱砂釉及花釉

四川荣昌陶器厂　司徒铸

具有浓厚地方特色的四川荣昌细陶,其品种多为民间日常生活用品,诸如坛、罐、壶、瓶等类。产品以铁线刻花、剪纸贴花、画花和色釉等方法进行装饰,具有美观大方、价廉物美的特点,深受人们的喜爱和赞誉。但是,在色釉装饰方面,仅有朱砂釉、黑釉、西绿釉(透明绿釉)、绿釉、黄釉、乳白釉等几种传统色釉,而且质量很不稳定,远远不能满足生产日益发展的需要。为了提高传统色釉的质量,发展新的艺术釉种,扩大色釉装饰范围,增加花色品种,以进一步满足市场的需要。1975年我厂承担了四川省轻工局下达的"陶用艺术釉的研制"科研项目。在省局的重视下,经过近几年的研试,传统色釉的质量都有不同程度的提高,特别是朱砂釉和黑釉的研究取得很大进展,在新色釉方面着重研制了各色陶用花釉。色釉质量的提高和品种的增加,丰富了装饰方法,提高了色釉装饰的艺术效果,深受国内外市场的欢迎。今年日本西武公司与我厂定货的产品中色釉就占80%。可见色釉产品在对外出口中占据相当大的比重。下面就我厂最具特色的朱砂釉和荣昌花釉的研制情况介绍如下:

一、朱砂釉

(一)概况

"朱红"为我国民族所特喜之色。在历史上,红釉较为名贵,如称钧窑"具有五色,红若胭脂,朱砂为最……",赞"定州花瓷琢红玉",形容祭红为

"殷红灼烁，宝光耀目"，而把最艳丽之粉红比作"美人醉""桃花片""海棠红"……大加赞颂。这不仅只是色红喜人，而且在烧成技术上也要求较高，故有"仿红最难摹拟"之说，因此，好的红釉是不可多得的。

荣昌朱砂釉是呈显色砂的樱桃红色，与铜红色釉相比别具一格，富有独特的地方风格。早在清代光绪年间，就已能生产二尺多高的朱砂釉花瓶。过去的朱砂釉都是施于红泥坯上，于柴窑中低火度烧成显现红色，而在白泥坯上显浅灰黄色。从1958年柴窑改为煤窑后，烧成条件改变，使朱砂釉经常产生晦色无光的现象，质量很不稳定，影响生产，同时对其着色机理也搞不清楚。针对这些问题，我厂对朱砂釉的稳定性，呈色规律和原料作了一些研试工作。

（二）试验

传统配方的朱砂釉对窑炉气氛比较敏感，经常产生无光和色脏现象。为了提高该釉的稳定性，在原配方中曾分别引入硅石、方解石、长石、萤石、氧化锌、二氧化钛、三氧化二锑、三氧化二铁、三氧化二砷、硝酸钠等各种添加剂。通过比较，发现加入硅石的效果较好，能提高朱砂釉的稳定性和成熟温度。根据这个情况，进而发展了中温、高温朱砂釉。添加1%左右三氧化二铁的朱砂釉，在白泥坯上也能显很好的红色，这样又发展了白泥朱砂釉。现在由一种红泥低温朱砂釉增加到红、白泥高、中、低六种朱砂釉，适应了不同烧成温度的需要。1978年我厂用高、中、低三种白泥朱砂釉成功地装饰了1.6公尺高的大花瓶。

朱砂釉的配方如下表

组成原料（%）釉名	红丹	黑锡粉	氧化铁	硅石	红泥	白泥	氧化锌	方解石	成熟温度（℃）
原朱砂釉	50	35			15				1080～1130
红泥朱砂	44	31		8	13		2	2	1120～1150
白泥朱砂	35	36	0.8	10		16	2		1130～1170

（三）用铅——锡合金研制"黑锡粉"

"黑锡粉"是朱砂釉中很重要的一种原料，历来都是用废器皿"锡"来加工。新中国成立后，随着工业的发展，人民生活水平的提高，"锡具"早已淘汰，废"锡"回收困难。但是，美术陶器的生产又不断发展，朱砂釉用量也随着增大，因而对朱砂釉采用工业原料的研究，就显得十分重要。鉴于上述原因，我厂在没有条件对废"锡"成分进行分析的情况下，以其熔点为指标，间接了解废"锡"的大致成分，经过五次合成试验，已取得较好效果，现基本上可以投产使用。

1. 一般性资料

（1）废"锡"与铅、锡的比较

名称	熔点	比重	备注
铅	327℃	11~37	31用数据
锡	232℃	7~3	//
废"锡"	260℃	10~10.8	实测

（2）

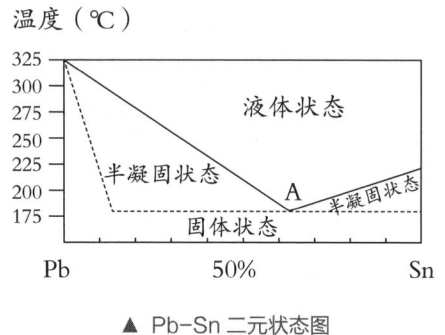

▲ Pb-Sn 二元状态图

2. 合金试验

（1）试验方法

称取一定比例的铅和锡，置铁锅中用普遍电炉加热至熔化，然后停止加热，任其冷却，在呈半凝固状态时，用铝瓢迅速压研成细粉，待冷却后，过80目铜筛备用。

（2）试验结果

编号	Pb : Sn	熔点（注）	成砂情况	试釉效果
1	0 : 100	232℃	无法成砂	/
2	45 : 55	175℃	凝固迅速，几乎不能成砂	微红，釉面有疙瘩；足部起泡
3	70 : 30	235℃	凝固较迅速，成砂困难	粉红，釉面光差，足部起泡
4	85 : 15	260℃	凝固较缓，成砂较易	红色，足部微起泡
5	90 : 10	/	凝固较缓，成砂容易	红色，效果好，同"黑锡粉"
6	95 : 5	/	凝固稍快，成砂稍难	红色不鲜，足部起泡
7	100 : 0	327℃	无法成砂	/

注：编号2、3、4合金熔点是本厂测定，仅作比较用。

3. 小结

（1）试验证明：由于纯铅和纯锡熔化后，在冷却的过程中，凝固速度很快，无法成砂；

（2）编号5合金成砂性能达到原废"锡"水平，符合生产要求。用编号5合金配成的朱砂釉，质量基本上达到原废"锡"制成的朱砂釉效果；

（3）由于废"锡"来源不固定，成分很不一致，使朱砂釉质量经常波动，合金配方准确，以利稳定朱砂釉质量；

（4）成本比较：废"锡"价格为2.78元/公斤，编号5合金价格为3.21元/公斤，比废"锡"略高一些。

（四）朱砂釉的呈色

基于朱砂釉施于红泥坯上呈现红色，白泥坯上呈浅灰黄色，以及在朱砂釉中引入1%左右的Fe_2O_3也能在白泥坯上显现红色的情况，可认为朱砂前是因铁的着色而显红色。虽然红泥朱砂袖配方中没有铁的成分，但是该釉在高温时与坯体起反应，从坯中吸取 Fe_2O_3，在氧化状态下 Fe_2O_3 熔于铅釉中，并在"黑锡粉"的载色作用下而显红色，过量的"黑锡粉"未完全熔于釉中，而析出"色砂"，故朱砂釉由此而得名。

（五）影响朱砂釉质量的因素

1. 温度影响

烧成正常的朱砂釉呈纯正的樱桃红色，温度偏低朱砂釉呈橘黄色或黄灰色，温度偏高则呈猪肝色。提高朱砂釉的成熟温度可由加入硅石来调节，高温朱砂釉在中、低温使用时，局部产生红色或不呈红色。

2. 窑炉气氛影响

氧化气氛对朱砂釉的色泽有利，如遇还原气氛则色暗无光，釉面起泡。

3. 朱砂釉成分的影响

朱砂釉呈红色除了有 Fe_2O_3 为着色剂外，必须同时具备含高量的氧化铅和一定量的载色体（"黑锡粉"或氧化锡）。如仅含铅而无载色体则呈透明铅釉，不显红色。如含载色体但用低铅熔块取代氧化铅，也不呈红色。在乳浊剂 SnO_2、TiO_2、ZrO_2 中，仅 SnO_2 有载色作用，用5%以下的 SnO_2 来取代"黑锡粉"，虽然也能产生红色，但色泽效果不怎么好，且不显"砂"。

4. 朱砂釉的加工影响

在加工朱砂釉时，不宜将"黑锡粉"磨得过细，否则朱砂釉显砂不明显。

5. 施釉方法

由于"黑锡粉"比重较大，容易沉淀，因此朱砂釉釉浆稠度较大，常采用笔涂法施釉。其釉层厚度在 0.5mm 左右，釉层太薄则色脏光差，釉层太厚降低红度，并产生流釉粘足缺陷。

6. 垫饼

朱砂釉流动性较大，为了避免与匣钵发生粘连，同时便于朱砂釉产品与垫饼分离，在装烧朱砂釉产品时，要求配上特制的垫饼。

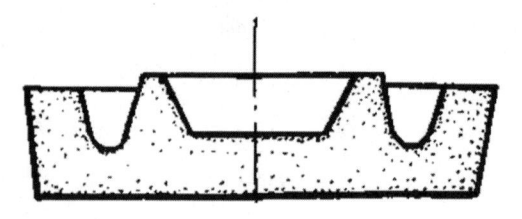

▲ 朱砂釉产品垫饼示意图

二、荣昌花釉

花釉以产生复杂多变的颜色和美妙生动的流纹为其特点，在陶瓷制品上装饰效果好，表现力强，是一种深受人们喜爱的艺术釉。近年来，各陶瓷产区都相继芯行研制，但大多是在较高的温度下烧成（Sk7~Sk10），花釉的颜色多数是在面釉中加入各种色料进行着色，工艺比较复杂。在花釉系统中，为寻求一种适于较低温度下成熟（Sk1a~Sk3a），工艺简单，成本较低的陶用花釉，就是我厂研制的主要目的。从1972年开始就利用本地原料进行花釉的研试，首先研制成功了"蓝钧""绿钧""赭红钧"等几个色调的花釉，但有的花釉流动性稍大，色调还不多。于1976年在四川省轻工科研所硅酸盐室的协助下，进一步试验，降低了花釉的流动性，增加了品种，现已有蓝、绿、紫、赭、棕红、棕黄、黑灰等八个色面，几十种不同效果的花釉。用各色花釉进行釉画，剪纸贴花等方法装饰产品，收到很好的艺术效果，现已先后投产十余种，部分花釉品种还供对外展览和出口使用，反映较好，现将具有代表性色调的花釉介绍如下：

（一）花釉效果以及底、面釉配方

表1 花釉效果

花釉名	底釉	面釉	成熟温度（℃）	艺术效果	备注
1# 蓝钧	1#	蓝1#	1150~1170	蓝底白花、呈流痕状	流动性稍大

续表

花釉名	底釉	面釉	成熟温度（℃）	艺术效果	备注
16# 蓝钧	1#	蓝 16#	1160~1180	深蓝底，浅兰花纹	
32# 蓝钧	1#	蓝 32#	1160~1180	蓝底白花，色鲜纹显	
紫钧	1#—2B	//	1150~1170	蓝中透紫	
1# 绿钧	1#	绿 1#	1160~1180	蓝绿色花纹	
5# 绿钧	1#	绿 5#	//	绿蓝色花纹	
鳝绿钧	1#	鳝绿	//	深蓝绿底显黄绿色花纹	
2# 赭红钧	1#	红 2	1160~1180	赭红斑纹	
钧 16#	4#	2#	1170~1200	表面光洁，黑底灰白花	面釉稍薄则花愈大
钧 53#	1#	14#	//	棕底白花，似长颈鹿大斑花	
钧 120#	5#	20#	//	米黄底小点棕黄花	适合动物小雕塑
钧 133#	1#	22#	//	长条深棕虎斑纹	如釉薄则呈圆点状
钧 94#	5#+Mn	2#	1150~1180	表面光洁柔和米褐色条状花	
钧 189#	//	28#	//	棕红花	
钧 196#	//	19#	//	棕红底黄花	
钧 274#	//	20#	//	棕黄大花	

表2　底釉配方

原料(%)名称	红泥	玻璃	熔块	铁粉	碳酸锰
底1#	44.5	33.5	11	11	
底1#—2B	40	40	10	10	
底4#	44.5	39	11	5.5	
底5#	44.4	39	13.3	3.3	
底5#+Mn	42	36.8	12.8	3.2	3.2

表3　面釉配方

	熔块	硅石	方解石	黄锡粉	氧化锡	白泥	氧化锌	长石	白黏土	二氧化钛	萤石	三氧化二铁	三氧化二锑	铁粉	碳酸	氧化铜
蓝1#	48	32.8	8.2	5.8		5.2										
蓝16#	42	28	7			10	3.5	18		1.5						
蓝32#	42	28	10	4		10	3.5			1.5						
绿1#	48	32.8	8.2	5.8		5.2								5		
绿5#	42	28	7	4		10	3.5			1.5	3					1
鳝绿	48	32.8	8.2	8.8		5.2								10		
赭红2#	48	28	8.2	8.8		5.2						7				

续表

	熔块	硅石	方解石	黄锡粉	氧化锡	白泥	氧化锌	长石	白黏土	二氧化钛	萤石	三氧化二铁	三氧化二锑	铁粉	碳酸	氧化铜
2#	40	31	7.8	5.5	2.8	10										
19#	57	9.4	9.4		3.8			9.4	4.7				2		4.7	
14#	34.7	19.8	5		5.9			29.7	5							
20#	35.5	6	7		6	4.5		35	6							
22#	35.5	13.4	6.3		4.5	4.5		22.3	4.5	1.8	2.7				4.5	
28#	44	18	7.2		3.6	5.6	13.5		3.6		4.5					

（二）加工工艺简介

各底釉、面釉分别按配方称取粉料，用球磨机处理，料∶球∶水比为1∶2.5∶0.6，底釉细度为200目无筛余，面釉细度为250目筛余＜2%，出磨后再加水调整浓度供使用。底釉的浓度为50～55波美度，面釉的浓度为48～49波美度。

（三）体会与讨论

1. 底面釉厚度对花釉效果的影响

花釉常用浸釉法施釉，底釉厚度大约为0.8～1.5mm，面釉厚度约为0.1～0.6mm，底釉的厚度要比面釉厚度大一些，这样则底色深起花大，如底釉薄则起花小而密，过薄就不易起花，面釉厚花纹不明显。对大件产品来说，相应地底面釉要厚一些，小型产品及动物雕塑则相应要薄一些。

2. 底面釉黏度对花釉斑纹的影响

底面釉的黏度大小会影响整个花釉的流动性，也就直接影响到花釉的斑纹效果。根据我厂的研试情况来看，底釉的黏度要比面釉的黏度大一些，显花才比较明显，花纹色彩对比鲜明。降低底釉粘度，则对比减弱，透底性增强。面釉黏度小花纹呈流痕状，过小则底面釉相混成一单色釉，而不能形成花纹，因此要想达到理想的艺术效果可通过调整底面的黏度来实现。

3. 花釉的成熟温度

花釉是由底釉与面釉相互反应而形成的，底釉和面釉的温度都会直接影响到花釉的成熟温度，因此降低或提高底、面釉的温度都可改变花釉的成熟温度，以适应不同产品的烧成温度。

4. 底面釉的化学成分对花釉呈色的影响

（1）我厂底釉中Fe_2O_3的含量为5%~15%，随着铁量的增加颜色加深，例如：蓝钧底釉中Fe_2O_3含量为5%、10%、15%时，其色分别为浅蓝、蓝、深蓝色。

（2）蓝钧中SnO_2和TiO_2仅起乳蚀作用，例如：1#蓝钧没含TiO_2呈蓝色，16#蓝钧没含SnO_2，也呈蓝色，但是TiO_2对蓝色有加深作用，并减弱釉面光色，但是TiO_2对蓝色有加深作用，并减弱釉面光泽，其用量不超过2%为好，SnO_2含量在1%以下时呈蓝色，随着SnO_2含量逐渐增高蓝钧颜色由蓝向紫蓝、紫红、棕红方面发展。

（3）在蓝钧釉中使铁产生蓝色的主要成分是面釉中的SiO_2，而一定量的TiO_2、ZnO、MgO等成分对蓝色有不同程度的促进作用。当加入百分之几的Sb_2O_3就会使蓝色变成蓝灰色，少量的CuO变蓝色为绿蓝色，引入部分Fe_2O_3则成为蓝绿色。

5. 问题提出

我厂花釉的颜色，主要是由铁呈色，在氧化气氛条件下烧成，由于配方不同，其色在棕黄、棕红、棕色、紫色、蓝色之间变化，真是丰富多彩，变化无穷，那么铁在花釉中以什么状态存在呢？由于我厂设备条件差，未能进一步测试，特提出这一问题以供同行研讨。

三、附表

（一）所用原料的产地和规格

原料名称	产地	规格	原料名称	产地	规格
红泥	本厂	矿	黄锡粉	本厂	自制（注1）
白泥	//	//	黑锡粉	//	自制（注2）
白黏土	四川叙永	//	熔块	//	自制（注3）
硅石	四川泸州	//	红丹	重庆油漆厂	工业
长石	四川旺苍	//	三氧化二铁	//	//
方解石	四川合川	//	氧化锡	沈阳化工厂	//
萤石	/	矿	氧化锌	/	工业
铁粉	四川资中	废渣	氧化铜	/	//
玻璃	收购	普通	二氧化钛	/	//
锡	云南	工业	三氧化二锑	/	//
铅	/	//	碳酸钡	/	//
	/		碳酸锰	/	//

注：1. 黄锡粉是用过去废器皿"锡"在铁锅中加热至熔化，不断刮取表面的氧化层而制得的黄绿色粉末；

2. 黑锡粉是将废"锡"置铁锅中熔化后，停止加热，任其自然冷却，在半凝固状时，研成灰黑色的细粉；

3. 熔块配方

硼砂41.7%、长石21.7%、硅石13%、红丹18%、方解石5.6%。

305

（二）部分原料的化学成分

组成成分名称 (%)	红泥	白泥	叙永㕸土	旺苍长石	熔块	玻璃	铁粉
SiO_2	64.18	63.61	39.08	76.85	34.5	700	9.0
Al_2O_3	18.48	20.74	35.34	13.17	5.55	3.55	3.0
Fe_2O_3	5.49	2.08	0.13~1.53	0.15~0.52	0.06	0.57	82.94
TiO_2	0.80	0.78					
CaO	0.55	0.49	0.0~0.09	0.01~0.12	4.11	10.28	4.0
MgO	1.02	1.04	0.0~0.41	1.28	0.06	1.56	
K_2O	2.94	2.84	0.0~0.65	7.88~11.90	3.86	11.37	
Na_2O				2.0~3.25	9.4		
PbO					22.8		
B_2O_8					19.66	1.12	
SO_3			0.28~0.42				
灼减	5.61	5.62	15.08			0.68	1.03

主要参考资料：

1. 荣昌陶器厂：《荣昌窑》载《四川陶瓷史资料》第二辑，1977年。

2. 四川省轻工局科研所硅酸盐室：《美术陶花釉研试小结》，载《轻工科技资料》，1977年，第12页。

3. 清华大学工业自动化系编《电子技术》，1977年，第390页。

第二部分

企业标准

四川省江津地区荣昌陶厂企业标准《日用工艺美术陶器》川 Q/ 江 –2–80

该标准适用于细陶土制作的日用美术陶制品。

一、分类和分级

（1）按产品用途和造型特征分为：坛、罐、缸、钵、壶、杯、盘、碗、瓶等。

（2）按产品外形最大尺寸（直径或高）分为：大型、中型、小型。

大型尺寸范围：250mm 以上。

中型尺寸范围：150~249mm。

小型尺寸范围：150mm 以下。

3）按产品质量分为：

一级品，二级品，三级品，四级品。

二、技术要求

（1）所有级内品不许有裂穿、破裂现象。

（2）菜坛和包装容器必须充分烧结，坯体的吸水率不大于 3.5%。

（3）产品施釉的铅熔量不得大于 5PPM（不包括纯装饰性色釉）。

（4）级内品的外形公差（直径或高）不超过 +3%、-2%。

（5）各级内品所允许的缺陷范围，必须符合"缺陷分级表"中的规定。不同缺陷可以在同一产品上出现，但必须符合一级品不超过 3 项，二级品不过 5 项，三级品不过 7 项。超过上述规定应降一个等级。若几项缺陷同时出现在同一产品上时，以其中最大缺陷定级。如：某产品有五项缺陷，其中四项属于二级范围，一项属于三级范围的，该产品则应降为三级品。

（6）产品所涂白色化妆土，可略带微黄、微青颜色。一、二级品不准有晦暗、显脏的黄色和青色。

（7）配盖产品盖口要基本一致。盖外径可稍大于口外径，但不得小于口径。

（8）菜坛盒心必须高于盒沿。

三、检验方法

（1）产品尺寸规格用国家计量局规定的长度量具测定。

（2）各种缺陷的长度和直径用刻有毫米（mm）的量具测定，缺陷的面积，先量出长和宽后以乘积表示之。

（3）除有规定者外，其微细缺陷的判别，是将产品置于距眼500mm处以目测鉴别。

（4）检验不明显的破裂，用轻击产品边缘的办法，以与同批产品是否有显著异声为判别。

（5）化妆土的色泽、釉膜程度和变形等情况的检验，按选定的标样比较、确定。

（6）刻花伤的面积计算，对小于3mm的残缺，可以不计入缺陷面积内。

（7）欠火的检验用比较坯体色泽和吸水情况鉴别。

（8）产品装饰的主要部位和造型的显见处为"显见面"，反之为"非显见面"。如4号菜坛的卷草和颈纹样是装饰的主要部位，盒口的边缘和盖子是造型的显见处均属显见面，盒子的龙口和脚部纹样属非显见面。

序号	名称	解　　释
1	刻花伤	刻画造成的花纹残缺和坯体划伤，但不得有断线情况
2	涂浆薄	化妆土厚度不够，花纹色泽显暗
3	釉厚	施釉过厚，造成釉面厚薄不均，花纹不清，或严重粘脚
4	釉薄	施釉过薄，釉面不光亮
5	釉膜	成品釉面无光泽
6	釉泡	釉面突起的小泡
7	溶洞	坯料不洁，含有易熔物质，烧成后在坯面呈现的凹坑
8	裂纹	成品在烧成中产生的裂纹（即硬筋）
9	变形	产品呈现歪扭或口盒不圆的现象

续表

序号	名称	解　　释
10	粘脏	坯体或釉面粘附杂质呈现的脏色
11	欠火	产品未烧熟，有渗水现象
12	过火	烧成温度过高造成的缺陷
13	烟熏	烧成中造成的灰黑烟色
14	落渣	釉面落粘渣质
15	疙疸	成品表面突起的小颗粒
16	粘耙	产品烧成时与外物粘结成的耙痕
17	砂路	车坯时在坯体上造成的划痕
18	坯伤	烧成前坯体受外力碰撞造成的伤痕
19	磕碰	成品被撞造成残缺（包括粘脚造成的缺陷）
20	釉裂	釉面呈现的裂纹
21	剥釉	釉面从坯体上剥落
22	飞釉	在烧成中釉层脱落
23	画面裂	化妆土或点花泥料上出现的裂纹
24	进火	火焰直接接触产品造成的缺陷

日用美术陶缺陷分级表（计量单位：mm）

序号	名称	测定单位	规格	一级品	二级品	三级品
1	刻花伤	面积	大型	$<20^2$ mm 的 5 处	$<20^2$ mm 的 6 处	不限
			中型	$<10^2$ mm 的 5 处	$<20^2$ mm 的 3 处	√
			小型	$<10^2$ mm 的 3 处	2 处以上的面积 $<40^2$ mm	√

续表

序号	名称	测定单位	规格	一级品	二级品	三级品
2	涂浆薄		大型	主要面不允许	稍薄均匀允许 显脏不允许	√
			中型	√	√	√
			小型	√	√	√
3	釉厚		大型	不影响花纹清晰和釉面光允许	不影响花纹清晰	不限
			中型	√	√	√
			小型	不允许	不影响花纹和光亮允许	√
4	釉薄		大型	不允许	稍薄有光	不限
			中型	√	√	√
			小型	√	√	√
5	釉膜		大型	显见面不允许	稍带膜色	不限
			中型	√	√	√
			小型	不允许	√	√
6	釉泡	直径	大型	＜2mm 12个 不密集	＜2mm 10个	不限
			中型	＜2mm 6个 不密集	＜2mm 6个	√
			小型	＜2mm 3个 不密集	＜2mm 5个 不密集	不密集允许

续表

序号	名称	测定单位	规格	一级品	二级品	三级品
7	溶洞	直径	大型	非显见面＜2mm 不密集3处	非显见面＜3mm 不密集3处	不限
			中型	非显见面＜2mm 2处	非显见面＜2mm 3处	√
			小型	不允许	＜2mm的3个 不密集	＜3mm的5个 不密集
8	裂纹	长度	大型	非显见面总长＜20mm	非显见面总长＜30mm	不限
			中型	非显见面总长＜10mm	非显见面＜2mm	√
			小型	不允许	不显允许	总长＜20mm
9	粘脏	面积	大型	显见面不允许	显见面不允许	不限
			中型	√	√	√
			小型	显见面不允许，非显见面＜10²mm 一处	显见面不允许，非显见面＜30²mm 一处	总面积＜100²mm
10	欠火		大型	不允许	不允许	稍欠，不渗漏
			中型	√	√	√
			小型	√	√	√
11	过火		大型	不允许	不影响美观许可	不严重
			中型	√	√	√
			小型	√	√	√

续表

序号	名称	测定单位	规格	一级品	二级品	三级品
12	烟熏		大型	不允许	非显见面＜1/5	不限
			中型	√	非显见面＜1/10	√
			小型	√	非显见面＜1/20	√
13	落渣	直径	大型	＜1mm 的 3 个不密集	＜2mm 的 5 个	不影响使用允许
			中型	＜0.5mm 的 3 个不密集	＜1mm 的 5 个	
			小型	＜0.5mm 的不超过 2 个	＜1mm 的不超过 3 个	＜2mm 的不超过 10 个
14	疙疸	直径	大型	＜2mm 的 4 个	＜3mm 的 4 个	不限
			中型	＜2mm 的 2 个	＜3mm 的 2 个	√
			小型	＜1mm 的不超过 2 个	＜3mm 的不超过 1 个，釉不裂	不密集允许
15	粘耙	面积	大型	不允许	不影响美观允许	不妨碍使用允许
			中型	√	√	√
			小型	√	不允许	
16	变形		大型	目测不明显允许	不影响美观允许	不影响美观允许
			中型	√	√	√
			小型	√	√	√
17	砂路	长度	大型	显见面不允许	不明显允许	不限
			中型	√	√	√
			小型	√	√	√

续表

序号	名称	测定单位	规格	一级品	二级品	三级品
18	坯伤	面积	大型	非显见面 < 30^2mm 2 处	非显见面 < 40^2mm 1 处	不限
			中型	非显见面 < 30^2mm 1 处	非显见面 < 40^2mm 1 处	√
			小型	不显允许	非显见面 < 25^2mm	√
19	磕碰	面积	大型	不允许	非显见面 < 20^2mm	显见面 < 10^2mm 非显见面 不限
			中型	√	非显见面 < 10^2mm	显见面 < 10^2mm 非显见面 不限
			小型	√	主要面不允许，次要面 < 5^2mm	显见面 < 5^2mm 非显见面 < 30^2mm
20	釉裂		大型	不允许	非显见面，不影响美观	不影响使用允许
			中型	√	√	√
			小型	√	√	√
21	剥釉		大型	不允许	非显见面不明显允许	不限
			中型	√	√	√
			小型	√	√	√

续表

序号	名称	测定单位	规格	一级品	二级品	三级品
22	飞釉	面积	大型	不允许	非显见面 < 400²mm	< 1/3
			中型		非显见面 < 200²mm	< 1/3
			小型		非显见面 < 100²mm	< 1/3
23	画面裂	长度	大型	不明显允许	稍显	不限
			中型	√	√	√
			小型	√	√	√
24	进火	面积	大型	不允许	不允许	非显见面允许
			中型	√	√	√
			小型	√	√	√

荣昌陶器厂一九八零年制定。（该表由钟德江先生提供）

"重庆国家级非物质文化遗产学术研究丛书"书目

书名	书名
走马民间故事	车灯
酉阳古歌	金钱板
广阳民间故事	四川评书
石柱土家啰儿调	重庆蹬技
川江号子	梁平木版年画
南溪号子	蜀绣
木洞山歌	梁平竹帘
永城吹打	巫溪嫁花
接龙吹打	大足石雕
金桥吹打	奉节木雕
梁平癞子锣鼓	铜梁龙灯彩扎
秀山民歌	荣昌折扇
酉阳民歌	荣昌陶器
梁平抬儿调	荣昌夏布
龙骨坡抬工号子	重庆漆器
苗族民歌	永川豆豉
小河锣鼓	涪陵榨菜
铜梁龙舞	土家族吊脚楼
高台狮舞	桐君阁传统丸剂

续表

书名	书名
酉阳摆手舞	刘氏刺熨疗法
玩牛	赵氏雷火灸
川剧	燕青门正骨疗法
梁山灯戏	秀山花灯
酉阳土家面具阳戏	宝顶架香庙会
四川扬琴	丰都庙会
四川竹琴	秀山苗族羊马节
四川清音	